Pierre Stutz
Geborgen und frei

Pierre Stutz

Geborgen und frei

Mystik als Lebensstil

Kösel

Verlagsgruppe Random House FSC-DEU-0100
Das für dieses Buch verwendete FSC-zertifizierte Papier
Munken Premium Cream liefert Arctic Paper Munkedals AB, Schweden.

Umschlag: Elisabeth Petersen, München
Umschlagmotiv: emotive images/Mauritius-Images, Mittenwald
Druck und Bindung: GGP Media GmbH, Pößneck
Printed in Germany
ISBN: 978-3-466-36807-5

www.koesel.de

Harald Wess,
Monika Brunnsteiner,
Christoph Walser
gewidmet, in staunender Dankbarkeit.

Inhalt

Zur Einstimmung

Warum ich mich so intensiv mit der Mystik befasse, werde ich immer wieder gefragt. Weshalb ich so leidenschaftlich gerne Christ sei, ist manchmal ein Gesprächsthema in der spirituellen Begleitung von Menschen und im Gestalten meiner Kurse. Diese beiden zentralen Fragen kann ich nicht ein für alle Mal beantworten. Ich staune selber, mit welcher Begeisterung und Intensität ich seit 15 Jahren mystische Texte lese, meditiere, hinterfrage und in mein Leben hineinbuchstabiere und hineinwebe. Es übersteigt letztlich mein Auffassungsvermögen. Ich verstehe mich oft selber nicht, wenn ich tagelang hineintauche in uralte mystische Lebensentwürfe und mich trotz großem Befremden so tief angesprochen und angerührt fühle. Nebst regelmäßigem Ringen und Zweifeln fühle ich mich in einem guten Sinne aufgehoben in der Art und Weise, wie Mystikerinnen und Mystiker die christliche Botschaft existenziell verinnerlicht haben, um sich freier und selbstbewusster engagieren zu können für eine menschlichere Welt, die aus dem Eingebundensein in Schöpfung und Kosmos lebt.

In diesem Buch möchte ich Antwortversuche wagen im Entfalten meiner festen Überzeugung, dass eine mystische Lebensgestaltung eine bereichernde Lebenshilfe sein kann, um den Weg der Selbstwerdung zu gehen, um Liebeskraft entfalten zu können und um sich sinnstiftend mit anderen für eine zärtlich-gerechtere Welt einzusetzen. Wir alle können mystische Menschen werden, Menschen, die mit den Augen der Ewigkeit im Hier und Jetzt verweilen. Menschen, die hinter die Bilder schauen, wie ich dies in meinen Filmmeditationen am Anfang eines jeden Kapitels tue. Ich gehe leidenschaftlich gerne ins Kino und ich entdecke in vielen Filmen die mystische Spur, die mich in eine Tiefe und Weite führt. Eine Spur, die in diesem Buch verwurzelt ist in vielen mystischen Biografien, die für uns heute wegweisend sein können, wenn wir den Mut haben, nicht an kulturell bedingten Frömmigkeitsformen festzuhalten, sondern das Lebensbejahende hervorheben, das Menschen geborgen und frei werden lässt.

Jedes Kapitel beende ich mit einer kurzen Zusammenfassung, die mit den Worten »Mystische Menschen« beginnt. Darin verdichte ich eine christlich-mystische Lebensgestaltung, wie ich sie mir wünsche und auch vorstellen kann. Natürlich gibt es viele andere Möglichkeiten, um ein mystischer Mensch zu sein und werden zu können, auch im Verwurzeln der eigenen Erfahrungen in einer anderen Religion.

Ich ermutige zu einem leidenschaftlich-offenen, ökumenischen Christsein, das im Dialog mit anderen Religionen und mit Respekt und Toleranz sich für die Würde aller Menschen und für die Bewahrung der Schöpfung engagiert.

Dieses Buch ist in einem dynamischen Prozess mit vielen Menschen entstanden, denen ich danken möchte. Zuallererst Winfried Nonhoff vom Kösel-Verlag, der mit beharrlicher Geduld, mit Wohlwollen und Bestimmtheit mich durch all mein Hoffen und Zweifeln begleitet hat. Dankbar bin ich auch für die anregenden Echos auf Teile meines Manuskriptes und für die unterstützenden Gespräche mit Bernadette Inauen-Wehrmüller, Bernardin Schellenberger, Christoph Quarch,

Christoph Walser, Eberhard Schwarz, Harald Wess, Marcel Laux, Monika Brunnsteiner, Pia Birri Brunner, Silvia Meier und Ursula Würth-Stutz. Danken möchte ich auch der Lektorin im Verlag, Silke Mayer, und den anderen Mitarbeitenden für die wohltuende Zusammenarbeit.
Möge dieses Buch zu einer leidenschaftlichen Gelassenheit bestärken.

Pierre Stutz *Lausanne, 21. Juli 2008*

Zum Hintergrund dieses Buches

Der hoch begabte Theologe Karl Rahner hat schon 1966 geradezu prophetisch ausgedrückt, was sich immer mehr abzeichnet: die Zukunft des Christentums wird mystisch sein oder nicht mehr sein. Die Entdeckung und Gestaltung der mystischen Spur in allen Weltreligionen ist entscheidend, um Frieden in Gerechtigkeit mit größerer Entschiedenheit zu fördern. In dieser Grundhaltung des gegenseitigen Respekts und der Toleranz versuche ich in diesem Buch die Kernkompetenz einer christlichen Mystik hervorzuheben; nicht aus Überheblichkeit und nicht mit ausgrenzenden Wahrheitsansprüchen, sondern im Wissen, dass echte Identität sich durch Dialog und Beziehungen vertieft und nicht durch Ausgrenzung und Abwertung des Fremden. Der Theologe Paul F. Knitter, der sich sehr in der amerikanischen Friedensbewegung und im Dialog mit den Weltreligionen engagiert, sagt zu Recht, dass es eine

Mystik und viele mystische Stimmen und Sprachen gibt.
Mystikerinnen und Mystiker glauben nicht etwas, was sie gehört oder gelesen haben, sondern was sie gefühlt haben. Mystische Menschen sind religiös erwachsen geworden. Trotzdem brauchen sie eine bestimmte religiöse Sprache, um ihre inneren Erfahrungen deuten zu können. Dieser Prozess der Verwurzelung ist entscheidend, um aus der Tiefe leben zu können. Die mystische Einheitserfahrung verbindet uns mit allen Gottsuchenden, doch wir brauchen die Weisheit, um in Verschiedenheit unterwegs zu bleiben. Meine Verwurzelung in das Christusereignis, in den Liebes-, Kreuz- und Auferstehungsweg Jesu als sinnstiftende Wirklichkeit für meine Selbstwerdung, meine Solidarität, meine Sehnsucht nach Ewigkeit lässt mich befreiter im Leben stehen. Je tiefer meine Wurzeln sind, umso mehr kann ich mich auf die Äste hinauswagen.

Abenteuer Mystik

Für mich war es ein Glücksfall, als die Bildungsleiterin der Propstei Wislikofen (Schweiz) Frau Dr. Imelda Abbt, mich vor 15 Jahren angefragt hat, ob ich mit ihr zusammen Seminare zu einer mystischen Spiritualität gestalten würde. In dieser wohltuenden und herausfordernden Zusammenarbeit suchten wir in jedem Seminar eine Annäherung zu einer Mystikerin, zu einem Mystiker wie Augustinus, Hildegard von Bingen, Meister Eckhart, Johannes Tauler, Teresa von Avila, Johannes vom Kreuz, Simone Weil, indem wir bedeutsame Textbeispiele mit den Teilnehmenden lasen, besprachen und im Schweigen vertieften. Wir suchten die bleibende Kraft in den Worten, um sie in Verbindung zu bringen mit all unseren alltäglichen Lebens-, Beziehungs- und Zukunftsfragen. Während dieser Zeit las ich die vier Bände der Geschichte der abendländischen Mystik von Kurt Ruh und herausfordernde Bücher zur Mystik von Alois M. Haas und Otto Langer. Diese faszinierende Gottessuche führe ich seither im regelmäßigen Gestalten von Seminaren zu einer alltagsnahen Mystik weiter: in der Abbaye de Fontaine-André in Neuchâtel (www.fontaine-andre.ch), im Bildungshaus St. Virgil in Salzburg (www.virgil.at), im Haus Benedikt in Würzburg (www.haus-benedikt.net) und im Haus Bruchmatt, Luzern (www.bruchmatt.ch).

Die Begegnungen in der Gruppe, die vielen Einzelgespräche und die konstante Auseinandersetzung mit dem komplexen Phänomen »Mystik« hat mich nach 15 Jahren zu dieser Standortbestimmung geführt. Die immense Literaturliste am Ende dieses Buches ist der äußere Ausdruck meiner intensiv-leidenschaftlichen Suche nach dem, was wesentlich ist im Leben und was wirklich trägt. Bei meinem disziplinierten Lesen habe ich Hunderte von Zitaten gesammelt. Davon habe ich in diesem Buch jene ausgewählt, die mir »inwendig«, also »im Herzen« geblieben sind (»auswendig« heißt in der französischen Sprache »par coeur«, also »durch das Herz«). Ich verzichte ganz bewusst auf Anmerkungen, Interessierte finden in den beiden Literaturlisten am Ende des Buches weiterführende Werke.

Mystik ist für mich eine engagierte Denk- und Lebensform. Sie befreit von engen dogmatischen Vorstellungen in der Herausforderung, einen erdachten Glauben kritisch zu hinterfragen, im ureigenen Prozess der Selbsterkenntnis und im gemeinschaftlichen Ringen um notwendige Lebensfragen, die auch angesichts von Leid und Ungerechtigkeit eine Sinndeutung eröffnen möchten. Die Vielfalt der Mystik-Definitionen zeigt auf, wie unermüdlich nach Worten für das Unsagbare gesucht wird. Meine Annäherung und Interpretation der Mystik liegt eindeutig in der Nähe zu einem existenziellen Alltag. Ich bin mir mit der Theologin Dorothee Sölle sicher, dass wir alle Mystikerinnen und Mystiker sein können, wenn wir nicht ein Leben lang auf die großen Wunder warten, sondern zum Wunderbaren erwachen, das sich uns in der Schöpfung, im Selbstwerdungsweg und im fairen Gestalten von Beziehungen vielfältig zeigt. In Kampf und Kontemplation können wir jene befreiende Erleuchtung erkennen, die Menschen aufblühen lässt, weil sie erahnen, dass sie nie Einzelne, nie Einzelner sind, sondern immer Teil eines Ganzen, aufgehoben in einer größeren Wirklichkeit, die im Grunde immer schon da ist als Urgrund allen Lebens. Diese lebensbejahende Dimension suche ich in den mystischen Texten und wähle ganz bewusst jene Worte aus, die mich nähren und aufrichten zu einem solidarischen Menschsein.

Ursprünge des Wortes »Mystik« finden sich in den griechischen Worten »myein« und »mysterium«. Das Verb »myein« hat für mich Priorität, es bedeutet: die Augen zu schließen, um nach innen zu schauen. Es handelt sich dabei um einen Vorgang, den wir ohnehin tun, wir schließen und öffnen immer wieder die Augen. Eine mystische Lebensgestaltung beginnt mit dem bewussten, achtsamen Wahrnehmen und Kultivieren dieser Geste, um die Tiefendimension in allen Lebensvollzügen erkennen zu können. Weil die Mystik zu Unrecht in die Ecke der Weltflucht und der Schwärmerei gestellt wurde, umschreibe ich dieses alltägliche Innehalten als Notwendigkeit, um dank der Distanz bewusster wahrzunehmen, was ansteht im Leben:

Schließe die Augen,
schaue nach innen,
um die tiefere Verbundenheit mit allem
klarer zu sehen und zu spüren.

All die Alltagsrituale, die ich in meinen Büchern entfaltet habe, sind Unterbrechungen, um den Rhythmus des Lebens wahrzunehmen und zu akzeptieren. Meine Innenschau ist ein politischer Akt des Widerstandes, um nicht gelebt zu werden durch Erwartungen und Sachzwänge. Ich schaffe Distanz zu meiner Arbeit, zu meinen Beziehungen, zu meinen Gedanken, um mich selbst-bewusster dem Fluss des Lebens und der Liebe anzuvertrauen. Dieses Schöpfen aus der inneren, göttlichen Quelle, die immer schon auf mich wartet, stärkt mich zu einer Spiritualität der Konfliktfähigkeit, um mich in engagierter Gelassenheit einzubringen mit meiner ganzen Lebenskraft und meiner Verletzlichkeit.
Das Wort »mysterium« heißt Geheimnis. Wer sich nicht mit dem Funktionieren und mit der Ungerechtigkeit abfindet, wer nicht bereit ist, oberflächlich zu leben, der begegnet dem Geheimnischarakter unseres Lebens. Er kommt mit jener Dimension in Berührung, die über uns hinausweist, die uns übersteigt – das ist mit dem Wort

Transzendenz gemeint. Dies muss sich nicht in außerordentlichen Phänomenen zeigen, wie sie uns in mystischen Biografien begegnen können, etwa Visionen, Levitationen (Schweben einer Person), Lichtphänomene und ekstatische Erfahrungen. Schon der Mystiker Johannes vom Kreuz (1542–1591) hält außerordentliche, innere Erfahrungen für Begleiterscheinungen der Mystik, bei denen wir uns nicht aufhalten sollen. Denn die Gefahr der Wundersucht, des Machenwollens verhindert das Eintauchen in das Geheimnis Gottes, das als Geschenkcharakter des Lebens unfassbar bleibt. Diese Spur berührt mich in der Mystik: immer mehr hineinwachsen können in dieses Urvertrauen, das mir zuspricht sein zu dürfen vor aller Leistung, weil Gott in mir wesentlich wohnt und wirkt. Aufgehoben zu sein in meiner Lebendigkeit und in meinem tiefen Verwundetsein ist meine größte Sehnsucht. Darum richte ich mein Augenmerk im Studieren von mystischen Biografien nicht auf das Außerordentliche, sondern auf die konkrete Frage: Wie geht es einem Mystiker, einer Mystikerin am Montagmorgen?
Die folgenden Umschreibungen von Mystik ergänzen sich und zeigen uns zugleich, dass es keine klare Definition von Mystik gibt, weil die verschiedenen inneren Erfahrungen zu komplex sind. Trotzdem sind mir folgende Deutungen hilfreich:

- Bernhard McGinn hat ein vierbändiges Werk zur Mystik geschrieben, für ihn ist Mystik das Bewusstsein der göttlichen Gegenwart, die sich in der mystischen Begegnung in Liebe und Erkenntnis ereignet.
- Der Jesuit Josef Sudbrack betont auch den Begegnungscharakter in der christlichen Mystik, der zur Selbstwerdung führt: Das Ich reift in der eigenen Tie-

fe zum Selbst – und zur Du-Begegnung, in der die oder der Liebende sich völlig vergisst. Diese Einheit der Beziehung befreit zur Selbst-ständigkeit.

- Die evangelische Theologin und Mystikerin Dorothee Sölle sieht die Mystik als antiautoritäre Religion, in der aus dem befehlenden Herrn der Geliebte wird und aus dem Später das Jetzt. In der vergrabenen Mystik der Kindheit, im Staunen können wir das Gefühl des Einsseins wiederentdecken.
- Der Jesuit Karl Rahner bestärkt uns im Vertrauen, dass der Fromme von morgen ein Mystiker sein wird, einer, der etwas erfahren hat. Unsere Verwiesenheit auf Gott lehrt uns zu verinnerlichen, dass Gott wesentlich der Unbegreifliche ist. Je näher wir ihm kommen, umso mehr wächst seine Unbegreiflichkeit.
- Der evangelische Professor für Kirchengeschichte Walter Nigg schreibt, dass die Mystik das Heimweh der Seele ist, nach dem, was sie in Wahrheit ist und was durch die Wirrnis ihres irdischen Daseins nur undeutlich durchscheint. Mystik ist die Vergegenwärtigung des verborgenen Lebens mit Gott.
- Der jüdische Religionsphilosoph Martin Buber sieht die Mystik als Grenzgebiet des Glaubens, in dem die Seele Atem holt zwischen Wort und Wort.
- Der Herausgeber des »Wörterbuchs der Mystik«, Peter Dinzelbacher, umschreibt die Mystik als das Streben des Menschen nach unmittelbarem Kontakt mit Gott vermittels persönlicher Erfahrung.
- Für die Islamkennerin Annemarie Schimmel ist mystisches Leben das ständige Streben, zum Ursprung zurückzugehen, zu jenem Ursprung, der in Gott liegt und aus dem alles entsteht.

- Gershom Scholem betont in seinem Grundlagenwerk zur jüdischen Mystik, dass es so viele Mystikdefinitionen wie Autoren gibt. Für ihn ist Mystik Religion in seiner innerlichsten, tiefsten und lebendigsten Form.
- Die Philosophieprofessorin Saskia Wendel beschreibt die Mystik als Einung mit Gott, die sich im Grund der Seele vollzieht. Möglichkeitsbedingung dieser Einung sind Selbsterkenntnis und Selbstreflexion.
- Gotthard Fuchs und Mariano Delgado verwenden in ihrem dreibändigen Werk »Die Kirchenkritik der Mystiker« ein weites Verständnis von Mystik als bewusste und reflektierte Erfahrung der Gegenwart Gottes. Mystik und Kirchenkritik gehören untrennbar zusammen.
- Thich Nhat Hanh, buddhistischer Mönch und engagierter Friedensaktivist, betont jene mystische Grundhaltung, die verbindet zum Leben im Hier und Jetzt: »Unsere wahre Heimat ist der gegenwärtige Augenblick ... Buddhisten und Christen wissen, dass das Nirwana beziehungsweise das Himmelreich in ihren Herzen ist.«

Plädoyer für ein lebensbejahendes Christentum

Beim Studieren und Verinnerlichen mystischer Texte komme ich mir wie ein Archäologe vor. Ich suche das Ursprüngliche, das Originelle eines mystischen Lebensentwurfes, das sich in der Tiefe neben vielen problematischen Aussagen finden lässt. Mystische Menschen waren wie wir alle Kinder ihrer Zeit. Krank machende Gottesbilder, die zu sehr von Schuld, Sühne, Abtötung sprechen, finden sich in mystischen Texten ebenso wie leibfeindliche und weltverneinende Entwürfe. Besonders in der Leidensmystik können wir neben dem befreienden Aspekt des Mitgefühls, des Mitleidens (spanisch = compassion) und der Solidarität viele höchst problematische und neurotische Lebensmuster entdecken, die im Anwenden von Gewalt gegen sich selbst zerstörerisch sein können. Wir können und dürfen diese Frömmigkeitswege nicht ohne eine kritische Interpretation übernehmen. Sie sind mit der tiefen Sehnsucht nach einer Vereinigung mit Gott, oder auch mit vielen ungesunden religiösen Leistungsgedanken verknüpft. Die befreiende Lebensschule Jesu verbietet uns eine religiöse Versklavung. In seinem Mitsein, Lachen, Leiden, Genießen, Sterben und Auferstehen entdecken wir einen leidenschaftlichen Weg, der erfüllt ist von zärtlich-heilenden Begegnungen und Berührungen und zugleich vom Aushalten von Ungewissheit und Schmerz. Mit dem frühchristlichen Theologen und Bischof Irenäus von Lyon (135–202) bin ich tief überzeugt, dass »Gottes Ehre der lebendige Mensch ist«.

Alle Gottesbilder, die eine Konkurrenz und eine Trennung zwischen Gott und Mensch aufrechterhalten wollen, sind ein Verrat an seiner Menschwerdung. Wenn ich mich für ein mystisches Christentum einsetze, dann setze ich die lebensbejahende Spur frei, die »Gott in allen Dingen sucht« (Ignatius von Loyola, 1491–1556), weil sein heilender Lebensatem in allen Lebensdimensionen freigelegt und gefeiert werden möchte. Alle biblischen und mystischen Texte befrage ich kritisch nach ihrem lebensbejahenden Inhalt. Weil es zur Kernbotschaft Jesu gehört, dass er »Leben in Fülle« in uns fördert. Fülle bedeutet allerdings nicht »nur« Frieden, Glück, Vertrauen, Gerechtigkeit und Hoffnung, son-

dern auch Kampf, Konflikt- und Leidensfähigkeit, Schreien, Weinen und gemeinsames Aushalten und Durchgehen von Not und Schmerz.
Die Theologin Elisabeth Schüssler-Fiorenza spricht wie viele andere feministische Theologinnen in ihrem Buch »WeisheitsWege« von einer »Hermeneutik der Erfahrung, der Herrschaft und des sozialen Standes und des Verdachts«. Das griechische Wort Hermeneutik bedeutet »Auslegekunst, Deutung«. Es gibt keine objektive Auslegung, die über den Dingen steht. Wir lesen Texte mit unseren subjektiven Erfahrungen und Interessen, die geprägt sind von unserer sozialen Herkunft und unserer Bildung und die zu lange von der Einseitigkeit von männlich-patriarchalen Denkmustern beeinflusst worden sind. Misstrauen ist immer angebracht, wenn Religion eine Macht über Menschen, besonders über Frauen und Minderheiten ausüben will. Dorothee Sölle ergänzt diesen Gedanken in ihrem hervorragenden Buch »Mystik und Widerstand« mit einer »Hermeneutik des Hungers«. Vom kritischen Verdacht alleine haben wir noch nicht gelebt, wir hungern nach Brot und Rosen. So lese ich biblisch-mystische Texte mit diesem Hunger nach der einmaligen Würde, nach dem aufrechten Gang, nach dem lebensfördernden Aspekt einer Krisenerfahrung, dem kämpferischen Unterwegssein für gerechtere Strukturen. Ich baue all den lebensfeindlichen Schutt ab, der uns in unmündigen Abhängigkeitsmustern und -strukturen gefangen halten will. Ich suche den vergrabenen Schatz, die versteckte kostbare Perle, die in einem lebensbejahenden Menschen- und Gottesbild aufscheint, das innerlich befreit und zur Zivilcourage ermächtigt.

Meine Auswahl von mystischen Kerngedanken ist geprägt von einer lebensfördernden Grundhaltung, die weder aus Beliebigkeit noch aus Bequemlichkeit entsteht, sondern aus dem tiefen Glauben an den lebendigen Gott, der jeden Menschen zu sich selbst befreit. Ich treffe eine klare Wahl, die zur Geborgenheit in Freiheit bestärkt. Ich kann keinen kleinkarierten Gott lieben, der uns Menschen klein und als Marionetten halten will, um dadurch größer und allmächtiger zu sein. Mystische Menschen durchbrechen diese unterdrückenden und beziehungsfeindlichen Muster, indem sie neben vielen gelernten, traditionellen Aussagen unermüdlich vom liebenden Beziehungsgeschehen zwischen Gott und Mensch sprechen, vom dialogischen Sich-Ereignen Gottes im Seelengrund und in Schöpfung und Kosmos.

Der Mystiker David Steindl-Rast (geb. 1926) spricht mir aus dem Herzen mit der Erkenntnis, dass Jesus uns hautnah erfahren ließ, dass wir nicht mehr von Gott getrennt sind, sondern Gott in unserer Mitte gegenwärtig ist. Bruder David geht auch davon aus, dass wir alle Mystiker sind, weil Mystik für ihn die Erfahrung der Kommunion mit der letzten Wirklichkeit, mit Gott ist. Würden wir die Mystik den Mystikern überlassen, hieße es die Wurzeln menschlichen Lebens abzuschneiden. In einem mystischen Christentum suchen wir zutiefst persönlich und gemeinschaftlich diese Wurzeln, die immer schon da sind. Es bedeutet allerdings, dass wir um Gottes Willen mystische Frömmigkeitswege nicht einfach so kopieren und übernehmen können. Mystik kann lebensgefährlich sein! Die meisten bekannten Mystikerinnen und Mystiker haben zölibatär gelebt in einem klösterlichen Umfeld. Diese Lebensform, die bis heute sinnvoll ist, darf nicht als Bedingung für intensive Gotteserfahrungen gesehen werden. Der Lebensweg eines mystischen Menschen darf und will nicht kopiert werden, sondern er kann uns inspirieren, wenn wir uralte mystische Lebensgestaltungen kritisch in unsere Zeit hineinlesen.

Wir brauchen mystische Menschen, die in verschiedenen Lebensformen, in Partnerschaft und vielfältigen Arbeitsfeldern, im Glück und im Scheitern, das Einwohnen Gottes in ihrer Tiefe erahnen und feiern. Wir sind aufgerufen, mitzuvollziehen, was sich in jeder mystischen Biografie als zentraler Befreiungsakt entdecken lässt: der eigenen Intuition und Herzensstimme zu trauen als Akt der Selbstwerdung; die eigene Erfahrung wahrzunehmen, die einengende Glaubenswege sprengt, um uns in die Weite und in die Freiheit der Freundinnen und Freunde Gottes verwandeln zu lassen. Eine Freiheit, die sich nur in der Geborgenheit, im Hineintauchen in das Geheimnis der Liebe verwirklichen kann. Jene Momente der Geborgenheit und des Einsseins mit dem Urgrund aller Liebe, die uns beleben und aufrichten zum erfüllten Leben.

Schattenseiten der Mystik

Meine Begeisterung für eine mystische Lebensgestaltung klammert die Schattenseiten von mystischen Lebensentwürfen nicht aus. Der eigenen Herzensstimme zu folgen, kann gefährlich sein und zu überheblichen Allmachtsfantasien führen. Die Grenze zwischen Genie und Wahnsinn kann sehr dünn sein, die Grenze zwischen Religion

und Krankheit auch! Mystische Menschen konnten zu himmelschreienden Kreuzzügen aufrufen, weil sie sich aus innerer Überzeugung dazu berufen fühlten. Religiöse Erfahrungen können krank machende, neurotische Verwirrungen beinhalten, die sich in »Wundersucht«, in Privatoffenbarungen, in leibfeindlichen Selbstkasteiungen, in Fundamentalismen äußern können, die gewalttätige Formen beinhalten, wie dies auch religiös motivierte Selbstmordattentäterinnen und -täter grausam aufzeigen. Gerechtigkeit, Frieden und Bewahrung der Schöpfung sind jene ethischen Grundwerte, über die sich keine Mystikerin, kein Mystiker stellen darf.
Der Mystiker Ignatius von Loyola (1491–1556) sagt voller Klugheit und Lebensweisheit, dass die Unterscheidung der Geister sehr wichtig ist. Diese kritische Grundhaltung zeigt sich in der entscheidenden Tatsache, ob mystische Menschen sich begleiten lassen, um auch kritisch-nüchtern ihre inneren Erfahrungen anzuschauen und zu hinterfragen. Für viele sind ihre inneren Bilder und Visionen eher eine Last. Sie tun sich schwer damit und manchmal brauchen sie mehrere Jahre, um sie aufzuschreiben. Im Dialog mit dem geistlichen Begleiter lassen sie sich hinterfragen und ermutigen. Darum darf die Mystik nicht als einseitig-individualistischer Weg gesehen werden. Auch heute braucht es eine geistliche Begleitung und manchmal auch professionelle therapeutische Hilfe, um unterscheiden zu können, was wirklich lebensbejahend ist.
Mystische Menschen ermutigen als Querdenkerinnen und Querdenker zum ureigenen Weg, zum Gang in die eigene Tiefe, um nicht fremdbestimmt zu werden. Darin liegt eine aktuelle Widerstandskraft, die immer auch

kritisch analysiert werden muss, wie es genauso für die hierarchischen Verlautbarungen zutrifft, die trotz Mehrheitsbeschlüssen auch lebensfeindlich und ungerecht sein können, wie all die Fehlbeurteilungen und schrecklichen Verfolgungen in der Geschichte der Religionen zeigen.

Biblische Vertiefung

Bevor ich mit 38 Jahren die Mystik entdeckt habe, habe ich aus den Quellen der biblischen Tradition geschöpft, wie sie in der hebräischen (Erstes Testament) und der griechischen Bibel (Zweites Testament) fließen. Einige Worte von Frère Roger aus Taizé (1915–2005) haben mich als Jugendlicher befreiend geprägt: »Lebe das, was du vom Evangelium begriffen hast, und sei es noch so wenig, lebe das!« Dieser Lebensspur bin ich gefolgt, in einer kritischen Bibelinterpretation wie im Aneignen einer Psalmenspiritualität, in der alle Gefühle betend vertieft werden, im Entdecken des prophetischen Feuers und im inneren Wachsenlassen der heilend-befreienden Praxis Jesu. Als junger Erwachsener habe ich in einer ökumenischen Bibelgruppe in vielen anregenden und herausfordernden Gesprächen nach dem Lebensfördernden in der Bibel gesucht. In dieser Zeit habe ich die ganze Bibel gelesen und es ist kein Zufall, das mir fünf Bibelverse sofort ans Herz gewachsen sind, die mich bis heute hoffnungsvoll begleiten:

> *Du wirst Gott lieben aus deinem ganzen Herzen, aus deiner ganzen Seele und mit all deiner Kraft.*
>
> Deuteronomium 6,5

Denn Liebe will ich, nicht Opfer, Gotteserkenntnis, nicht Brandopfer.
Hosea 6,6

Der Sabbat ist um des Menschen willen da und nicht der Mensch um des Sabbats willen.
Markus 2,27

Jesus schlug das Buch des Propheten Jesaja auf und fand die Stelle, wo es heißt: Der Geist Gottes ruht auf mir; denn er hat mich gesalbt. Er hat mich gesandt, damit ich den Armen eine gute Nachricht bringe; damit ich den Gefangenen die Entlassung verkünde und den Blinden das Augenlicht, damit ich die Zerschlagenen in Freiheit setze und ein Gnadenjahr Gottes ausrufe.
Lukas 4,17–19

Nicht mehr ich lebe, sondern Christus lebt in mir.
Galater 2,20

Das Lebensbejahende verdichtet sich in diesen fünf Versen, die mich damals wie heute tief anrühren und mich zur Hoffnung bewegen. Sie beinhalten die Verabschiedung eines strafenden Gottes, der uns mit Liebesentzug droht. Sie führen mich hinein in die Spannung von Gerechtigkeit und Barmherzigkeit, die sich als zentrale Grundwerte durch die jüdisch-christliche Tradition ziehen. Christliche Mystikerinnen und Mystiker verinnerlichen biblische Texte, sie erneuern sie im eigenen Leben, weil nur ein verinnerlichter Glaube trägt und nährt. Was Angelus Silesius (1624–1677) in einem Gedicht auf den Punkt bringt, gilt für jeden mystischen Lebensentwurf:

Wird Jesus tausendmal zu Bethlehem geborn
und nicht in dir: Du bleibst noch ewiglich verlorn.

Eine biblisch-mystische Spiritualität nimmt die eigenen Lebens- und Beziehungserfahrungen ernst, um sie wiederfinden zu können in dem Weg des Volkes Gottes und im heilend-liebenden Dasein Jesu, in seinem Kreuz- und Auferstehungsweg. Der dänische Philosoph und Theologe Sören Kierkegaard (1813–1855) spricht von »Gleichzeitigkeit«. Das Geheimnis der Menschwerdung ist nicht ein altes Ereignis, es geschieht gleichzeitig im Hier und Jetzt, auch in dir. Die Geburt Jesu, sein Mitsein, sein ansteckendes Lachen, sein befreiender Gerechtigkeitsweg, seine Konfliktfähigkeit voll von gewaltfreiem Widerstand, sein Lieben, sein Schrei, sein Hinabsteigen in die Abgründe, sein Auferstehen, seine Himmelfahrt erneuern sich in jedem Menschen, der offen wird für seinen Selbstwerdungs- und Versöhnungsprozess. Auf diesem dynamischen Verwandlungsweg wird die Bibel niemandem verordnet oder aufgepfropft, sondern die Kernaussagen werden in sinnstiftenden Deutungen im eigenen Leben freigelegt. Darum gebe ich in jedem Kapitel der biblischen Lebensvertiefung Raum, weil eben auch christliche Mystikerinnen und Mystiker ihr Suchen und Finden mit biblischen Lebensworten vertieft haben, um sie neu hineinzusprechen in den Alltag.

Diese biblische Vertiefung geschieht natürlich in der Wertschätzung meiner jüdisch-christlichen Wurzeln, ganz im Sinne des empfehlenswerten Buches des Jesuiten Christian Rutishauser: »Christsein im Angesicht des Judentums«. Ebenso wichtig ist mir das Fördern eines interreligiösen Dialoges, wie ihn der evangelische Pfarrer Reinhard Kirste in seinem bemerkenswerten Buch »Die Bibel interreligiös gelesen« entfaltet.

Kunst als Eingangstor

In meiner mystischen Lebensgestaltung schaue ich hinter die Ereignisse, hinter die Worte, hinter die Bilder, um mit den Augen der Ewigkeit die Gegenwart neu erschließen zu können. Die Kunst, die sich in Musik, Bild und Skulptur, in Lyrik und Roman, in Film und Theater ausdrückt, ist für mich ein Eingangstor zur Mystik. Ich finde mich auch in den Worten der Mystikerin Madeleine Delbrêl (1904–1964), die die »Kunst als eine Form von Religion« bezeichnet. Dabei will ich niemanden vereinnahmen und mich auf keinen Fall anbiedern. Es ist für mich ein Zeichen der Dankbarkeit und der Anerkennung, wenn ich mir bewusst werde, wie mein spiritueller Weg bereichert wird durch die Gedichte von Rainer Maria Rilke, Paul Celan und von Hilde Domin, die Musik von Pjotr Iljitsch Tschaikowski, die Romane von Max Frisch, die Lieder von Edith Piaf, Sting, Loreena McKennitt oder Herbert Grönemeyer und durch die Bilder von Vincent van Gogh und Marc Chagall, um nur einige wenige zu benennen. Da erfahre ich zeitlose Momente des Ergriffenseins, in denen ich voll da bin und ganz weg. Ich spüre ein bewegendes Angesprochensein, das mich verbindet mit vielen anderen Menschen. Darin erkenne ich die Schönheit Gottes, seinen heilenden Lebensatem, der sich auch in unbequemen Zumutungen ausdrückt.
In diesem Buch will ich meine Passion zum Film vertie-

fen. Ich gehe leidenschaftlich gerne ins Kino. Ich schaue mir am liebsten jene Filme an, in denen mir wirklich Zeit gelassen wird, um die Bilder anzuschauen. Ich habe mir fast alle Filme von Ingmar Bergman, Pier Paolo Pasolini, Wim Wenders, François Truffaut, Jim Jarmusch, Andrej Tarkowski, Werner Herzog, Aki Kaurismäki, Claude Sautet und Krzysztof Kieslowski angeschaut. Ich bin ergriffen von den Werken von Filmemacherinnen wie Jane Campion mit »Das Piano«, der mongolischen Regisseurin Byambasuren Davaa mit »Die Geschichte vom weinenden Kamel« und »Die Höhle des gelben Hundes«, Margarethe von Trotta mit »Rosenstraße«. Filme wie »Amarcord« von Frederico Fellini, »Billy Elliot« von Stephen Daldry, »Der Pianist« von Roman Polanski, »Die fabelhafte Welt der Amelie« von Jean-Pierre Jeunet, »Das Leben ist schön« von Roberto Benigni, »Smoke« von Wayne Wang, »Die Liebenden vom Pont-Neuf« von Leos Carax, »Das Zimmer des Sohnes« von Nanni Moretti, »Harald und Maude« von Hal Ashby und »Brokeback Mountain« von Ang Lee kann ich mehrere Male ansehen, um ein tiefes Angerührtsein in meiner Seele zu spüren, das mich bestärkt zu einer Menschenliebe und zur Schöpfungsverbundenheit. Dazu zähle ich auch einige Filme der Schweizer Regisseure Daniel Schmid und Alain Tanner und die eindrücklichsten Schweizer Filme »La Dentellière – Die Spitzenklöpplerin« von Claude Goretta und »Höhenfeuer« von Fredi M. Murer.

Beim Anschauen von Filmen hole ich mir immer wieder, was ich brauche, um das Wesentliche im Leben zu erahnen. Diese Leidenschaft entfalte ich am Anfang der zwölf Kapitel dieses Buches. Ich hebe eine Filmsequenz hervor, die mir eine Spur aufzeigt, um mein Leben zu vertiefen. All jene, die diese Filme (noch!) nicht gesehen haben, finden in diesen Eingangsworten ermutigende Lebensweisheiten, die für mich zeitlos sind und die mich an mystische Lebenserfahrungen erinnern. Die Auswahl der Filme fiel mir sehr schwer. Ich habe darauf geachtet, dass die besprochenen Filme einem größeren Publikum bekannt sind und dass sie als DVD im Handel erhältlich sind – siehe auch die Liste am Ende des Buches. Die vorgestellten Filme eignen sich auch gut, um in der Jugendarbeit, in der Erwachsenenbildung oder in den Pfarreien und Gemeinden, auch in besonderen Gottesdiensten, aufgenommen zu werden: als Brücke zu einer mystischen Lebensgestaltung.

1 Du bist gesegnet – sei einfach da

Mystik des Daseins

»Wie im Himmel« heißt der Glücksfall eines schwedischen Filmes (2004) von Kay Pollak, der ganz unscheinbar und unaufhaltsam viele Herzen bewegt und berührt. Daniel Dareus ist ein berühmter Dirigent, auf dem Höhepunkt seiner Karriere. Ein Herzinfarkt wirft ihn auf sich selbst zurück. Er wagt eine Reise nach innen und zieht sich alleine an seinen Ursprungsort zurück. Langsam gewinnt er in seinem kleinen Heimatdorf wieder Vertrauen in das Leben.
Er findet durch die Begegnung mit dem kleinen Kirchenchor zu seiner Leidenschaft zurück, zur Musik. Seine unkompliziert bescheidene Art und Weise als neuer Leiter dieses Chores öffnet die Herzen der zehn Mitglieder. Er führt sie zu sich selbst, weil er aus der Hoffnung lebt, dass jede und jeder seinen eigenen Grundton hat und dass alle Musik schon da ist. Seine Lebensweisheit lässt sich mit wenigen Worten umschreiben: »Alles beginnt mit dem Hören.« Im Horchen auf den Atem, in der Kraft des Daseinkönnens ereignet sich die Verbindung zwischen dem persönlichen Ton und der gemeinsamen Lebensmelodie.
In diesem eindrücklichen Film begegnen mir die großen Lebensthemen mit einer Leichtigkeit, die die Härte des Lebens nicht ausklammert. Ich entdecke darin jene mystische Grundhaltung, die uns Menschen nicht auf unsere Mängel fixiert, sondern uns Ansehen schenkt im Hervorheben unserer unerschöpflichen Wachstumsmöglichkeiten, unserer einmaligen Ressourcen. Es ist für mich eine Wohltat, teilhaben zu können am Aufblühen von ganz unterschiedlichen Menschen. Das gemeinsame Singen bewegt sie zu einer befreienden Offenheit, die viel Verlogenes, Totgeschwiegenes freilegt.

Sie führt zu einem authentischen Dasein, das Konflikte nicht mehr überspielt. Zwei zentrale Aspekte, die in jeder mystischen Biografie auftauchen:

- Menschen, die wirklich der Kraft ihres Daseins, dem Ursegen trauen, werden innerlich frei.
- Sie sind weniger manipulierbar. Sie werden ermächtigt zum aufrechten Gang. Sie hinterfragen familiäre, politische und kirchliche Institutionen, die durch ungesunde Abhängigkeiten und durch Angst Macht ausüben wollen.

Einer der bewegendsten Momente im Film ist darum für mich der Soloauftritt von Gabriella beim gemeinsamen Konzert. Seit Jahren wird sie von ihrem Mann geschlagen. Alle im Dorf wissen es, doch niemand wehrt sich mit ihr, bis die heilsame Weggefährtenschaft im Chor zur Befreiung bestärkt. Mit ihrer kraftvollen Stimme singt sie von ihrer Sehnsucht, ihr Leben wirklich zu leben im Wissen, dass sie gut genug ist. Sie will ihr Selbst nicht mehr schlummern lassen, sondern es entfalten, auch zum Wohle ihrer Kinder.
Diese lebensbejahende Spur will ich in der christlichen Tradition hervorheben. Sie ist bis heute spürbar in den Erzählungen von den heilenden Begegnungen Jesu, die zum wirklichen Leben verführen! Im Laufe der Kirchengeschichte wird sie manchmal zugedeckt durch eine lebensverneinende Fixierung auf Schuld und Sünde, ohne jedoch völlig verloren zu gehen. Mystische Menschen betonen unermüdlich, dass im Anfang nicht die Ursünde, sondern der Ursegen ist. Wie anders könnte die bedingungslose Liebe Gottes glaubwürdig erlebbar werden? Der Theologe Johann Baptist Metz

betont zu Recht, dass Jesu erster Blick nicht der Sünde der anderen, sondern dem Leid der anderen gilt. Ich ergänze diesen wichtigen Aspekt mit der Zusage, dass der Blick Jesu auch der inneren göttlichen Quelle gilt, die heilende Kräfte in uns freilegen kann. Diese hoffnungsstiftende Perspektive heben Mystikerinnen und Mystiker im Entfalten eines positiven Menschen- und Gottesbildes hervor. Ein Ja der Liebe ist in unser Herz gelegt, das zur Selbstannahme und zur Solidarität bestärkt.

»Heute besuche ich mich, mal schauen, ob ich zu Hause bin?«, sagt sich der Münchner Karl Valentin mit seinem tiefsinnigen Humor. Ich erkenne in diesen Worten eine der urreligiösen Fragen. Sie erzählt von der Verheißung und der Zumutung, sich zurechtzufinden im eigenen Seelenhaus. Ich kann dies nur durch die Erinnerung, dass mir vor allen Ansprüchen der Zuspruch gilt, angenommen und geliebt zu sein in meinem Dasein, in meiner Lebenskraft, in meiner Verletzlichkeit, in meiner Liebesfähigkeit und mit meinen Ecken und Kanten. Eine »Moralin-Religion«, die Menschen klein und unmündig halten will, ist ein Verrat an der Menschenfreundlichkeit jenes Liebhabers des Lebens aus Nazareth.

Mystische Menschen hinterfragen den Machtanspruch einer organisierten Religion, die sich anmaßt, den Menschen Gott bringen zu können. Es gibt keinen gottlosen Menschen auf dieser Welt, weil kein Mensch Gott loswerden kann. Der Theologe und Jesuit Karl Rahner (1904–1984) bringt diese Grundannahme in Verbindung mit einem mystagogischen Handeln, weil er wie alle Mystikerinnen und Mystiker davon ausgeht, dass

Gott als tiefes Geheimnis in jedem Menschen wohnt und wirkt. Mystagogie bedeutet für ihn eine Hinführung zu diesem Geheimnis, indem wir einander aufzeigen, wo immer wir mit diesem Urgrund unseres Lebens mitten im Alltag in Berührung gekommen sind. Mystagogie als Aneignung (nicht Verordnung) des Glaubens findet sich schon im Jahre 350 nach Christus in den mystagogischen Katechesen des Cyrill von Jerusalem. Er hatte ein feines Gespür für die Einmaligkeit und Einzigartigkeit eines jeden Menschen. Eine Hinführung zum christlichen Glauben muss darum die Persönlichkeit des Einzelnen mit seinen Bedürfnissen und seinem soziologischen Hintergrund ernst nehmen, damit eine reflektierte Verbindung zwischen dem Einzelnen und der christlichen Tradition und Liturgie aufgezeigt und verinnerlicht werden kann. Kirchliche Gemeinschaft kann Gott nicht haben, sondern ihre Aufgabe besteht darin, ihn mit anderen zu suchen, freizulegen, zu hinterfragen, zu finden und zu feiern.

Spirituelle Menschen erinnern einander alltäglich daran, dass unsere menschliche Existenz zutiefst verbunden und eingebunden ist in die göttliche Gegenwart, die spürbar ist und uns zugleich übersteigt. In der Zusage, gesegnet zu sein vor allem Tun, wehren sich mystische Menschen gegen eine angstmachende Religion, die Menschen aufzeigen will, wann Gott zu ihnen kommt und wann nicht. Er kommt all unserem Tun mit seinem Segen, mit seiner Gnade zuvor, weil das Wesentliche im Leben immer ein Geschenk bleibt. Mystische Menschen denken groß vom Menschen, weil er fähig ist, sich verwandeln zu lassen, um immer mehr werden zu können, wie er oder sie von Anfang an gemeint ist: Abbild

Gottes. Diese biblische Grundaussage entfalten Mystikerinnen und Mystiker in vielen Symbolen, Urbildern und lebensbejahenden Worten.

Den göttlichen Urklang hören: Hildegard von Bingen

Hildegard von Bingen (1098–1179), Äbtissin, Apothekerin, Dichterin, Komponistin, Prophetin, Heilkundige, Visionärin, Naturforscherin, ist überzeugt, dass Gott uns ins Gesicht schaut und wir ihm gut gefallen. Dieses Ansehen befreit, und weil es allen Menschen gilt, besteht unsere Aufgabe darin, aufeinander Rücksicht zu nehmen, besonders auch auf die Schöpfung, weil in ihr Gottes heilender Geist atmet. Wir Menschen sind eine Leib-Geist-Seele-Einheit, ein »Spiegel aller Gotteswunder«.

Diese Hoffnung belebt sie und sie unternimmt viele beschwerliche Reisen, um sich mit kämpferischen Worten für eine ganzheitliche Spiritualität einzusetzen, die einen leibfeindlichen Dualismus überwindet. Ein gesunder Lebensstil gehört für sie zur täglichen Lebensaufgabe, der auch Verletzlichkeit und Verwundbarkeit beinhaltet, weil wir in uns »nicht nur Himmlisches« suchen sollen. Ihre schöpfungszentrierte Spiritualität bestärkt uns, psychosomatische Zusammenhänge zu erkennen, damit wir auch an Krankheiten wachsen und reifen können. Zugleich ermutigt sie uns, unsere Endlichkeit anzunehmen, weil unser Gesegnetsein von der Ewigkeit erzählt,

die schon im Hier und Jetzt erfahrbar wird und uns verbindet mit allem.
Hildegard ist in ihrem Leben oft krank gewesen, sie weiß um unsere Zerbrechlichkeit. Wie die meisten Mystikerinnen und Mystiker hat sie von ihren inneren Erfahrungen aus einer inneren Notwendigkeit geschrieben, damit aus unseren Schwächen, unseren wunden Punkten Stärken entstehen können. Leidenschaftlichkeit gehört für sie wesentlich zu unserem Menschsein, damit unsere Verwundbarkeit nicht überspielt wird und unser sprühendes Leben nicht unterdrückt wird. Tiefster Grund dieser Hoffnung ist das Christusereignis, das von einem menschgewordenen Gott erzählt, der uns sichtbar werden lässt, was in unserem innersten Seelengrunde angelegt ist: »ein Verlangen nach dem Kusse Gottes«. Dieses intim-dialogische Geheimnis ist nicht nur sehr persönlich, sondern hat zugleich eine kosmische Dimension. Da sein können, einfach leben, innehalten und verweilen im Augenblick wird zur Lebensaufgabe, weil wir sinnstiftend erleben können, wie die ganze Schöpfung und der Kosmos »vom Kuss des Schöpfers« belebt wird.
Diese verbindende Wirklichkeit beschreibt Hildegard in musikalischen Bildern. Die Seele trägt die Symphonie Gottes in sich, sie »hat in sich einen Wohlklang und sie ist selber klingend«. Alles ist ein »Urklang aus der Ordnung Gottes«. In der Kraft des Daseins und des Verweilens können wir die göttliche Schwingung wahrnehmen, die uns zum Innehalten bewegt, weil wir alle viel mehr sind als unsere Leistung. Als sensible Menschenkennerin verschweigt Hildegard von Bingen zum Glück nicht, dass wir beim Horchen auf die himmlische Harmonie

auch mit unseren Verstimmtheiten konfrontiert werden.
Hildegards Menschen- und Gottesbild ist nicht statisch, sondern dynamisch und prozessorientiert, wie bei allen Mystikerinnen und Mystikern. Es ist verwurzelt in der biblischen Weisheitstradition, die mit »Frau Sophia« auch ein weibliches Sprechen von Gott ausdrückt. Hildegard von Bingen bewegt es zum Hineinwachsen in ein Urvertrauen, das genährt wird von der »umarmenden Mutterliebe Gottes«, die einlädt, Erde und Himmel miteinander zu verbinden. Diese Verwurzelung nährt die Kraft zum Kampf für Gerechtigkeit, den sie auch in einer Kritik an Klerus und Papst ausdrückt, weil sie das Blutgeld mehr lieben als die »schöne Königstochter, die Gerechtigkeit«. Mystik und Kirchenkritik sind untrennbar.

Inneren Bildern trauen: Mechthild von Hackeborn

Mechthild von Hackeborn (1241–1299) lebt im Kloster Helfta, zusammen mit Gertrud der Großen und Mechthild von Magdeburg. Die drei großen Frauen von Helfta trauen ihren Visionen, ihren inneren Bildern. In einem mühsam-befreienden Prozess haben viele Mystikerinnen jahrelang gerungen, um der Kraft ihres inneren Seelenlebens zu trauen. Darin drückt sich die bleibende Spannung aus, die zu einem mystischen Weg gehören wird. Wenn jemand mir in der spirituellen Begleitung anvertraut, dass er oder sie in direktem Kontakt mit Jesus oder Maria sei, dann nehme ich diese Worte wohl ernst, doch ich begegne ihnen auch mit Skepsis. In einer autoritären Religion ist die Gefahr, dass wir unmündig bleiben und unsere Verantwortung an die Hierarchie abgeben. Die Schlagseite einer mystischen Religion wiederum besteht in der Gefahr, eigene Erfahrungen absolut zu setzen, überheblich zu werden und den notwendigen Dialog zu verweigern. In vielen mystischen Biografien scheint diese Problematik auf, indem sich Menschen mit inneren Bildern jahrelang schwertun, um sie aufzuschreiben. Sie sind nicht nur beglückt, sondern sie leiden auch an diesem tiefen Angerührtsein.

Mechthild von Hackeborn hat ihre Visionen bis zum 50. Lebensjahr verschwiegen. Diese Erfahrung lehrt mich, kritisch mit religiösen Erlebnissen umzugehen, denn sie sind verwoben mit all unseren persönlichen, sozialen und politischen Erfahrungen. Kritisch im doppelten Sinn, indem ich wie viele Mystikerinnen und Mystiker das Gespräch suche, mich hinterfragen lasse und zugleich, indem ich mir treu bleibe und innere Bilder, die sich mir auf eine vielfältige Art und Weise immer wieder zeigen, auch aufschreibe und ausdrücke. Es ist diese anspruchsvolle Gratwanderung, die mich in mystischen Biografien faszinieren und befremden kann. Fasziniert bin ich vom Selbstbewusstsein jener Frauen, die sich in einer patriarchalen Welt nicht beirren lassen, einen sinnlicheren Glauben auszudrücken. Befremdet bin ich von den absoluten Aussagen wie »Christus sagt zu mir ...«, die mystische Menschen in ihrer geistlichen Begleitung jedoch auch selber hinterfragen.

Ein mystisches Christentum muss diese Spannung aufrechterhalten. Die Gratwanderung, von den eigenen persönlichen Erfahrungen auszugehen, um sie kritisch verwurzeln zu können in den Erfahrungen der Bibel und der Tradition. Diese Lebenseinstellung gilt auch im Umgang mit mystischen Texten. Ich kann die Erfahrungen von Mechthild nicht kopieren in mein Leben, ich brauche eine kritische Distanz zu zeitbedingten asketischen Äußerungen. Ich suche nach dem Lebensbejahenden und finde es in ihren originellen Worten, die mich zur Kraft meines Daseins führen. Sie spricht vom inneren Christus, der in uns Wohnstatt hat. Wir suchen und finden ihn »mit allen fünf Sinnen«, damit wir vertrauen, dass das Wesentliche schon da ist. Denn ihr innerer Christus spricht uns zu: »Wo immer du weilst, da ist mein Himmel.« Mechthild hat ihre Erfahrungen im »Buch vom strömenden Lob« aufgeschrieben. Die Symbolik des Herzens prägt es. Der Dialog zwischen Mensch und Gott ereignet sich von Herz zu Herz. Unser Atem strömt aus dem Herzen Gottes. Atempausen für die Seele lassen uns diese Wirklichkeit erahnen.

Die Geburt Gottes in uns erahnen: Meister Eckhart

Meister Eckhart (1260–1328), Dominikanermönch, begabter Philosoph und Prediger, ist viel unterwegs zwischen Erfurt, Köln, Straßburg und Paris. Sein Leben ist voll von innerer und äußerer Bewegung. Ein verantwortungsvolles Dasein lässt sich in seiner Biografie entdecken, das in der Wechselwirkung von Engagement und Rückzug lebt. Er bringt diesen Rhythmus in der Grundhaltung zum Ausdruck, uns nicht allein vom Haben bestimmen und leben zu lassen, sondern uns vom Sein her zu nähren. Denn für ihn ist die entscheidende Frage im Leben nicht, was wir tun, sondern wer wir sind. Er bestärkt uns auch »ohne Warum – sunder warumbe« leben zu können, weil unser Wert aus unserem Sein entspringt.

Aus dem Sein leben bedeutet für ihn nicht nur Ruhe, sondern auch Kreativität und Bewegung, weil Gott sich unaufhaltsam in unserem Seelengrunde gebiert. In unserer Tiefe ist ein Einheitspunkt, ein »Seelenfünklein«, ein göttlicher Kern, der unantastbar ist. Dieses Vertrauen befähigt uns, an unserer Persönlichkeit und an unseren Beziehungen zu arbeiten, und es entlastet uns, weil niemand zu haben ist, sondern wir uns selber, die anderen und sogar Gott lassen können, weil wir alle immer im Werden sind. Ich darf so sein, wie ich wirklich bin, und muss nichts mehr beweisen, damit ich meine Talente entfalten kann, zur eigenen Freude und zum Wohl der Gemeinschaft. Diese innere Freiheit, die nicht im Außen sucht, was schon zutiefst in uns angelegt ist, befreit zum Dasein-Können, zum Verweilen in der Gegenwart.

Mit dem Bild von der Gottesgeburt in unserer Seele – Meister Eckhart ist inspiriert vom frühchristlichen Theologen Origenes (185–253) – entfaltet er ein dynamisches Menschen- und Gottesbild. Unsere Lebensaufgabe ereignet sich, wenn wir freilegen, was in uns wesentlich da ist. Meister Eckhart vergleicht diesen lebenslangen Prozess mit einem Künstler, der aus Stein oder aus dem

Holz das Kunstwerk herausholt, das schon im Inneren angelegt ist. Dieses Freilegen des inneren Bildes ist ein Wagnis, es ist anstrengend und es beinhaltet auch Geburtswehen. Es befreit zum wahren Sein, damit wir auch in unserer Gottesbeziehung erwachsen werden. Wie viele Mystikerinnen und Mystiker kritisiert auch Meister Eckhart jene Leistungsfrömmigkeit, die Gott liebt, wie wir eine Kuh lieben, nur so lange wie sie uns Milch gibt! Wenn die Kirche auf Meister Eckhart und viele andere Mystikerinnen und Mystiker gehört hätte, dann wäre die Reformation ohne Spaltung möglich geworden, von innen heraus.

»Gott gebiert seinen Sohn in dir, sei es dir lieb oder leid«, heißt seine befreiende Zusage, die unser Leben verwandeln kann, weil wir dann »Gott schmecken« in all unseren Lebensvollzügen und erkennen, dass jeder Ort auf dieser Welt zum heiligen Ort werden kann. Die Abgeschiedenheit, die Distanz, die Leere eröffnen uns einen Zwischenraum, der uns erfahren lässt, was wirklich wesentlich ist, was wirklich trägt im Leben. Zwischenräume führen zu einer schonungslosen Selbsterkenntnis, die entlastet ist durch die Verheißung, dass »mein Leib und meine Seele mehr in Gott sind, als dass sie in sich selbst seien«. Ich kann werden, was ich schon bin: »Gottes Schönheit«.

Angerührt von Gottes Gegenwart: Jan van Ruusbroec

Jan van Ruusbroec (1293–1381) hat mit zwei anderen flämischen Priestern außerhalb von Brüssel eine kleine Gemeinschaft gegründet. Seine Mystik ist gestärkt durch die Zusage von Christus: »Ich bin dein, und du bist mein.« Diese persönliche Erfahrung des Aufgehobenseins führt zu einem gemeinschaftlichen Bewusstsein. Eine Verwurzelung in Gott führt nicht in eine abgeschlossene Kuschelecke, sondern in das Wahr-Nehmen der tieferen Verbundenheit mit allem. Gott ist »allen Geschöpfen gemeinsam« betont der flämische Mystiker. Rassistisches und sexistisches Herrschaftsdenken lässt sich niemals mit Gottes bedingungsloser Liebe verbinden. Jan von Ruusbroec spricht vom »ewigen Punkt in uns, wo alle unsere Linien beginnen und enden«. Denn das Bild Gottes ist in allen Menschen wesentlich vorhanden, jeder und jede besitzt es ganz und zugleich zusammen mit den anderen.

»Anrühren« ist ein besonderes Wort in der niederländischen Mystik. Ein mystischer Mensch lässt sich anrühren und berühren von der Gegenwart Gottes, um »in der Ruhe und Tätigkeit« mit anderen sein Leben gestalten zu können. Eintauchen in die Kraft des Daseins, in die Kraft der Gegenwart, erinnert uns an die Ursprungseinheit, die Einheit mit Gott, »denn alle Geschöpfe hängen mit ihrem Wesen, ihrem Leben und ihrem Daseinsgrund in dieser Einheit«. Unser ganzes Wesen ist auf Gott hinbezogen.

Wesentlich werden: Angelus Silesius

Angelus Silesius (1624–1677) hat wie viele Mystikerinnen und Mystiker ein bewegtes Leben. Als Johannes Schefler in Breslau geboren, studiert er zuerst Medizin in Straßburg und er entdeckt als evangelischer Christ neben den mittelalterlichen auch die evangelischen Mystiker Valentin Weigel und Jakob Böhme. Er empört sich sehr, dass auch in der lutherischen Kirche so viel engherzige Rechtgläubigkeit vorherrscht, die mystische Texte zensuriert. 1653 tritt er zum Katholizismus über und wird später zum Priester geweiht. Sein maßloses Entsetzen drückt er in vielen polemischen Streitschriften aus, die einen Schatten auf seine dichterischen Texte werfen. Sie drücken auch aus, dass mystische Menschen sich selbst schwertun, ihre durch Inspiration erhaltenen Worte in die Grenzsituationen des eigenen Alltagslebens hineinzuholen; ernüchternd und tröstlich!

Trotzdem beinhalten seine originellen Sinnsprüche eine zeitlose Aktualität, die uns zum Innehalten bewegen, weil in uns selbst das Entscheidende im Leben zu finden ist: »Halt an, wo läufst du hin – der Himmel ist in dir; suchst du Gott anderswo, du fehlst ihn für und für.« In diesen Worten wird der Akzent einer mystischen Spiritualität klar sichtbar: Suche nicht im Außen, was in deinem Inneren immer schon auf dich wartet! Diese Kurskorrektur ist in meinem Leben entscheidend, denn ich ließ mich zu lange beeindrucken von der Meinung der anderen. In der Absolutheit eines Angelus Silesius kann ich die Worte allerdings nicht mitvollziehen. Denn der Himmel ist nicht nur in mir, sondern auch zwischen uns und über uns! Ich bin sehr dankbar für seine Be-

stärkung, »wesentlich zu werden« und »in mich selbst zu gehen«.
Der Mystiker aus Schlesien hebt wie viele andere hervor, dass alle Menschen sich von Gott berühren lassen können. Mystik ist nicht elitär und abgehoben, sondern bestärkt zur eigenen Erfahrung, die ganzheitlich, mit Leib, Geist und Seele spürbar sein soll: »Wie allgemein ist Gott! Er hat der Bauernmagd die Kunst, wie man ihn küsst, sowohl als dir gesagt.« Mystiker sprechen von einem allgemeinen Gott, der in allen Menschen wohnt und wirkt. Christliche Mystikerinnen und Mystiker sprechen vom menschgewordenen Gott, den wir mit all unseren Sinnen erfahren können. Sie ermutigen in poetischen Worten zur »Kunst, Gott zu küssen«, die alle Menschen erleben können.

Lebensbejahend sein

Eine lebensbejahende Grundeinstellung steht schon auf der ersten Seite der Bibel: »Gott schuf also den Menschen als sein Abbild; als Abbild Gottes schuf er ihn. Als Mann und Frau schuf er sie.« (Genesis 1,27) Mystische Menschen entfalten in Bildern und Symbolen diese befreiende Verheißung, gottähnlich zu sein. Im Anfang ereignet sich der Ursegen und dieses Wunder erfahren wir jeden Tag neu. Dem älteren Schöpfungsbericht mit dem sogenannten Sündenfall (Genesis 2,4b–3,24) wurde einige Jahrhunderte später ein zweiter Schöpfungsbericht (Genesis 1,1–2,4a) vorangestellt, um unsere Existenz nicht vom Negativen, von unserer Entfremdung her zu

deuten, sondern von der wiederholenden Zusage »und es ist gut so«. Dieser Ursegen ist für mich lebensnotwendig, um uns Menschen nicht zuerst mit unseren destruktiven Seiten anzusehen, sondern von unserem unerschöpflichen Verwandlungspotenzial her.
Mystische Frauen und Männer heben diese Sicht hervor, die uns zuerst aufatmen lässt, bevor wir etwas tun müssen. Meister Eckhart spricht vom »hohen Adel der Seele«, von unserem göttlichen Kern, der uns stärkt, um auch all die gewaltvollen und himmelschreienden Aspekte unseres Menschseins anschauen und verwandeln lassen zu können. Im ersten Kapitel der Bibel erfahren wir, dass ein neuer Tag mit dem Abend beginnt. Ich sehe darin die Ermutigung, zuerst zu sein, bevor wir uns engagieren. Im Ausruhen Gottes am siebten Tag, am Sabbat, entdecken, dass wir auch gottähnlich sind, wenn wir aufatmen im Liegestuhl!
Eine christlich-mystische Spiritualität ist verwurzelt in der biblischen Tradition. Allerdings in einer dynamischen Art und Weise, in der die Bibel nicht wörtlich, sondern vor allem ernst genommen wird. Sie fordert uns mit den Worten des evangelischen Theologen Klaus-Peter Jörns auf zu »notwendigen Abschieden auf dem Weg zu einem glaubwürdigen Christentum«, denn eine lebensbejahende Spiritualität kann nicht hinnehmen, dass die Vertreibung aus dem Paradies mit unserer Sterblichkeit zu tun hat und der Tod »der Sünde Sold sei« (Römer 6,23). Dies bezeugt auch die evangelische Theologin Elisabeth Moltmann-Wendel, eine der Gründermütter der feministischen Theologie, weil für sie der Tod als der Sünde Sold das gerade wiederentdeckte Leben seiner Fülle und Vielfalt beraubt.

Eine mystische Spiritualität wiederholt unermüdlich, dass wir Abbild Gottes sind und dass wir im Leben und im Sterben in Gott hineingeboren werden, damit wir unsere Geschöpflichkeit, unsere Endlichkeit annehmen können, um lust- und sinnvoller im Leben zu stehen. So ist für den katholischen Dogmatiker Walter Simonis die Erzählung im dritten Kapitel des Buches Genesis »eine fälschlich genannte Sündenfallgeschichte«. Er deutet sie als Darstellung des Erwachsenwerdens, als »Geschichte vom Werden vernünftiger Freiheit«. Der Tod als Feind ist nicht der Sold der Sünde, sondern das Sterbenmüssen erscheint den Liebenden als feindlich. Lange Jahre hing über meinem Bett ein Satz des französischen Philosophen Gabriel Marcel: »Einen Menschen lieben, heißt ihm sagen: Du wirst nicht sterben.« Er drückt für mich die mystische Hoffnung aus, dass die Liebe bleiben wird und dass wir all unser Sehnen und Ringen, all unser Kämpfen und Suchen auf die ewige Kraft der Liebe ausrichten können. So entsteht eine Ethik, die nicht von der Angst her lebt, sondern durch die Liebe sich befreiend, mühsam, kämpferisch entfaltet.

Diese entlastende Lebenseinstellung verabschiedet sich von einer leibfeindlichen Erbsündenlehre, die ein Verrat ist am Aufgehobensein in Gottes Liebe. Schuld und Begrenztheit gehören zu unserem Leben. Wir können sie annehmen und uns von unseren destruktiven Seiten befreien lassen, weil Gott mit uns Mensch wird in all unseren Lebensvollzügen. Sein Name »Ich bin der Ich-binda« (Exodus 3,14) verspricht es uns, genauso wie das prophetische Hoffnungsbild, dass wir »einem bewässerten Garten gleichen, einer Quelle, deren Wasser niemals versiegt« (Jesaja 58,11). Eine lebensbejahende Spur, die in den ersten Worten Jesu nach Markus verdichtet wird: »Die Zeit ist erfüllt, das Reich Gottes ist nahe. Kehrt um, und glaubt an das Evangelium!« (Markus 1,15) Vor allen Ansprüchen gilt uns dieser Zuspruch. Jede Kommunikation, die mit Schuldzuweisungen beginnt, verirrt sich in einer Sackgasse.

Die Begegnungen Jesu mit den Menschen verdeutlichen den heilenden Aspekt, in dem er die Menschen auf ihren göttlichen Kern verweist, damit sie da sein können, einfach leben und nicht mehr vor sich und ihrem Schatten davonrennen müssen, denn entscheidend ist ein »Glaube, der in der Liebe wirksam wird« (Galater 5,6). Diese Grundhaltung legen mystische Menschen frei, damit wir immer mehr zu uns selbst befreit werden. Im Film »Wie im Himmel« singt Gabriella: »Den Himmel, den ich suchte, den finde ich irgendwo. Ich will spüren, dass ich mein Leben gelebt habe.«

Mystische Menschen tauchen immer wieder ein in die Erinnerung, gesegnet zu sein vor allem Engagement. Sie bestärken einander zu einer Sabbat-Kultur, zum Widerstand für die einmalige Würde jedes Menschen, weil unser Wert aus unserem Sein entspringt. Eine Würde, die uns einbindet in das Beseeltsein von Schöpfung und Kosmos. Mystische Menschen schöpfen Kraft aus dem Dasein, um kämpferisch im Leben zu stehen. Sie betonen das Lebensbejahende, um sich auch den Schattenseiten des Lebens stellen zu können. Sie erinnern uns alle an den göttlichen Einheitspunkt in uns, der uns unsere Endlichkeit annehmen lässt, damit wir angesichts der Ewigkeit in der Kraft des Augenblicks verweilen können.

Du
bist der Grund meines Daseins
bewohnst mich wesentlich
damit ich in mir selber ruhen kann

Du
bist unsere Lebensmelodie
entfaltest dich mit unserem Grundton
zu einer Symphonie der Liebe

Du
gebierst dich in mir
in der Kunst des Verweilens
im Integrieren meiner Schattenseiten

Du
bist mein Seelenfünklein
unantastbar verborgen im Innersten
das von meiner einmaligen Würde erzählt

Dich
leben wir mit unseren fünf Sinnen
im sinnstiftenden Daseinsgrund
der uns verbindet mit allem

2 Entdecke die Wunder der Schöpfung – spüre deine Verwurzelung

Mystik des Staunens

»Wenn ich eine längere Zeit nicht in der Natur arbeite, dann fühle ich mich entwurzelt und ich kenne mich nicht mehr«, sagt der Land Art-Künstler Andy Goldsworthy, den Thomas Riedelsheimer im eindrücklichen Film »Rivers and Tides« (2001) porträtiert hat. In diesem meditativen Filmerlebnis begegne ich einem Menschen, der all die vielen Dinge, die in der Natur vorhanden sind – einfach so herumliegen –, zu Kunstwerken werden lässt. Faszinierende Kunst, die je nach Wetterbedingung nur für kurze Zeit aufscheint und zum Staunen bewegt. »Es gibt eine Welt, die über uns hinaus weist«, sagt Andy Goldsworthy, der mit größter Achtsamkeit, Konzentration und Disziplin schöpferische Werke gestaltet, die von der Kraft der Ewigkeit erzählen. Das Verweilen und Arbeiten in der Schöpfung lehren ihn, intensiver mit dem Leben und dem Tod in Kontakt zu sein. So entdeckt er nach dem Tod seiner jungen Schwägerin Julia, dass ein schwarzes Loch in einem Baum zum Eingangstor zu einer anderen Welt werden kann, zur Tiefe des Lebens. Ein schwarzes Loch bringt uns nicht nur mit der Abwesenheit, dem Unbekannten in Verbindung, sondern auch mit dem Durchgang zu einer neuen Welt.

Dieser originelle Künstler schaut »nur« all das an, was schon da ist. Mit seinem Tiefenblick entdeckt er in der Endlichkeit der Dinge jene Unendlichkeit, die an die tiefere Verbundenheit mit Schöpfung und Kosmos erinnert. Er versucht das Wesen des Steines, des Wassers, der Erde, der Pflanzen und Tiere zu erkennen. Ich entdecke darin den mystischen Blick, der hinter die Dinge und Bilder schaut und der nicht auf große Wunder und Erleuchtung wartet, sondern im Augenblick das Wun-

derbare erkennt. Der zunehmende Kinoerfolg von vielen Dokumentarfilmen wie »Mikrokosmos: Das Volk der Gräser« von Claude Nuridsany und Marie Perenom, »Nomaden der Lüfte – Das Geheimnis der Zugvögel« von Jacques Perrin und »Die Reise der Pinguine« von Luc Jacquet zeigt mir, dass immer mehr Menschen die Kunst der Langeweile entdecken möchten, um bewusster wahrzunehmen, was an Leben in Fülle schon da ist.
Dorothee Sölle sieht im Staunen den ersten Schritt auf einem mystischen Weg. Kinder können staunen und sich ganz versenken im Spiel. Sie können uns spirituelle Lehrmeisterinnen und Lehrmeister sein. Staunen heißt Freiwerden vom Funktionieren, von einengenden Gewohnheiten, von lebensfeindlichen Mustern. Ein mystischer Weg muss nicht durch eine Krise, eine Umbruchsituation entstehen. Das Staunen kann zum Eingangstor werden, um jene tiefe Verwurzelung im Urgrund unseres Lebens zu entdecken, ohne die wir nicht leben, nicht lieben, nicht wachsen und reifen könnten.

Überwältigt sein vom Staunen: Symeon der Neue Theologe

Symeon der Neue Theologe (949–1022) ist einer der größten Mystiker der orthodoxen Kirche. Er stammt aus einem vornehmen Geschlecht und hätte Karriere machen können am kaiserlichen Hof. Er wählt das Kloster Studios im Süden von Konstantinopel. Mit 20 Jahren hat er eine intensive Lichtvision, die sein Leben verändert. Überwältigendes Staunen steht am Anfang seines inneren Weges. Er erfährt Gott als Licht, nah und unfassbar. Es ist, wie wenn die Sonne, die wir alle sehen, in unser Herz herunterkommt. Staunend fragt Symeon: »Wie sollte er bei dieser Schau nicht außer sich und überwältigt sein vom Staunen, wie sollte er den nicht lieben, der ihm das Leben gibt?« Dieses Umflutetsein vom Licht führt ihn zu einer persönlichen Gottesbeziehung, zur Gottesliebe, die überall spürbar wird. Symeon hält an dieser Hoffnung fest, obwohl er auch viel Schweres erlebt, Ablehnung, Rivalität und Neid. Er lässt sich trotz Kritik nicht beirren und er traut allen Menschen eine intensive Gotteserfahrung zu, die verwandeln kann. Bei ihm taucht die Spannung zwischen Amt und Charisma auf, weil er alle Menschen ermächtigt, Gott in sich zu entdecken. Er konkretisiert damit, was seit Athanasios von Alexandria (298–373) in der griechischen Theologie aufscheint: »Gott wurde Mensch, damit der Mensch Gott werde.«

Diese Verheißung wird nicht statisch als Zustand erfahren, sondern als lebenslanger Weg, damit wir werden, was wir sind: Abbild des Christus-Geheimnisses. Staunend können wir dann in unserem Lebensweg den Lebensweg Jesu erkennen mit seinem Lieben, Lachen, Kämpfen, Leiden, Auferstehen. Mystikerinnen und Mystiker vertrösten uns nicht auf die Zukunft, sondern sie erinnern uns, dass wir im Hier und Jetzt diese Wirklichkeit erfahren, weil Christus »die allem zugrunde liegende Liebe ist«, die in jedem von uns wirkt. Dieses existenzielle Sprechen vom Glauben fasziniert mich in der mystischen Tradition. Glaube ist nicht ein Fürwahrhalten von Glaubensinhalten,

sondern ein Vertrauensakt, um in seinem Leben, im Leben der Mitmenschen und in Schöpfung und Kosmos das Beseeltsein zu erkennen. Diese intensive Lichtschau, die Symeon in Hymnen besingt, nennt sein Biograf Niketas Stetathos »erotische Lobpreisungen Gottes«. Ein sinnlicher Glaube bewegt zum Staunen über die sprudelnde göttliche Quelle in uns.
Der mystische Weg von Symeon lehrt mich, dass mit einem Gipfelerlebnis das Ziel nicht erreicht ist, sondern ein Anfang gesetzt ist, um das Lichtvolle trotz aller himmelschreiender Ungerechtigkeit nicht aus den Augen zu verlieren. Auf dem Gipfel kann niemand leben. Echtes Leben entwickelt sich unten, im Alltag, im Auf und Ab der Gefühle und Erfahrungen. Symeon spricht in diesem Zusammenhang von Askese, mit ihren leibfeindlichen Spuren. Ich will Askese in seinem ursprünglichen griechischen Sinn verstehen als »sich in etwas einüben«. Wer dem Staunen mehr Raum gibt in seinem Leben, der braucht Achtsamkeit und Konzentration auf das Wesentliche, grundlegend ist für mich allerdings das Lebensbejahende. Dem Leben zuliebe kann Fasten, sexuelle Enthaltsamkeit oder Schweigen sinnvoll sein, jedoch nicht weil Essen, Erotik und Kommunikation schlecht sind und uns von Gott entfernen.
Die leidenschaftliche Liebe, die in Texten von Symeon aufscheint, ermutigt mich, dem Geheimnis der Menschwerdung zu trauen, um Christus als Hoffnungsgrund in all meinen Lebensvollzügen zu erahnen, der über mich hinausweist zur Schöpfung und zum Kosmos hin. Ordnung und Disziplin können eine Hilfe sein, um sich nicht zu verlieren im Getriebe, sondern um das Wesentliche noch mehr genießen zu können. Es bedeutet mit

den Worten des Psychoanalytikers Erich Fromm, uns von der Habensdimension immer wieder zu lösen, um mehr sein zu können. Der Lobpreis von Symeon bestärkt dazu, weil für ihn der Schöpfer »flutendes Feuer, erquickendes Wasser, Wonne, Lichtesschimmer und Liebe« ist.

Radikal leben: Franz von Assisi

Franz von Assisi (1181/82–1226) wurde vom ehrgeizigen Kaufmannssohn mit seinem rücksichtslosen Profit- und Nützlichkeitsdenken zum Visionär einer universalen Geschwisterlichkeit. Sein Sonnengesang, der ihm gegen Ende seines Lebens, als er an einer schweren Augenkrankheit litt, geschenkt wurde, lässt erahnen, was wir mit unseren inneren Augen sehen können. Darin verdichtet sich die Nähe zu allen Geschöpfen und Urelementen, mit denen der »Poverello« (der Liebhaber der Armut) auf Du und Du ist. Sein dialogisches Unterwegssein verdichtet sich auch im freundschaftlichen Zusammensein mit Menschen, mit seinen Brüdern und mit Klara von Assisi und ihren Schwestern.
In einer Zeit, in der durch verschiedene Bewegungen das Teuflische im Materiellen gesehen wurde, durchbricht der Schöpfungsfreund die Trennung und die Überheblichkeit, die die Menschen von den anderen Geschöpfen isoliert. Eine konkrete Schöpfungsmystik wird erfahrbar, die in die Nähe der Armen und Entrechteten führt. Franz predigt nicht nur den Vögeln und

spricht sie als Geschwister an, sondern küsst auch Aussätzige. Sein ansteckendes Staunen lässt sich an seiner Fähigkeit zur Intimität mit dem Göttlichen und mit allen Lebewesen aufzeigen. Der Kapuziner Niklaus Kuster hat dies in seiner hervorragenden Franziskusbiografie entfaltet: Staunendes Verwurzeltsein in Christus ist für Franziskus keine elitäre Angelegenheit. Eine intime Gottesfreundschaft ist für alle Menschen erlebbar und führt zu einer belebenden Schöpfungsnähe. »Bruder Sonne, Schwester Mond, Bruder Wind, Schwester Wasser, Bruder Feuer, Mutter Erde und unsere Schwester, der leibliche Tod« eröffnen in mir eine beglückende Weite, die in die Tiefendimension des Lebens führt, in ein dankbares Staunen, das radikal (lateinisch = aus den Wurzeln) leben lässt. Ich trete in Dialog mit den Bäumen, bedanke mich beim Wasser und ich spreche mit den Tieren. Der Kapuziner Anton Rotzetter hat in dieser franziskanischen Grundhaltung Tierpredigten »erfunden«, indem er sich vorstellt, wie Franz von Assisi den Affen, Hamstern, Krähen, Maulwürfen, Schmetterlingen, Tauben, Wölfen und Ziegen predigt. Eine Mystik im Alltag wird möglich, wenn wir die verbindende Kraft in der Schöpfung, in aller Kreatur erkennen und mit ihr in Dialog treten. Was uns selbstverständlich erscheint, zeigt sich uns dann mit seinen wunderbaren Seiten, die uns dankbar staunen lassen.

Eine mystische Grundhaltung des Staunens führt uns zu einer ökologischen Achtsamkeit, die wir in ihrer ganzen politischen Dimension mit Verbündeten entfalten können. Wer mit Schwester Wasser spricht, der kann das Wasser nicht privatisieren, wie dies unter anderem vom Nestlé-Konzernchef Peter Brabeck gefordert wird. Mit großer Wut und Empörung, mit heiligem Zorn lese ich eine solche Nachricht. Das Wasser gehört allen Menschen und ich bin dankbar für all die (kirchlichen) Initiativen, die das Wasser als Menschenrecht einfordern. Mystische Menschen, die verliebt sind in die Schöpfung, lassen sich nicht von der Ohnmacht lähmen, sondern sie wagen wie Franziskus einen Aufstand für das Leben.

Mystische Lebensentwürfe lehren mich, zentrale Lebensthemen in einer gesunden Spannung auszuhalten. Die Sanftmütigkeit eines Franz von Assisi hat ganz klar seine Grenzen, wenn es ums Geld geht. Der Kapuziner Walter Ludin hat in seinem Büchlein »Franz von Assisi für Ungläubige« aufgezeigt, wie aktuell dessen Kritik am aufsteigenden Frühkapitalismus ist, weil für ihn das Geld Symbol für Raffgier ist. Geld gehört zu unserem Leben. Mystische Menschen suchen einen spirituellen Umgang mit dieser Wirklichkeit, indem sie sich informieren, wie und wo ihr Geld angelegt wird. Staunen als mystische Grundhaltung fördert ein vernetztes Denken, um auch die verbindende Kraft zu entdecken, die wir als Konsumentinnen, als Kunden haben, um faire Löhne und biologische Lebensmittel einzufordern. Wir dürfen uns Ungerechtigkeiten nicht gefallen lassen. Das tägliche Eintauchen in den Lobpreis über die Schönheit der Schöpfung führt zum Widerstand und zum konsequenten Einüben eines einfachen Lebensstiles.

Staunendes Mitgefühl: Gertrud von Helfta

Gertrud von Helfta (1256–1302/03) spricht am Ende ihres Hauptwerkes »Gesandter der göttlichen Liebe« von Gott als »dem Liebhaber des menschlichen Heiles«. Staunend können wir uns einlassen auf die heilend-göttliche Kraft in uns, die wir auch in der Schöpfung und im Kosmos erahnen können. Gertrud erhielt von Mechthild von Hackeborn im Kloster Helfta bei Eisleben in Sachsen-Anhalt (seit 1999 wieder neu aufgebaut: www.kloster-helfta.de) eine intensive Ausbildung ins mystisch-klösterliche Leben. Ihre Verwurzelung in Christus befreit sie zu einem vertrauensvoll kritischen Dasein. Vor dem Gebet betrachtet sie am Weiher des Klosters die Durchsichtigkeit des Wassers, die grünenden Bäume, die Vögel und die Tauben, die in Freiheit fliegen. Sie werden ihr zu alltäglichen Wundern des Staunens, die sie vom »Strom der unschätzbaren Wonnen Gottes, vom Fluss der Gnaden, vom Urquell« sprechen lassen. Eine Schöpfungsverbundenheit, die sie auch für die Tiere beten lässt, was erstaunlich ist zu ihrer Zeit. Dieses Verwurzeltsein lässt sie Mitleid empfinden mit allen Geschöpfen, sobald sie hungern oder frieren müssen. Ein echtes Mitleid, das zum Handeln bewegt. Gertrud erfährt das Staunen über die allumfassende Gegenwart Gottes am intensivsten in der Liturgie, im Feiern der Eucharistie. Dieses tiefe Angerührtsein ist für sie wegweisend für ihr wachsendes Selbstbewusstsein. Die Verwurzelung in den menschgewordenen Gott führt in eine innere Freiheit. Bei Gertrud verdeutlicht sich diese Bekräftigung zu einem entschiedenen Handeln, indem sie ein »priesterliches Sendungsbewusstsein« lebt. Sie spricht Menschen, die bei ihr Rat suchen, von ihren Sünden frei. Sie ermutigt Nonnen und Laien zur täglichen Kommunion, obwohl diese Erlaubnis nur Priestern vorbehalten ist. Sie scheut sich auch nicht, biblische Texte zu verändern. So wird aus dem »verlorenen Sohn« eine »verlorene Tochter«. Ihre Biografie verfasst sie mit großer Eigenständigkeit, ohne die übliche Hilfe eines Priesters oder Ordensbruders. Dadurch entfaltet sie schon das zentrale Anliegen eines allgemeinen Priestertums, zu dem alle Getauften berufen sind. Das vertraute Gespräch mit Christus führt zu diesem selbstbewussten Vertrauen. Christus spricht Gertrud als »meine Freundin, Geliebte und Beschützerin« an.

Die Nonne aus Helfta hat ein positiv-loyales Verhältnis zur hierarchischen Kirche. Trotzdem oder gerade aus echter Liebe zur Kirche kann sie sich wehren, wie dies Hildegard von Bingen bei einem Interdikt auch getan hat, weil sie einen Exkommunizierten in geweihter Erde beerdigt hat. Auch über das Kloster Helfta wird ein Interdikt verhängt, also ein Verbot, öffentliche Gottesdienste mit Sakramentenspendung im Kloster zu feiern. Eine schwerwiegende, schmerzvolle Angelegenheit für einen Konvent. Das Domkapitel von Halberstadt verhängt dieses Interdikt, um unrechtmäßig die Abtretung einer Immobilie zu erzwingen. Gertrud von Helfta durchschaut diesen Machtmissbrauch. In einer Vision erfährt sie von Christus, dass trotz des Verlustes des Kommunionempfangs eine tiefe Verbundenheit bleibt, weil »das Innere meines Wesens, wodurch ihr mit mir verbunden seid«, uns nicht trennen kann.

Die befreiende Kraft der mystischen Nähe wird für

mich wohltuend spürbar. Der Mystik-Kenner Michael Bangert spricht bei Gertrud von einer »spirituellen Kultur, einer Widerstandskraft gegen jedwede Willkür«, die eine innere Unabhängigkeit fördert, ein Akt der Emanzipation, ohne die Heimat der Kirche zu verlassen. Staunen als mystische Grundhaltung befähigt zum sensiblen Wahrnehmen von Gottes Atem, um dem Leben und der Gerechtigkeit zuliebe ein entsetztes Staunen aushalten zu können, das zum Aufstand für die Bewahrung der Schöpfung ermutigt.

Die Mütterlichkeit Gottes erfahren: Juliana von Norwich

Juliana von Norwich (1342–1416) ist eine Einsiedlerin, die aus einer großen Schöpfungsverbundenheit lebt. Sie ist verwurzelt in Mutter Erde und spricht darum von der Mütterlichkeit Gottes. Sie lebt in einer schwierigen Zeit mit Bruderkriegen, Revolten, Pest und Hungersnot. Trotzdem oder gerade deshalb sagt sie, dass »wir eingekleidet sind in die Güte Gottes«. In ihren Visionen sieht sie die kosmische Dimension der Liebe Gottes, die »Mittelpunkt von allem« ist. Der dreifaltige Gott ist für sie »Schöpfer, Liebhaber und Erhalter«. Alle Dinge haben durch Gottes Liebe ihr Sein. Ihr Eingebundensein in die Schöpfung lässt sie hoffen in aller Hoffnungslosigkeit, dass »alles gut wird«. Ihre schöpfungszentrierte Mystik lehrt mich, dass wir durch die Schöpfung zum verweilenden Staunen bewegt werden, um voll Dankbarkeit den heilenden Atem Gottes in allem zu erkennen. Eine Schöpfung, die auch mit großer Unberechenbarkeit gewaltvoll viel Leben zerstören kann. Eine lebensbejahende, mystische Spiritualität lehrt mit dieser Spannung zu leben. Kein Tag soll vergehen, an dem wir nicht dankbar staunen über die Schöpfung. Wer staunend und liebend im Leben steht, der wird auch mit einem entsetzten Staunen konfrontiert, das zu einem solidarischen Mit-Leiden führt. Juliana von Norwich vertieft ihr Leiden in der Passion Jesu, weil die Verwurzelung in den menschgewordenen Gott uns zum Staunen und zum Aufschrei bewegt.

Diese Grundhaltung ist für mich zeitlos, weil meine Lebensqualität wächst, wenn ich im Schönen und im Schweren mit Menschen zusammen bin. Die selbstquälerischen Seiten einer Leidensmystik lehne ich ab, weil sie sehr problematisch und krank machend sein können. Die Leidensmystik der Mystikerinnen im Besonderen kann ich nicht als Frömmigkeitsweg übernehmen. Zu gefährlich ist jene Spur, die Leiden verherrlicht. Juliana von Norwich ist wie wir alle vom religiösen und kulturellen Umfeld geprägt. Da ist wachsame Kritik geboten. Wie viele Mystikerinnen und Mystiker durchbricht sie im Wahrnehmen der eigenen Intuition gängige Lebens- und Glaubensmuster. Am Anfang steht für Juliana die Liebe, die zur Freude bewegt. Sie akzeptiert zwar, dass in den Evangelien kein lachender Jesus aufscheint, trotzdem ist sie überzeugt, dass »es ihm gefällt, wenn wir lachen zu unserem Trost und voll Freude in Gott«.

Ihre Ermutigung zum Lachen ist originell. Tiefster Grund zur Freude ist das Angenommensein, das zum

Aufstand für das Leben im Kampf gegen die Feinde des Lebens ermächtigt. Gegen jene Feinde, die das Wohnen Gottes im »Innersten des Menschen« nicht beachten und vergessen, dass es verbindet mit Schöpfung und Kosmos und zu ökologischer Achtsamkeit verpflichtet. Wir sind dem Bösen und Destruktiven nicht einfach ausgeliefert, sondern wir können schöpfen aus unserer inneren Christuskraft, die uns zum Selbstvertrauen und zum Vertrauen in das Gute in jedem Menschen und zur Bewahrung der Schöpfung bestärkt. Juliana zeigt deutlich auf, dass es auch in der Frauenmystik eine reflektierte Mystik gibt, die das eigene Erleben, die inneren Visionen in die großen theologischen Themen einordnet. Mystikerinnen sind priesterliche Menschen, die Erde und Himmel miteinander verbinden. Sie nehmen vorweg, was bis heute in der katholischen und orthodoxen Tradition auf sich warten lässt und absolut not-wendig ist: das Frauenpriestertum.

Lange-Weile wagen: Thomas Müntzer

Thomas Müntzer (1490–1525) habe ich kennengelernt durch seine Ermutigungen, »christusförmig zu werden«. »Christusförmig« heißt für mich, mich hineinzuwagen in den Menschwerdungsprozess, um in all den schönen und schweren Seiten des Lebens die Menschwerdung Gottes zu erahnen. »Christusförmig« heißt für mich nicht, den Weg Jesu kopieren zu wollen, sondern es bedeutet, mich in diesen archetypischen Prozess hineinzubegeben, indem ich ich selbst werde und meine ureigene Lebensaufgabe entdecke, die über mich hinausweist. Thomas Müntzer, ein kämpferischer Mensch, ein Revolutionär, hat auch eine mystische Seite. In den Anfängen der Reformation ist er ein Weggefährte von Martin Luther, später wird er zu seinem Gegner. Thomas Müntzer wird mit nur 35 Jahren als Prediger des Bauernaufstandes hingerichtet. Seine widersprüchliche, gewaltvolle Seite ist vielen in Erinnerung, seine mystische Seite bleibt leider zu sehr im Hintergrund. Sie inspiriert mich, wenn ich seine Worte mit kritischer Wachsamkeit lese und weiterschreibe in unsere Zeit.

Spannend finde ich bei Thomas Müntzer die Ergänzung und Weiterführung des bekannten Dreistufenschemas, das sich im Deuten von mystischen Erfahrungen seit dem frühen christlichen Theologen Origenes (185–254) eingeprägt hat. Dieser mystische Aufstiegsweg beinhaltet zuerst die Reinigung (via purgativa), dann die Erleuchtung (via illuminativa), die zur Vereinigung mit Gott (via unitiva) führt. Er verdichtet die Einsicht, dass ein innerer Weg oft durch eine Krise, einen Leidensdruck, eine Umbruchsituation beginnt. Diese Lebenserfahrung zeigt sich in vielen mystischen Biografien. Ich finde sie auch in meinem Selbstwerdungsweg, der sich durch einen großen Leidensdruck ermöglicht hat. Trotzdem betone ich, dass wir nicht nur durch das Leiden verwandelt werden, sondern hoffentlich auch durch die Liebe. Darum bin ich dankbar für all jene mystischen Erfahrungen, die diese Wirklichkeit betonen. Thomas Müntzer tut es mit dem Entfalten von drei Stufen, die er mit Verwunderung, Entgröberung und Langeweile umschreibt:

Verwunderung heißt für mich, staunen zu können, im Innersten angerührt zu werden vom Geschenkcharakter des Lebens. Diese Bewegung führt zu einer Entgröberung, die ich lieber Verfeinerung nenne. Ich setze Prioritäten, ich ordne mein Leben, ich entrümple meine Wohnung und meine Seelenkammern, um dem Wesentlichen mehr Raum zu verleihen. Diese Reinigung lässt mich die Kunst der Langeweile entdecken. Unsere Seele und mit ihr unser Leib, unser Geist, unsere Psyche hält die Schnelligkeit nicht mehr aus. Sie will verweilen, dem Leben zuliebe. Langeweile setzt der Reformator mit Wunschlosigkeit gleich. Wunschlos sein können, nichts müssen, nichts haben, sein dürfen.

Die Aktualität der mystischen Impulse von Thomas Müntzer zeigt sich auch in seiner Aufforderung, nicht den »honigsüßen Christus« zu suchen, weil wir dadurch unserem Leben nicht gerecht werden. Glücklich der Mensch, der mitgestaltet an einer gerechteren Welt. Glücklich der Mensch, der sensibler wird und mehr staunen kann über die alltäglichen Wunder. Er begegnet auch einem entsetzten Staunen über all die himmelschreiende Lieblosigkeit, der Menschen, Tiere und die ganze Schöpfung ausgesetzt sind. Echte Mystik bewegt zum Innehalten, zur Langeweile und zum kämpferischen Einsatz für eine friedvollere Welt.

Die Schönschrift Gottes: Ernesto Cardenal

Ernesto Cardenal (geb. 1925) begleitet mich mit seinen Texten seit meiner Jugendzeit. Er ist in Granada/Nicaragua geboren; er studiert Literaturwissenschaft und Philosophie. 1960–62 ist er Novize im Trappistenkloster Gethsemani, wo auch Thomas Merton lebt. Nach seiner Priesterweihe gründet er auf einer der Solentiname-Inseln eine christliche Kommune. Nach dem Sturz von Diktator Somoza wird er Kultusminister in Nicaragua, 1994 tritt er aus der Sandinistischen Befreiungsfront Nicaraguas FSLN aus. Er lebt heute als freier Schriftsteller in Managua.
Ernesto Cardenal ist für mich ein Mystiker, der mich sehr fasziniert und prägt. Seine lateinamerikanischen Psalmen, sein Buch der Liebe, sein Gebet für Marilyn Monroe, seine Gesänge des Universums sind voll von poetischer Kraft, in der Religion, Politik und Liebe zueinandergehören. Ich bin beeindruckt von seinem Weg in die Tiefe, obwohl ich auch schockiert war, als er sich für eine gewaltvolle Revolution gegen den Diktator Somoza aussprach. Ein Weg des gewaltfreien Widerstandes, wie ihn Martin Luther King gelebt hat, ist mein Ideal. Zugleich will ich fairerweise zugeben, dass ich nicht weiß, wie mein großer Sinn für Gerechtigkeit und meine Menschen- und Schöpfungsliebe sich in einer Diktatur ausdrücken würden ...
Das Wahrnehmen von Verschiedenheiten ist entscheidend in jeder Identitätsfindung und Verwurzelung, um auch das Verbindende, das Bleibende sehen zu können. Ich entdecke es im »Buch der Liebe« und in den Psal-

men von Ernesto Cardenal, die meine Gabe des Staunens nähren, weil auch naturwissenschaftliche Erkenntnisse in seine poetisch-mystische Sprache einfließen. Der Dichterpriester erinnert uns an eine unendliche Leidenschaft, die uns bewohnt, weil unsere Seele schon bei der Geburt verliebt ist in »einen Geliebten, den sie nie gesehen hat«. Ein Geliebter, der auf dem Grund unserer Seele wohnt und den wir in den Stimmen der Natur hören können, weil alles Gesang ist. Das Flüstern, Seufzen, Gurren, Trillern, Pfeifen, Brüllen, Jaulen, Ächzen, Wimmern, Schreien, Weinen und Klagen ist Gebet. Denn die »ganze Schöpfung ist die Schönschrift Gottes«. Beim Anblick einer schönen Landschaft, eines schönen Menschen werden wir an die Schönheit Gottes erinnert. Eine Schönheit, die wir immer mit unseren inneren Augen als Kern aller Wesen entdecken können. Wir Menschen sind wie Zugvögel, die durch eine geheimnisvolle Unruhe, eine Sehnsucht nach einer frühlingshaften Heimat aufbrechen, immer wieder!

Für Ernesto Cardenal ist die Natur ihrem Wesen nach Religion, weil alles Geschaffene seine Existenz in Gott hat. Gott ist Liebe und die ganze Natur trägt sein »Gütezeichen, seinen Fingerabdruck«. Auch in uns Menschen ist diese »göttliche Schrift eingegraben, unser ganzes Sein ist eine Mitteilung und eine Botschaft Gottes, wir sind seine Erfindung der Liebe«. Staunend, lobend besingt der nicaraguanische Dichter in seinen Psalmen diese tiefe Hoffnung: »Du bist in Atomenergie gekleidet ... das Zusammenspiel von Wasser und Licht erzeugte das erste Molekül ... die Milchstraßen singen Gottes Ruhm.« Durch die biologische Evolution sind wir tief verbunden mit allem, auch mit der Christuskraft, die alles belebt. Die vielen Wachstumsgleichnisse Jesu erzählen von diesem hoffnungsvollen Evolutionsprozess, der durch die Liebe genährt wird, Tag für Tag. Eine verrückte Hoffnung, die der Schöpfungsliebhaber Cardenal aller Ungerechtigkeit entgegensetzt. Wir sind im staunenden Hier und Jetzt und in alle Ewigkeit zum Fest der Liebe gerufen: »Wir sind noch nicht im Festsaal angelangt, wir sind aber eingeladen und sehen schon die Lichter und hören schon die Musik.«

Schöpfungsverbunden leben

Die gewaltvolle Ausbeutung der Schöpfung bleibt bis heute ein Skandal. Eine mystische Spur zeigt die tiefere Verbundenheit mit aller Kreatur und dem Kosmos auf, die staunend zur Bewahrung der Schöpfung führt. Sogenannte Naturvölker können uns spirituelle Lehrmeister sein, wenn wir ihnen nicht mit Überheblichkeit begegnen, sondern in einem kritischen Dialog Lernende werden. Die Reden des Südsee-Häuptlings Tuiavii »Der Papalagi«, die Romane des Mongolen Galsan Tschinag, das Engagement der ersten afrikanischen Friedensnobelpreisträgerin von 2004, Wangari Maathai, die über 30 Millionen Bäume gepflanzt hat, die Meditationen des amerikanischen Dichters Henry David Thoreau von seinem »Leben in den Wäldern« sind ermutigende Beispiele, die zum Umdenken bewegen können. Ich finde sie auch bei John O'Donohue, der uns mit seiner keltischen Weisheit erinnert, dass die

Seele nicht im Körper verborgen ist, sondern der Körper in der Seele ist.
All diese Impulse fordern mich heraus, die Grundhaltung der Achtsamkeit in der Bibel und der mystischen Tradition freizulegen. Die fatale Wirkungsgeschichte des Satzes »... bevölkert die Erde, unterwerft sie euch ...« (Genesis 1,28) darf nicht beschönigt werden. Zugleich muss der kulturelle Hintergrund gesehen werden, vor dem dieser Text entstand und in welchem die (wilde) Tierwelt für die Menschen, die in der Minderheit waren, eine echte Bedrohung darstellte. Diese Spannung bleibt aktuell, denn die Schöpfung ist nicht nur bestaunenswert in ihrer Schönheit, sondern auch brutal und unberechenbar, so wie wir Menschen nicht nur gut, sondern auch brutal sein können. Dies rechtfertigt niemals einen rücksichtslosen Umgang mit der Erde und ihren Ressourcen, sondern muss zu einem verantwortungsvollen Vertrauen in die Schöpfung führen, wie dies Franz Alt in seinen engagierten Büchern konkret aufzeigt. Die Europäische Ökumenische Versammlung zu »Gerechtigkeit, Frieden und Bewahrung der Schöpfung« in Basel 1989 bringt es auch auf den Punkt: »Wir betrachten es als Skandal und Verbrechen, dass der Schöpfung weiterhin nicht wiedergutzumachende Schäden zugefügt werden.« Sie fordert bis heute eine internationale Umweltordnung.
Ein mystischer Glaube setzt sich kämpferisch für dieses lebensnotwendige Anliegen ein. »Du atmest in allem, was lebt«, heißen jene wenigen Worte von Hildegard von Bingen, die mein Leben, meinen Alltag verwandeln und mich zu einer ökologischen Aufmerksamkeit bestärken. Mein Atem belebt mich und verbindet mich

mit allem, in ihm kann ich den heilenden Atem Gottes erkennen. Dieses Verwurzeltsein in der Schöpfung, trotz meinem Aufschrei angesichts vieler Naturkatastrophen, hat mich zu einer kosmischen Mystik geführt. Der Mystiker Matthew Fox (geb. 1940) hat diese vergessene Dimension des Glaubens vertieft im Wiederentdecken des »kosmischen Christus«.

Der Jesuit und Naturwissenschaftler Pierre Teilhard de Chardin (1881–1955), dessen Leben und Werk ich im letzten Kapitel würdigen werde, spricht in diesem Zusammenhang von »Amorisation«. Staunend vom Geheimnis des kosmischen Christus zu sprechen, in seiner Gegenwart zu verweilen, heißt für mich, dass alles beseelt und von der Liebe Gottes durchdrungen ist. Diese kosmische Dimension des Glaubens scheint nicht nur in der Mystik auf, sie ist verwurzelt in der biblischen Tradition. Die Schöpfungsmotive in der weisheitlichen Literatur des Ersten Testamentes (»Frau Sophia«), die Schöpfungspsalmen, die prophetischen Bilder, die von unserem Inneren als einem bewässerten Garten sprechen (Jesaja 58,11), erzählen davon. Die vielen Gleichnisse Jesu, die sich verdichten in seinen Bergpredigtworten, von den Vögeln des Himmels und den Lilien auf dem Felde zu lernen (Matthäus 5,26–28), können uns wegweisend sein in einem schöpfungszentrierten Glauben. Er wird auch vertieft in den eindrücklichen Hymnen der ersten Kapitel des Kolosser- und des Epheserbriefes: »Christus ist das Ebenbild des unsichtbaren Gottes, der Erstgeborene der ganzen Schöpfung. Denn in ihm wurde alles geschaffen im Himmel und auf Erden, das Sichtbare und Unsichtbare. Er ist vor aller Schöpfung, in ihm hat alles Bestand.« (Kol 1,15–17)

Mehr sein als unser Begreifen

Viele Ikonen der orthodoxen Traditionen lassen eine tiefe Hoffnung aufscheinen: Alles ist aus Liebe entstanden, nicht nur wir Menschen, sondern die ganze Schöpfung, der ganze Kosmos. Dieser Vertrauensakt trennt Evolution und Schöpfungsglauben nicht, ganz im Gegenteil. Glaube ist ein Beziehungsgeschehen, das sich alltäglich neu ereignet. Obwohl ich nicht der naturwissenschaftliche Typ bin, so nehme ich dankbar zur Kenntnis, dass eine Reihe von Naturwissenschaftlern erkennen, dass wir mehr erleben, als wir begreifen, wie dies der Physiker Professor Hans-Peter Dürr, Schüler und Freund von Werner Heisenberg, betont. Der Quantenphysiker meint, dass es nie etwas gibt, das total getrennt ist vom anderen, und dass es eigentlich nur das Werden »gibt«. Die Wirklichkeit »ist« nicht, sie wirkt. Diese Worte erinnern mich an die Hoffnung, dass Gott Beziehung ist und sich ereignet, weil er oder sie nicht zu haben ist.

Hans-Peter Dürr spricht auch von einer Beziehungsstruktur, die aus der Verbundenheit lebt, jedoch nicht von der Art einer Wechselwirkung. Mir ist beides wichtig, die tiefere Verbundenheit und der dialogische Aspekt. Denn ein Liebesgeschehen lebt für mich von einer Wechselwirkung, von Nähe und Distanz oder, wie Pierre Teilhard de Chardin es treffend sagt: »Liebe differenziert.« Darum wird mir auch nicht warm ums Herz, wenn Pater Willigis Jäger – von dem ich durch seine Bücher viel gelernt habe – einen mystischen Weg verdichtet in den Worten »die Welle ist das Meer«. Dieses Aufgehen im Einen kann ich nicht absolut setzen, weil es nicht meiner Lebenserfahrung und meiner Sehnsucht entspricht. Die kompetente Kennerin der mystischen Dimension des Islams, Annemarie Schimmel, nennt in der Vielfalt von mystischen Erfahrungen zwei Haupttypen, eine »Unendlichkeitsmystik« und eine »Persönlichkeitsmystik«. Beim Ersten ist die Gottheit die Einzige Wirklichkeit, das grenzenlose Meer, in dem das individuelle Selbst aufgeht wie ein Tropfen. In der Persönlichkeitsmystik wird die Beziehung zwischen Mensch und Gott, zwischen Geschöpf und Schöpfer hervorgehoben. Beide Typen ergänzen sich. Ich bin so leidenschaftlich gerne Christ, weil mir das dialogische, personale Sprechen so notwendig, die Not wendend, und lebensbejahend ist. Ich lebe aus der Hoffnung, dass wir im Hier und Jetzt und in Ewigkeit Momente des Einsseins erfahren, die uns beglücken und die uns aufzeigen, dass wir Geschöpf sind, angewiesen auf Ansehen, Anerkanntsein, auf Versöhnung, auf Liebe, um lieben zu können.

Christliche Mystikerinnen und Mystiker betonen diesen Liebesdialog in erotischen Bildern und vielen anderen Symbolen. Sie sprechen auch von Erfahrungen des Aufgehobenseins, im wörtlichen, doppelten Sinn! Doch sie beschreiben dieses wunderbar-spannend-beglückend-schmerzvolle Liebesgeschehen, in dem das Verbindende und das Trennende aufrechterhalten bleibt. Christus ereignet sich in uns, in unserer Selbstwerdung, in der Liebesfähigkeit, in unserem Kampf für die Bewahrung der Schöpfung. In dieser spannenden Leidenschaftlichkeit finde ich mich viel mehr wieder als in abgeschlossenen Einheitsgedanken. Doris Zölls schreibt in der Festschrift für Willigis Jäger beispielhaft für diese

Sicht der Mystik: »Wir können die Vollendung nicht erreichen, weil wir sie schon sind ... Es gibt nichts, was nicht vollkommen ist ... jeder Stein, jede Pflanze, jedes Tier, jeder Mitmensch, die ganze Schöpfung hat Vollkommenheit erreicht.« Dieses Reden von Vollkommenheit ist mir fremd und zu apolitisch. Denn mir ist ein mystisches Reden wichtig, das sich auch angesichts all der himmelschreienden Ungerechtigkeiten in aller Begrenztheit bewähren kann. Solange ein Kind – es sind täglich Tausende – an Hunger stirbt, kann ich niemals sagen, dass alles vollkommen ist. Ich spreche von der kosmischen Christuskraft als Hoffnung, die immer mehr alles durchdringen möchte und die angewiesen ist auf unser Mitgestalten, auf unser Mitlieben, was immer auch Mitleiden bedeutet. Ich staune dankbar über dieses Erahnen der Gegenwart Gottes in allem, alles ist beseelt und ich lebe aus dieser tieferen Verbundenheit mit allem. Doch dieses Staunen führt mich zu einem entsetzten Staunen, weil die Feinde des Lebens Tiere quälen, die Schöpfung verseuchen, Menschen foltern und strukturelle Ungerechtigkeiten fördern. Ich selbst habe auch Anteil an dieser Verstrickung und bin mitverantwortlich für die Veränderung auf dieser Welt.

Ich glaube mit Anne Frank »trotz allem an das Gute im Menschen«, an die liebende Spur in Schöpfung und Kosmos, die nicht vollkommen, sondern bruchstückhaft aufscheint. Ich will in dieser heiligen Unruhe bleiben, solange Menschen und Schöpfung leiden. Ich will in dieser Spannung bleiben, was mich nicht hindert, staunend das Verbindende mit anderen Religionen zu suchen und zu feiern. Die Schöpfung ist für mich ein verbindender Kraftort und es tut mir gut, wenn die Sufis, die tanzenden Derwische, von der »alles durchdringenden Gegenwart Gottes« sprechen, wenn Dhu'n-Nun der Ägypter (gest. 859) in den Stimmen der Tiere, im Rauschen des Baches und im Brausen des Windes die Einzigartigkeit Gottes entdeckt und wenn in der Bhagavadgita, einem der heiligsten Bücher der Hindus, von Krischna als »Ursprung dieses Alls« gesprochen wird. Diese staunende Grundhaltung über die unzähligen Wunder in der Schöpfung erkenne ich auch im Film »Rivers and Tides«. Sie führt zur Bewunderung für Andy Goldsworthy, weil er tagelang an einem Kunstwerk arbeiten kann, das je nach Wettersituation nur wenige Momente oder Stunden sichtbar ist. Es bestärkt mich zum ökologischen Engagement, auch wenn es eine beharrliche Geduld braucht und die Früchte dieses Einsatzes nicht sofort geerntet werden können.

Mystische Menschen staunen über die alltäglichen Wunder, die ihnen in Begegnungen mit Menschen, Schöpfung und Kosmos entgegenkommen. Sie erfahren Momente des Aufgehobenseins, in denen sie eingebunden sind in ein größeres Ganzes und sich im staunenden Vergessen wie aufgehoben erfahren. Mystische Menschen erleben durch ihre sensible Aufmerksamkeit und ihr Verliebtsein in die schöpferische Kraft Gottes noch intensiver die Bedrohung und das Zerstörtwerden des Lebens. Sie erleben auch ein entsetztes Staunen, das sie nach Verbündeten suchen lässt, um miteinander eine ökologische Achtsamkeit zu fördern.

Du
bist die liebende Kraft
die grundlegend ist für alles Leben
das Geschenk und Aufgabe ist

Du
bewegst uns zum Staunen
berührst uns mit deinem Licht
das uns umhüllt und nährt

Dich
erahnen wir im dialogischen Dasein
in der Spannung von Nähe und Distanz
im Aufgehobensein in der Liebe

Du
förderst unsere Sensibilität
im entsetzten Staunen
über all die himmelschreiende Not

Du
bestärkst uns zum Einsatz
für die Bewahrung der Schöpfung
die wir zur Verwurzelung brauchen

3 Werde du selbst – lasse dich

Mystik der Selbstwerdung

Die 12-jährige Pai steht auf der Bühne beim Schultheater in einem kleinen neuseeländischen Küstenort. Die Bewohner führen ihre Herkunft auf Paikea, den Walreiter zurück, dessen Nachfolger seit über tausend Jahren immer nur männlich sein kann. Da der neue Hoffnungsträger bei der Geburt gestorben ist, spürt seine Zwillingsschwester Pai, dass sie die neue Anführerin sein wird. Doch ihr Großvater Koro kann dies auf keinen Fall akzeptieren. Mit großer Beharrlichkeit, verbunden mit viel Schmerz wegen der mangelnden Anerkennung, wird Pai immer mehr sie selbst. Sie lernt kämpfen und sich zu lassen. Sie wird sie selbst zum Wohle der ganzen Dorfgemeinschaft. So steht sie mit kraftvoll-bebender Stimme auf der Bühne und teilt mit, dass sie ihren inneren Auftrag wahrnehmen wird: »Ich entstamme einer Reihe von Häuptlingen aus Hawaiiki, dem Land unserer Vorfahren. Ich bin die jüngste Nachfahrin von Paikea. Aber ich bin nicht der Führer, den mein Großvater sich ersehnte ... Wenn das Wissen an alle weitergegeben wird, dann können wir viele Führer haben und wir werden alle stark sein. Nicht nur die Auserwählten.« Diese eindrücklichen Worte entdecke ich im überraschend erfolgreichen Film »Whale Rider – Walreiter« (2002) der neuseeländischen Regisseurin Niki Caro. Sie erzählt eine zeitlose Geschichte zwischen Mythos und Gegenwart mit eindrücklichen Landschaftsbildern, die einen inneren Kampf der Selbstwerdung eines jungen Mädchens ausdrücken. Pai findet die Anerkennung durch den Großvater und das Dorf erst durch ihre innere Bereitschaft, die sterbenden Wale, die am Strand liegen, ins Meer zurückzuführen, indem sie einen Wal »reitet« und selbst eintaucht ins Meer. »Ich habe keine

Angst zu sterben!«, sagt sie. Sie ist ganz bei sich und geht auf in ihrem Lebensauftrag. Bewegende Bilder, die mich an zentrale Inhalte einer mystischen Spiritualität erinnern. Eine Spiritualität, die uns zumutet, wir selbst zu werden, um über uns selbst hinauswachsen zu können. Eine Spiritualität, die uns konfrontiert mit der Tradition, damit sie angeeignet werden kann in einer gesunden Spannung von Identifikation, Verwurzelung und Distanz und Freiheit.

Die kleine Pai sucht sich Verbündete, um an der Heiligen Schule des Lernens, die ihr als Mädchen verweigert wird, mühsam und befreiend teilhaben zu können, und sie bricht mit der Tradition, damit sie Zukunft hat! Diese innere Freiheit fasziniert mich in den mystischen Biografien. Sie beginnt mit der Selbsterkenntnis, wie dies Augustinus (354–430) – ein früher Mystiker, dessen Gedanken zur Erbsündenlehre mit ihren verheerenden leibfeindlichen Akzenten ich gar nicht schätze – in seinem ergreifenden Buch »Bekenntnisse« beschrieben hat. Selbstwerdung wird bei ihm in enger Verbundenheit mit der Gottessuche gesehen, weil Gott als Grund meines Lebens mir näher ist als ich mir selbst: »Geh nicht nach draußen, kehr wieder ein bei dir selbst. Im inneren Menschen wohnt die Wahrheit.«

Es ist eine Selbstliebe, die verwurzelt ist in der Gottesliebe und sich auch in der Nächstenliebe entfaltet. Mystische Menschen wollen nicht zuerst die Welt verändern, sondern sich selbst verwandeln lassen. Dies geschieht in der Bereitschaft, seine Stärken, seine Kernkompetenz zu erkennen und einzubringen, und in der Annahme seiner Grenzen und seiner Verletzbarkeit. Der Mystiker Meister Eckhart (1260–1328) bringt es auf den Punkt mit den weisen Worten: »Richte dein Augenmerk auf dich selbst und wo du dich findest, da lasse dich, das ist das Allerbeste.« Auch die Mystikerin Teresa von Avila (1515–1582) drückt diesen Aspekt in der lebenslangen Hoffnung aus, dass »Gotteserkenntnis ohne Selbsterkenntnis nicht möglich ist«.

Diese Grundhaltung hat mir die Türen zur Mystik geöffnet. Ein solcher Mut zur Selbstannahme fördert Anerkennung und Konflikte. Er führt in die Auseinandersetzung mit der Vergangenheit, damit durch die Veränderungen in der Gegenwart eine erneuerte Zukunft möglich wird. Die zeitlose Geschichte von Pai ermutigt mich dazu, genauso wie der hervorragende Film »Das Piano« (1994) einer anderen neuseeländischen Regisseurin, Jane Campion, der die Befreiungsgeschichte einer stummen Frau, Ada, kraftvoll entfaltet. Selbstwerdung und Verantwortung für die Gemeinschaft werden da nicht getrennt, sondern sie ergänzen einander. Das Klavier von Ada wird zum Symbol für das Entfalten eines Charismas, das nicht versteckt werden darf. Das Klavierspielen erzählt von der einmaligen Würde, die in unserer Einzigartigkeit aufscheint.

Widersprüchlichkeit aushalten: Bernhard von Clairvaux

Bernhard von Clairvaux (1090–1153) ist ein sympathischer Heiliger und Mystiker, weil er so widersprüchlich ist. Seine Predigten zum erotischen Hohelied der

Bibel lassen mich einen feinfühligen Menschen entdecken, seine Kreuzzugspredigten stoßen mich ab, weil er zum Töten als Soldat Christi (!) aufruft. Auf dem Weg zur Selbstannahme kann diese bleibende Unvollkommenheit eine Hilfe sein, ohne dass dadurch Ungerechtigkeiten beschönigt werden. Selbstwerdung ist beim französischen Mystiker geprägt von der befreienden Einsicht, dass, »wer Gott liebt und sucht, bereits von Gott geliebt und gesucht ist«. Ob wir Gott suchen oder nicht, wir sind von ihm geliebt. Diese Absage an jegliche Leistungsfrömmigkeit eröffnet jene Weite, die die Selbst-, Nächsten- und Gottesliebe nicht mehr trennt.
Als gefragter Mönch, Prediger und Berater von Päpsten und Königen ist Bernhard konstant überlastet. Er leidet an »diesen verfluchten Beschäftigungen«, die er als Bedrängnis erfährt und die ihn wütend machen. Seine Zerrissenheit und Ambivalenz zwischen der Sehnsucht nach Ruhe und dem Aufgehen in der Aktivität helfen mir, wohlwollender mit meinen Spannungen umzugehen. Seine körperlichen Schwächen und seine starke Ausstrahlungskraft, seine zärtliche Seite und seine militanten Aspekte ermutigen mich, mich ein Leben lang selbst lieben zu lernen. Selbstliebe ist ja kein Sonntagsspaziergang, sondern eine bleibende Lebensaufgabe, wie dies Bernhard in einem Brief an den Kartäuserprior Bernhard von Portes beschreibt: »Es ist Zeit, dass ich mich um mich selbst kümmere. Denn ich bin gleichsam die (widernatürliche) Chimäre meines Jahrhunderts. Ich lebe weder das Leben eines Mönches noch das eines Laien.«
Bernhard geht hart mit sich ins Gericht. Denn in der griechischen Mythologie ist nach dem griechischen Dichter Homer eine Chimäre ein feuerspeiendes

Mischwesen mit drei Köpfen: dem eines Löwen, im Nacken dem einer Ziege, und als Schwanz den Kopf einer Schlange oder den eines Drachen. Damit kommt zum Ausdruck, wie sehr er an sich und seinen vielen Fähigkeiten leidet. In dieser Zerrissenheit können wir uns selbst wiedererkennen. Gerade weil Bernhard selbst erlebt, wie schwierig die eigene Selbstannahme ist, sind seine Ermutigungen zur Selbstannahme noch glaubwürdiger. Sie tauchen immer wieder auf mit den Worten »Trink zuerst aus deinem eigenen Brunnen – fang damit an, über dich selbst nachzudenken – gönne dich dir selbst«. Wenn er seinem ehemaligen Weggefährten aus dem Kloster, der als Papst Eugen III. voller Aktivität ist, schreibt: »Es ist klüger, du entziehst dich von Zeit zu Zeit deinen Beschäftigungen, als dass sie dich ziehen und dich nach und nach an einen Punkt führen, an dem du nicht landen willst. Du fragst mich, an welchen Punkt? An den Punkt, wo das Herz hart wird«, dann schreibt er diese Worte vielleicht zuerst an sich selbst! Er spürt, dass er nicht nur für alle anderen, sondern auch für sich selbst ein großes Herz haben muss. Bernhard unterscheidet zwischen einer Selbsterkenntnis, die um sich selbst kreist, und jener befreienden Art und Weise, die zu den anderen, zum Leben aus der Liebe Gottes führt. Er spricht vom inneren Panzer und von ichbezogener Krümmung, die uns verkümmern lässt. Ein innerer Heilungsweg wird möglich, wenn wir uns berühren lassen vom inneren Ort der Ruhe in uns, »wo Gott uns nicht als Richter und Lehrer, sondern als Bräutigam begegnet«. Dieses Zur-Ruhe-Kommen führt nicht in eine Selbstgenügsamkeit, sondern in die Solidarität mit anderen.

Echte Mystik zeigt mir auch auf, dass es auf einem inneren Weg zu sich selbst, zu den anderen und zu Gott keine genügsame Ruhe gibt. Der innere heilige Ort in uns, aus dem wir Kraft schöpfen können, lässt uns nicht nur Ruhe finden, sondern konfrontiert uns auch mit unseren Schattenseiten. Wir können unsere Probleme nicht wegmeditieren, sondern unser dialogisches Suchen nach Gott in allen Lebensvollzügen ermutigt uns, die eigene Unruhe immer wieder anzunehmen. Auch für einen kontemplativen Menschen bleibt die Unruhe, wie dies Bernhard in seiner 23. Predigt zum Hohelied klar ausdrückt, weil eine echte Erfahrung der Liebe uns ganz tief mit dem unfassbaren Geheimnis des Lebens in Verbindung bringt. Christliche Mystikerinnen und Mystiker versprechen nicht den Himmel auf Erden, sondern sie ermutigen zur Selbsterkenntnis und zur Beziehungsfähigkeit, weil sich darin die Menschwerdung Gottes in uns, jenes Stück Himmel im Alltag, ereignet.

Schreibend ich selbst werden: Juana Inés de la Cruz

Juana Inés de la Cruz (1648–1695) ist leider kaum bekannt, obwohl sie als Mystikerin, die auf der Suche nach ihrer eigenen Sprache ist, uns wegweisend sein kann in der Bestärkung zur Selbstständigkeit. Die Theologin Hildegard Wustmans kennzeichnet sie mit einem Verlangen nach Eigenständigkeit, mit dem Begehren nach Wissen und dem Mut zur Vernunft. Die Mystik wird verkannt, wenn ihr das Ringen um Vernunft und die Sprachkunst verwehrt wird. Selbstvergessenheit, innere Versenkung, Ekstase brauchen vernünftige Freiheit in Verantwortung, die sich in der Subjektwerdung eines Menschen ausdrückt.

Sor Juana Inés de la Cruz hat als Ordensschwester in Mexiko gelebt. Als Kind ist sie schon gut aufgehoben in der Bibliothek ihres Großvaters. Mit 17 Jahren kommt sie in Dienst am königlichen Hof und es entwickelt sich eine intensive Beziehung zur Vizekönigin Dona Leonor de Carreto, die sie fördern wird. Überraschend entscheidet sie sich mit 19 Jahren für das Kloster in der Gemeinschaft der Hieronymitinnen. In der spanischen Kolonialzeit, mit einer Kirche, die durch die Inquisition Menschen grausam verfolgt, ist es bemerkenswert und höchst erstaunlich, wie Schwester Juana ihren ureigenen Weg geht und sich ihr umfangreiches literarisches Werk mit Lyrik, Prosa, Liedern und Theaterstücken entfaltet. Das Kloster wird für sie zur Nische der Selbstwerdung!

In der mexikanischen Literatur spricht Juana als erste Frau in eigenem Namen. Sie wird von anderen Vizeköniginnen unterstützt. In ihrem Gedicht »Erster Traum« berichtet sie von einem Geistflug der Seele, während der Körper schläft. Dieses außerordentliche Gedicht erzählt von der Überschreitung, vom Unsagbaren, vom Unerhörten. Die mystische Ordensschwester nimmt die Tradition der Seelenreise auf und führt sie originell weiter. Neu ist, dass sie auf ihrer Seelenreise ohne Begleiter auskommt. Den Weg der Erkenntnis muss die Seele allein gehen. Hildegard Wustmans sieht in diesem Gedicht die Einsicht, dass im Erwachen zu sich selbst der Schlüssel für die eigene Person, Gott und die Welt liegt.

In diesem religiösen Prozess geht es um das Finden und Ausdrücken der eigenen Sprache. Ein Prozess, der vielen Mystikerinnen und Mystikern gemeinsam ist. Er führt zu einem selbstbewussten Handeln, das sich bei Sor Juana auch in Kritik an den Herren der Kirche ausdrückt.

1690 kommt es zum Konflikt mit der hierarchischen Kirche, weil sie eine schriftliche Kritik an einer Predigt des portugiesischen Jesuiten Antonio Vieira veröffentlicht. Eine Frau mischt sich ein und beteiligt sich an einer theologischen Debatte. Sie wird einen hohen Preis bezahlen. Eine Maßregelung des Bischofs von Puebla findet statt: Ihre Texte seien zu weltlich, ihre Gedichte nicht fromm genug. Ihre Unterwerfung wird verlangt. Nach drei Monaten wehrt sie sich, weil sie überzeugt ist, dass ihr literarisches Schaffen und ihr Wissensdrang in Gott begründet sind: »... seit mich der erste Strahl der Vernunft traf, die Liebe zu den Wissenschaften so gewaltig und mächtig war, dass weder Vorwürfe anderer – nicht wenige wurden gegen mich erhoben – noch eigene Gedanken – nicht wenige habe ich mir gemacht – genügten, mich von diesem natürlichen Drang, den Gott mir gab, abzubringen«.

Gott ist es, der sie und andere Frauen mit intellektuellen Fähigkeiten ausgestattet hat. Sie erneuert jene grundlegende Kritik an einer männlichen Herrschaft, die schon die Kirchenlehrerin Teresa von Avila ausgedrückt hat in den Worten »... ich halte es in diesen Zeiten für unrecht, wenn man starke und zum Guten begabte Geister zurückstößt, nur weil es sich um Frauen handelt«. Sor Juana verlangt für sich und andere Frauen das Recht auf Bildung. Ihre Autorität ist ihre machtvolle Sprache. Die

Aufgabe von Religion besteht in der Unterstützung zur eigenen Menschwerdung, die sich auch in der Fähigkeit zur Sprache zeigt. Nach mehr als 25 Jahren literarischen Schaffens verlangt die offizielle Kirche von ihr das Schweigen. Nachdem sie sich gewehrt hat, schweigt sie, weil alles gesagt ist! Ist Sor Juana deshalb eine Mystikerin? Für mich schon, weil sie dem Unsagbaren Worte verleihen will und weil sie dem Verborgenen und Unerhörten Raum schenkt im Schweigen und Sprechen. Sor Juana zeigt beispielhaft auf, dass ein mystischer Weg zur eigenen Selbstwerdung führt, weil Gott sich darin ereignet zum Wohl der ganzen Gemeinschaft. Dieses Selbstbewusstsein findet sich auch bei Rosa von Lima (1586–1617), die die schädlichen Folgen der spanischen Eroberung öffentlich kritisiert. Mystische Menschen gehen nach innen, um klarer auftreten zu können!

Ausstrahlung des eigenen Wesens: Edith Stein

Edith Stein (1891–1942) ist als elftes, jüngstes Kind einer jüdischen Familie in Breslau geboren. Schon in jungen Jahren wird ihre überdurchschnittliche Intelligenz sichtbar. Sie studiert Philosophie und wird 1913 in Göttingen Studentin von Eduard Husserl, dem Begründer der Phänomenologie. Sie wagt in ihrem erfolgreichen Studium nach der Doktorarbeit eine Habilitationsschrift, was für Frauen zu dieser Zeit völlig neu ist. Ihre Habilitation wird viermal abgelehnt. Sie erkennt da-

durch, dass sie mit dem Verstand allein nicht glücklich wird, weil es etwas gibt, was ihr Denken übersteigt. Sie entdeckt Augustinus, Martin Luther und beim Lesen der Autobiografie von Teresa von Avila weiß sie, dass sie Katholikin und später in den Orden der Karmeliterinnen eintreten wird.
1922 wird Edith Stein getauft und gefirmt. Aus Rücksicht auf ihre Mutter wartet sie mit dem Eintritt in den Karmel von Köln bis 1933. Der Schock und Schmerz ihrer Familie ist auch dann noch groß. Sie vertieft sich in die mystische Spiritualität und beginnt ihr Buch »Kreuzeswissenschaft« zu schreiben, in dem sie die Mystik von Johannes vom Kreuz genial weiterführt. Sie kann es nicht fertig schreiben, weil die Naziherrschaft sie 1938 zwingt, nach Holland zu gehen. Doch auch da ist ihr Leben nicht sicher. Sie sucht für ihre ältere Schwester Rosa, die im holländischen Karmel Pförtnerin ist, und für sich selbst im Schweizer Karmel Le Pâquier einen Platz, was die Schweizer Behörden leider verzögern, bis es zu spät ist. Am 2. August 1942 wird sie mit Rosa abgeholt, beide werden in Auschwitz umgebracht.
Edith Stein wird 1987 selig- und am 11. Oktober 1998 von Papst Johannes Paul II. heiliggesprochen. Sie wird als Märtyrerin verehrt. Sie ist jedoch auch Mystikerin, mit einem kritischen Blick. Ich wähle hier vor allem ihre Ermutigungen zur Selbsterkenntnis aus. Edith Stein spricht oft von der Notwendigkeit der inneren Sammlung, weil Gott in der Seele wohnt. Vom Innersten her erhält der Mensch »die Ausstrahlung des eigenen Wesens«, die auf andere wirkt. Das Herz ist die eigentliche Lebensmitte.
Die hochbegabte Philosophin spricht mit klarsichtigem und einfühlsamem Verstand von der Tiefendimension

ihres Glaubens, die sich im fortlebenden Christus findet. Der Karmelit Reinhard Körner ist ein kompetenter Kenner von Edith Stein. Er hebt hervor, dass die Worte »Wahrheit« und »Einfühlung« in ihrem Werk häufig wiederkehren, weil sie wahrheitsliebend-kritisch von der Mitte her lebt. Auf diesem Weg ist es entscheidend, »zu sich selbst zu kommen«, was nur möglich ist, wenn wir zugleich Gott finden. Selbsterkenntnis und Gotteserkenntnis stützen sich gegenseitig, die eine setzt die andere voraus.

Mystische Menschen werden in »ihr Innerstes hineingezogen, durch etwas, was stärker zieht als die ganze äußere Welt«. Dieses Angezogensein zur Innerlichkeit führt nicht in eine abgeschlossene Abgeschiedenheit, sondern in die Weite der Menschen- und Gottesliebe. Sich selbst finden heißt, das Christusleben in sich finden, wie Edith Stein es in den eindrücklichen Worten zur Eucharistie ausdrückt. Eucharistie nicht nur zu feiern, sondern zu leben, bedeutet »ganz von selbst aus der Enge des eigenen Lebens herauszugehen und in die Weite des Christuslebens hineinzuwachsen«. Selbstwerdung heißt, über sich hinauswachsen, verwurzelt und himmelwärts.

Diese mystische Grundhaltung stärkt auch eine kritische Seite von Edith Stein, die viele nicht wahrhaben wollen. Glaubenswissen allein genügt nicht, denn nach Edith Stein »kann ein Mensch dogmenfest sein, ohne gläubig zu sein, das heißt ohne den religiösen Grundakt einmal vollzogen zu haben, geschweige denn, darin zu leben«. Sie zeigt kritisch auf, dass wir uns zu wenig Zeit zum sammelnden Schweigegebet nehmen, weil wir uns durch Zeitungen und Äußerlichkeiten zerstreuen lassen. Sie tut sich schwer mit einer überheblichen Selbstzufrieden-

heit, die »annimmt, dass in der Kirche alles für alle Zeiten unabänderlich festgelegt sei«. Es ist naiv für sie zu meinen, dass notwendige menschliche Entwicklungen ohne Kämpfe möglich sind: »Die meisten dogmatischen Definitionen sind Ergebnisse vorausgehender, oft jahrzehnte- und jahrhundertelanger Geisteskämpfe«, schreibt sie. Eine mystische Spiritualität betont immer wieder, dass sich der Glaube erneuern muss, nicht aus Beliebigkeit, sondern aus Treue zum Ursprung, der Lebendigkeit ist!
Die Karmelitin konkretisiert diese Haltung anhand der Stellung der Frau. Sie zeigt auf, wie in der Urkirche Frauen nicht nur bedeutsame karitative Tätigkeiten innehatten, sondern es auch eine Diakonatsweihe für die Frau gab, die später verdrängt wurde. Zu den berechtigten Bestrebungen auf ein kirchliches Amt hin schreibt sie: »Dogmatisch scheint mir nichts im Wege zu stehen, was es der Kirche verbieten könnte, eine solche bislang unerhörte Neuerung durchzuführen.« Höchst aktuelle Worte, die endlich von einer einseitig männlich geprägten Hierarchie ernst genommen werden sollten! Diese kämpferische Diskussion muss trotz des Verbots des Papstes weitergehen, der echten Tradition zuliebe.
Das engagierte Denken und Sein von Edith Stein, das aus einer inneren Christuskraft lebt, lässt sie 1938 einen besorgten Brief an Papst Pius XI. schreiben. Sie ist überzeugt, dass das Schweigen der Kirche angesichts der himmelschreienden Not »nicht imstande sein wird, auf Dauer Frieden mit der gegenwärtigen Deutschen Regierung zu erkaufen«. Edith Stein ermutigt mich zur Selbstwerdung aus der Gottestiefe, um selbstbewusster auftreten zu können. Natürlich sind auch ihre Worte

zeitbedingt. So kann ich im notwendigen jüdisch-christlichen Dialog die Deutung ihres Todes »als Sühne für den Unglauben Israels« nicht übernehmen. Sie sind Ausdruck einer katholischen Enge, die außerhalb der Kirche kein Heil sieht. Ihr mutiges Handeln, genährt aus Innerlichkeit, bestärkt mich sehr zu einem gemeinschaftlich-mystischen Weg.

Mystik und Politik: Dag Hammarskjöld

Dag Hammarskjöld (1905–1961) ist von 1953–1961 Generalsekretär der Vereinten Nationen. Er verkörpert für mich die zentrale Verbindung von Mystik und Politik. Nach seinem Tode – ein bis heute nicht geklärter Flugzeugabsturz – findet man seine Tagebuchnotizen »Zeichen am Weg«, die, wie er selbst sagt, »eine Art Weißbuch meiner Verhandlungen mit mir selbst und mit Gott sind«. Darin wird offensichtlich, wie sehr sein politisches Handeln aus den Quellen der Mystik genährt wird. Sein Tagebuch ist ein mystischer Erfahrungsbericht, nüchtern und tiefsinnig. Er hat sich intensiv mit Meister Eckhart, Thomas von Kempen und Johannes vom Kreuz auseinandergesetzt. Dag Hammarskjöld fasziniert, dass die Selbstverwirklichung der Mystikerinnen und Mystiker ihre echte Selbsthingabe ist. Seine Tagebucheintragungen sind eine regelmäßige Selbstprüfung, in der er manchmal sehr hart mit sich selbst sein kann. Das Ringen mit seiner Einsamkeit ist eines seiner Lebensthemen, verbunden mit dem Leiden an seiner Homosexualität.

Hammarskjölds Wertebewusstsein, seine Ethik sind geprägt vom Philosophen Henri Bergson, der unterscheidet zwischen einer geschlossenen und einer offenen Moral. Eine offene Moral ist persönlich, unabhängig von dem gesellschaftlichen Druck in einer geschlossenen Moral. Eine offene Moral »fließt aus dem unmittelbaren Erfassen des Lebensgrundes und umfasst die Liebe zu allen Geschöpfen«, wie dies Ruth und Karl-Heinz Röhlin in ihrer empfehlenswerten Hammarskjöld-Biografie hervorheben. Eine Grundhaltung, die auch für die Erneuerung seines lutherischen Glaubens gilt, die gestärkt wird durch eine unscheinbare mystische Erfahrung, einen inneren Durchbruch, der ihn erfahren und erkennen lässt, dass er Teil eines Ganzen ist. Diese Einsicht befreit von einer Ich-Bezogenheit und führt zu einer engagierten Gelassenheit. Dag schreibt in seinem Tagebuch: »Nicht ich, sondern Gott in mir ... Ja sagen zum Leben heißt auch Ja sagen zu sich selbst.«

Die Selbsterkenntnis bleibt wichtig für ihn, damit nicht im Außen gesucht wird, was wir in uns selber finden können. »Den anderen es recht machen? Du bist es, mit dem du leben musst«, heißen seine genialen Worte, die mich erlösen vom Gefangensein in den Meinungen der anderen! Er mutet sich und uns eine innere Reise zu, welche die längste Reise ist, weil sie ein Leben lang dauert.

In der Schöpfung, bei seinen Bergtouren, im Staunen und in der Stille schöpft er Kraft für die Auseinandersetzung rund um all die vielen Konflikte auf dieser Welt. Im UN-Zentralgebäude gestaltet er einen leeren Raum der Stille, der ohne die vielen Symbole der verschiedenen Religionen auskommen muss, weil die Aufgabe derer ist, die ihn betreten, »diesen leeren Raum mit dem zu füllen, was sie in der Stille ihres eigenen Inneren finden werden«. Diese interreligiöse Weite hindert ihn nicht, seinen Weg mit seinen durch-kreuzten Plänen, seinen Erfolg und sein Scheitern im Weg Jesu zu verankern, der für ihn wie eine Folie unter seinem Lebensweg ist. Zugleich findet er sich in den mystischen Bildern und Erfahrungen, die ihm helfen sich selbst zu verstehen und seinen Weg in dieser Tradition zu verwurzeln. Es bedeutet für ihn, immer wieder Ja sagen zu können zum Leben, wie es jetzt ist. Sein Tagebucheintrag zum Neujahr 1953 verdichtet diese Lebensweisheit: »Dem Vergangenen Dank, dem Kommenden Ja!«

Selbstwerdung als Lebensaufgabe

Selbstliebe, Nächsten- und Gottesliebe dürfen nicht mehr voneinander getrennt werden. Selbstannahme, Selbstwerdung, Selbstliebe ist keine gemütliche Angelegenheit, sondern eine anspruchsvolle, lebenslange Aufgabe. In vielen religiösen Traditionen wird diesem wichtigen Aspekt unseres Menschseins immer noch viel zu wenig Beachtung geschenkt. In der christlichen Tradition ist leider immer noch zu lesen, dass wir nicht zur Selbstverwirklichung auf der Welt seien, sondern um Gottes Willen zu leben. In dieser Aussage sehe ich ein Konkurrenzdenken zwischen Gott und Mensch, das es gerade in jener Religion, in deren Zentrum die Menschwerdung steht, nicht geben darf. Ich gehöre auch zu jenen Menschen, die zu lange vom Liebesappell Jesu »Liebe deinen

Nächsten wie dich selbst« (Markus 12,31) nur den ersten Teil gehört haben, weil beim zweiten die Gefahr des Egoismus viel zu groß schien. Diese Einseitigkeit hat mich krank gemacht. Die Entdeckung der mystischen Tradition war und ist für mich so heilsam, weil in ihr die Selbsterkenntnis einen weiten Raum erhält.

Saskia Wendel, Professorin für Philosophie an der Universität Tilburg (Niederlande), schreibt in ihrer Einführung in die christliche Mystik, dass »Mystik eine besondere Form der Erkenntnis meiner selbst« sei in Verbindung mit den anderen, insbesondere dem absolut Anderen, Gott. Eine Sicht, die auch der evangelische Theologe Michel Cornuz in seiner Einführung entfaltet, indem er sich auf den jüdischen Mystikkenner Gershom Scholem stützt, der in der Mystik den Auftrag sieht, »wesentlich zu werden«, um zu seinem eigenen Sein gelangen zu können.

Diese lebensbejahende Verheißung und Zumutung der Selbstliebe wird in der biblischen Tradition in einem vielfältigen personalen Sprechen ausgedrückt, das mich immer wieder ganz tief berührt. Zeitlose Worte, die mitten in meinem Herzen ankommen, weil sie darin schon leben, finde ich in den Psalmen: »Ich danke dir, dass du mich so wunderbar geschaffen hast.« (Psalm 139,14) Ebenso in der prophetischen Tradition: »Fürchte dich nicht ... ich habe dich beim Namen gerufen ... weil du in meinen Augen teuer und wertvoll bist« (Jesaja 43,1–5) – »Ich habe dich eingezeichnet in meine Hände« (Jesaja 49,16) – »Sag nicht, ich bin noch zu jung, denn ich bin mit dir« (Jeremia 1,7).

Selbstliebe wird in dieser dialogischen Sicht möglich, weil wir vor aller Leistung geliebt und angenommen sind von Gott, »der die Liebe ist, und wer in der Liebe bleibt, der bleibt in Gott und Gott bleibt in ihm« (1 Johannes 4,16). Dieser Zuspruch, der vor allen Ansprüchen uns ins Herz gelegt ist, konkretisiert sich auch in den heilenden Begegnungen Jesu mit vielen Menschen. Heilungsgeschichten sind für mich Selbstverwirklichungsgeschichten. Da werden Menschen auf sich selbst zurückgeworfen, auf ihren göttlichen Kern, auf ihre heilende Kraft. Mit den Worten von Nelson Mandela bedeutet es, die Angst vor dem eigenen Licht zu verlieren und zu leuchten, wie es die Kinder tun. Sie sind identisch mit den Worten Jesu »Steh auf und stell dich in die Mitte« (Markus 3,3). Diese lebensbejahende Sicht nehmen mystische Menschen auf, indem sie den Mut haben, zu sich selber und ihren inneren Bildern und Erfahrungen zu stehen. In dieser Haltung schreiben Teresa von Avila oder Thérèse von Lisieux mit klarem Selbstbewusstsein ihre Autobiografie.

Selbstliebe statt Selbstverleugnung

Diese befreiende Sicht muss in einer mystischen Spiritualität hervorgehoben werden, weil höchst problematische Auslegungen biblischer Verse eine lebensverneinende Spiritualität fördern, die zu lange für eine spezifisch christliche Identität herhalten musste. Biblische Verse wie: »Wer mein Jünger sein will, der verleugne sich selbst« (Markus 8,34) und »Wer sich selbst erhöht, wird erniedrigt, und wer sich selbst erniedrigt, wird erhöht« (Matthäus 23,12), dürfen nicht weiterhin für selbstquälerische religiöse Handlungen missbraucht werden. Hermann-Josef Venetz, Professor für Neues Testament in Fribourg, betont in seiner bemerkenswerten Einführung ins Markusevangelium zu Recht, dass »mit der Selbstverleugnung unmöglich gemeint sein kann, dass Menschen ihre Freiheit, ja sich selbst wieder aufgeben sollen«.

Jesus ermutigt uns Menschen, jenes Selbst zu verleugnen und zu entlarven, das uns von unserem wahren Selbst entfremdet. Der Arzt, Psychoanalytiker und Jesuitenpater Eckhard Frick spricht deutlich von einem neurotischen Missverständnis, wenn der Gedanke der Selbsterniedrigung in der Absicht eines Kuhhandels verstanden wird. Je größer meine Erniedrigung, desto größer komme ich heraus! Er betont mit dem Psychologen Carl Gustav Jung (1875–1961), dass freie Selbsthingabe nur für jene Menschen möglich ist, die einen Selbststand, ein Selbstbewusstsein erlangt haben. Eine Sicht, die sich auch im immer noch lesenswerten Buch »Die Kunst des Liebens« von Erich Fromm findet: »Wer nur andere lieben kann, der kann überhaupt nicht lieben.«

In dieser Haltung haben mich unbewusst als 18-Jährigen die anspruchsvollen Worte des Apostels Paulus ganz tief angerührt: »Nicht mehr ich lebe, sondern Christus lebt in mir.« (Galater 2,20) Sie finden sich in vielen mystischen Texten. Sie befreien mich von Allmachtsfantasien: Was für ein Stress, wenn ich alleine ich selbst werden muss und mich alleine erlösen muss! Sie lassen mich erahnen, dass es wohl auf mich ankommt, aber letztlich nie allein von mir abhängt. Sie holen mich hinein ins Zentrum einer christlichen Mystik, die uns Menschen eine Verwandlung zuspricht, weil in unserer Selbstliebe die Menschwerdung Gottes sich ereignet. Obwohl ich mich als junger Mensch gegen jegliche Fremdbestimmung wehrte – ich tue es bis heute –, so lassen mich jene wenigen Worte aus dem Galaterbrief eine andere, entlastende Ebene erahnen. Die Ebene des Begleitetseins, wie es Laurence Freeman beschreibt: Jesus als innerer Lehrer in dir, als Wegbegleiter, der dich in Freiheit und Verantwortung stärkt zur Selbstliebe, Freundschaft und Solidarität. Sein Selbst hinter sich zu lassen, heißt für Freeman, über sich selber hinauswachsen zu können, zu dem Menschen, der wir wirklich sind und werden. Selbsterkenntnis ist für ihn das, was Jesus das Reich Gottes nennt. Gottes neue Welt, in der es weder »Juden noch Griechen, nicht Sklaven und Freie, nicht Mann und Frau« (Galater 3,28) gibt, weil wir alle eins sind in Christus. Biblische Worte, die jeden Rassismus und Sexismus aufheben, weil einzig die Liebe zählt im Leben.

Eine Kurskorrektur ist notwendig in der christlichen Tradition, um Menschen zu sich selbst zu befreien. Darin liegt eine Kritik an jeder Religion, die Macht ausüben will und Menschen im Namen Gottes für unmündig erklären will. Der Theologe Romano Guardini spricht von der »Annahme seiner selbst«, der Befreiungstheologe Gustavo Gutiérrez bestärkt zum »Trinken aus der eigenen Quelle« und Eugen Biser, der als Nachfolger von Karl Rahner auf dem renommierten Romano-Guardini-Lehrstuhl in München Professor war, betont unermüdlich, dass »das Christentum keine moralische, sondern eine mystische Religion« ist. Christusmystik heißt für ihn, dass »wir in Christus sind und Christus in uns«. In dieser Hoffnung liegt unser tiefster Identitätsgrund, der zu einem heilenden Dasein bewegt. Darum ist für Eugen Biser das Christentum auch »keine asketische, sondern eine therapeutische Religion«. Heilend und befreiend sind wir aufgerufen, uns zu verwirklichen, damit wir uns lösen können von uns selbst, weil dadurch die heilende Kraft Gottes noch mehr durch uns fließen kann.

Mystische Biografien erzählen von diesem prozesshaften Geschehen, das ich zuerst in der feministischen Theologie entdeckt habe. Sie hat mich sehr geprägt und befreit. Nach der feministischen Theologin Doris Strahm ist diese Theologie eine Erfahrungstheologie, eine prozesshafte Theologie und eine Befreiungstheologie, weil Gott in unserer Seele zu finden ist, um uns von unseren Abhängigkeiten, Verkrümmungen und einengenden Bildern befreien zu lassen, damit wir in Selbstbehauptung und Freiheit zu gewachsener Selbstlosigkeit bewegt werden.

Mystische Menschen bleiben nicht fixiert auf Autoritäten. Sie nehmen ihr Leben bewusst in die Hand, erahnend, dass es in den Händen Gottes gut aufgehoben ist. Sie verlassen die Opferrolle, weil sie wissen, dass sie die anderen und die Welt nicht ändern können. Darum suchen sie zuerst in sich selbst Zugänge zu dem, was lähmt und empört, um sich konstruktiv und kritisch für eine Veränderung einsetzen zu können. Diese Verwandlung beginnt bei sich selbst, in der Selbstannahme und Selbstliebe, die grundlegend ist, um liebend, heilend unterwegs zu sein. Mystische Menschen erkennen in ihrer Selbstwerdung die Menschwerdung Gottes, die zu sich selbst befreit und über uns hinausweist in die tiefere Verbundenheit mit allem.

Du
lebst als Hoffnungsgrund in mir
damit ich mich selbst annehmen
und lieben kann
im Aufgehen in meiner ureigenen
Lebensaufgabe

Du
verwirklichst dich im dialogischen Mitsein
das uns Menschen zur Liebe bewegt
weil du uns bewohnst
bevor wir dich suchen

Dich
erahnen wir im Hinabsteigen
in eigene Tiefen und Abgründe
als verwandelnde Christuskraft

Du
entlässt uns in Freiheit und Verantwortung
damit wir uns wehren gegen Fremd-
bestimmung
die entmündigt und unterdrückt

Du
richtest uns auf zu uns selber
in unserer inneren Sammlung
wächst deine heilende Kraft in uns

4 Wachse über dich selbst hinaus – bleib deiner Sehnsucht nach Gerechtigkeit treu

Mystik des Widerstandes

Winter 1943, Lena Fischer steht mit Hunderten von Frauen in der Rosenstraße in Berlin. Diese Frauen wachen Tag und Nacht vor einem von Soldaten bewachten Haus, in dem ihre jüdischen Ehemänner vor ihrer Deportation gefangen gehalten werden. »Ich will meinen Mann wiederhaben ...«, schreien sie im eindrücklichen Film »Rosenstraße« (2003) der preisgekrönten Regisseurin Margarethe von Trotta. Sie hat jahrelang recherchiert, um den historischen Aufstand dieser Frauen mit Zivilcourage in bewegenden Filmszenen auszudrücken. Frauen leisten Widerstand. Sie lassen sich nicht beirren und widersetzen sich der Forderung, sich als deutsche Frauen von ihren jüdischen Männern zu trennen. Sie werden als Judenhuren beschimpft und sie riskieren es, selbst zu Jüdinnen erklärt zu werden. Frauen stärken einander und verweigern ihre staatliche Gehorsamspflicht. Sie bleiben stehen, halten zueinander, auch wenn Gewehre aufgestellt werden, die sie töten sollen. »Trotzdem werde ich hier warten, auf ein Wunder«, sagt eine der Kämpferinnen. Diese Solidarität verwandelt das Ich in ein Wir. Mit kraftvollen Stimmen wiederholen sie unaufhaltsam: »Wir wollen unsere Männer wiederhaben!« Am siebten Tag geschieht ein Wunder, ein Lichtblick in dieser verdunkelten Zeit. Die Männer werden freigelassen, sie dürfen mit ihren Frauen nach Hause.
Nicht immer ist der Widerstand erfolgreich. Er misst sich nicht vom Erfolg her, sondern von einer Ethik der Gerechtigkeit und der Liebe, die auch andere empfehlenswerte Filme wie »Der Pianist« (2002) von Roman Polanski, »Der neunte Tag« (2004) von Volker Schlöndorff und »Sophie Scholl – Die letzten Tage« (2005) von Marc Rothemund zeigen. In beklemmend bedrü-

ckenden Bildern verdeutlicht sich das Ringen um Widerstand, mit all seinen Hoffnungen und Zweifeln. Der Film »Der neunte Tag« erzählt die historische Begebenheit des luxemburgischen Priesters Henri Kremer, der vom Konzentrationslager für neun Tage nach Luxemburg gebracht wird. Er wird konfrontiert mit dem zermürbenden Gewissensentscheid, mit den Nazis zu kooperieren, damit andere Priesterhäftlinge freigelassen werden. Er soll öffentlich eine Zusammenarbeit zwischen Kirche und Nazis begrüßen, zum Wohl des Landes. Abbé Henri entscheidet sich für die Rückkehr ins KZ, gegen den Verrat seiner Ideale, obwohl ihm sein Bruder eine Fluchtmöglichkeit anbietet ...
Widerstand ist für mich ein religiöser Grundwert, der auch in der mystischen Tradition vielfältig gelebt wird. In unseren Zeiten von globalisierter Ungerechtigkeit durch eine zunehmende, subtile Versklavung durch den Kapitalismus braucht es gewaltfreie Formen eines klugen Widerstandes. In Diskussionen rund um diese schwierige Thematik fällt mir auf, wie oft unbewusst »mystisch und widerständig« als Gegensätze eingebracht werden. Mystik ist für mich auch Widerstand. Diese Einsicht hat sich bei mir im wiederholten Lesen des Buches »Mystik und Widerstand« von Dorothee Sölle vertieft. Auch die Geschichte der Beginen, jener Frauen, die sich ab dem 13. Jahrhundert in Hausgemeinschaften, sogenannten Beginenhöfen, zum Gebet und zum sozialen Engagement zusammengefunden haben, zeugt von diesem Aufbruch aus der Unterdrückung. Er nährt sich aus der Verwurzlung in jenen Urgrund unseres Lebens, der allen Brot und Rosen verheißt.

Widerstand aus innerer Freiheit: Marguerite Porète

Marguerite Porète (1250–1310) wird am 1. Juni 1310 auf dem Scheiterhaufen vor dem Pariser Rathaus, dem Hôtel de Ville, verbrannt. Ihr Buch »Spiegel der einfachen Seelen« schreibt sie um 1300. Es wird nach einem ersten Inquisitionsprozess verboten und verbrannt. Da Marguerite – geboren im Norden Frankreichs in Hennegau oder Valenciennes – sich weigert, ihren siebenstufigen Weg zur Freiheit zu verleugnen, wird sie exkommuniziert, ein Jahr in Kerkerhaft gehalten und in einem weiteren Prozess zum Tode verurteilt. Sie leistet Widerstand, weil der Inhalt ihres schwer lesbaren Buches mit 139 Kapiteln eine Bestärkung ist, sich immer mehr von äußeren Abhängigkeiten zu befreien, um Gott zu erfahren, den sie »Loingprès« (Fernnah) nennt.

Als fromme Intellektuelle zeigt sie durch ihr Leben und Schreiben, dass die Frauenmystik nicht nur emotionale Erfahrungen beschreibt, wie einige bis heute irrtümlicherweise meinen, sondern sie auch tiefsinnig reflektiert. Sie entwickelt eine mystische Theologie im Beschreiben eines inneren Dialoges zwischen der personifizierten Liebe (Gott), der Vernunft und der Seele. Die Kraft der Liebe ist es, die der Seele – dem ganzheitlichen Menschen – die Freiheit schenkt. Gott ist für Marguerite Porète Liebe, rund 650-mal taucht das Wort Liebe (charité bzw. amour) in ihrem Buch auf. Trotz aller Zerbrochenheit und Bösartigkeit ist der Mensch zu einer absichtslosen Liebe fähig, weil in Jesus sichtbar geworden ist, dass Gott uns absichtslos liebt.

Absichtslos lieben? Eine anspruchsvolle Gratwanderung!
Wie andere Mystikerinnen schreibt sie in ihrer Muttersprache, hier in Altfranzösisch. So entsteht ein neues Sprachbewusstsein, ein anderes theologisches Fühlen und Reden. Der amerikanische Kirchengeschichtsprofessor und Mystikkenner Bernhard McGinn nennt darum die Mystikerinnen wie Mechthild von Magdeburg (1207–1282), Hadewijch von Antwerpen (13. Jahrhundert), Angela de Foligno (1250–1309) und Marguerite Porète provokativ weibliche »Evangelistinnen«, als Ergänzung zu den vier bekannten Evangelisten. Marguerite Porète kritisiert eine einseitige, kopflastige Theologie. Vernünftiges Erkennen ist für sie wichtig, darum bringt sie sich als Frau in die theologische Diskussion hinein. Doch die Liebe ist die Mutter der Erkenntnis.
Marguerite wohnt im Umfeld der Beginen, jener Frauen, die sich an der Wende des 12. zum 13. Jahrhundert zusammenfinden, um eine Lebensform zwischen Ehe und Kloster zu entwickeln. Mitten in den Städten leben sie in Beginenhöfen zusammen, finden sich zum Gebet ein und sind sozial tätig. Man kann sie die ersten Sozialarbeiterinnen nennen. Ihre Lebensform zieht große Kreise in Flandern, Brabant, den nördlichen Niederlanden, in Deutschland, Frankreich, Italien und der Schweiz. Die Zahl der Beginen wird auf eine Million Frauen, drei bis vier Prozent der weiblichen Bevölkerung geschätzt. In einer Stadt wie Köln finden sich um die 170 Beginengemeinschaften. In diesem Aufbruch zeigt sich auch ein Widerstand vieler Frauen, die sich weigerten »verheiratet« zu werden. Ihr Entwickeln von religiös motivierten Wohn- und Lebensformen kann

auch ein zukünftiges Christentum heute inspirieren! (Weiterführende Gedanken zu den Beginen finden sich auch im 8. Kapitel.)

Das Selbstbewusstsein der Beginen ist für die Mehrheit in der männlichen Hierarchie eine Bedrohung. Auch Marguerite Porète wird zur Provokation, weil sie eine Werk- und Bußfrömmigkeit hinterfragt. Eine innere Ethik ist ihr wichtig, weil eine von außen eingetrichterte Moral nicht trägt. Innere Freiheit aus tiefer Liebe ist ihr Lebensmotiv. Mit wenigen Worten wie »Tugend, ich nehme Abschied von euch auf immer ... euer Dienst ist zu sehr festgefahren ... ich war da eure Leibeigene, nun bin ich daraus befreit« gelingt es ihr aufzuzeigen, wie auch gut gemeinte religiöse Ideale uns in einen fremdbestimmten Leistungsdruck führen können, der uns hindert den Geschenkcharakter des Lebens zu feiern. Ihre Worte haben nichts mit Tugendlosigkeit und Zügellosigkeit zu tun. Sie sind belebt vom hohen Anspruch, wirklich lieben zu können. Der Mystiker Augustinus (354–430) sagt es genauso provokativ: »Liebe und tue, was du willst!«

Die Mystik von Marguerite Porète ist eine hervorragende Bestärkung, eine »freie Seele« zu werden, indem wir immer leerer werden, damit Gott Raum in uns erhält. Sie spricht dabei von »Vernichtung der Seele« und »Abtötung des Eigenwillens«. Diese leibfeindlich-dualistische Sprache will ich aber nicht übernehmen. Sie kann missbraucht werden, um Menschen klein und unmündig zu halten. Genau das Gegenteil meint der Widerstandsweg von Marguerite Porète, auf dem ihre »Eigenwilligkeit« sichtbar wird. Es geht ihr um den »mystischen Tod«. Er bedeutet, dass unser Ego immer wieder »sterben« muss, damit wir zu unserem Selbst gelangen, zu unserem tieferen Wesen. Mir ist es wichtig, dass dieser notwendige, alltägliche Sterbeprozess lebensbejahend umschrieben wird. Er führt hinaus aus der Einseitigkeit des Verstandes und des Wollens, um vermehrt aus der Kraft des Herzens, aus der Seinsebene leben zu können. Dies gelingt, wenn wir uns als Leib-Geist-Seele-Einheit verstehen, wovon Marguerite zum Glück auch spricht: Christus »pflegte und heilte nie eine Seele, ohne auch den Leib zu heilen«.

Gerechtigkeit für alle: Caterina von Siena

Caterina von Siena (1347–1380) ist für mich ein herausfordernder Mensch. Sie nennt ihr Wesen »Feuer«. Ich bewundere ihren leidenschaftlichen Mut. Doch ihre Kampfeslust, die keinen Widerspruch duldet, hat eine gefährliche Schlagseite. Sie birgt in sich die Gefahr, sich zu versteifen und ausgrenzend zu wirken. Doch wer schweigt und ausgewogen bleiben will, der sagt Ja zu den bestehenden Verhältnissen. Sie ist eine große Mystikerin, weil sie sich aus ihrer inneren Christusmitte exponiert für notwendige Veränderungen, die von innen heraus wachsen.

Bemerkenswert aktuell bleibt ihre Einsicht, dass ein politisches Engagement entscheidend ist, damit die Armen zu ihrem Recht kommen. Als 23. Kind einer wohlhabenden Färberfamilie in Siena verzichtet sie auf Privilegien, um ihren Hunger und Durst nach Gerechtigkeit tatkräftig verwirklichen zu können. Ihre Christusverbundenheit bewegt sie zum Widerstand. Sie schreibt an Fürsten, Herzöge, Bischöfe und Kardinäle. Ihre Papst- und Kirchentreue ist unantastbar. Deswegen bringt sie ihre loyale Kritik ein und fordert die Rückkehr des Papstes Gregor XI., der im Exil in Avignon ist. Über 400 Briefe sind von ihr vorhanden, in denen ihr leidenschaftliches Temperament sichtbar wird. Wie Birgitta von Schweden (1303–1373), eine andere faszinierende Mystikerin, die zu den schärfsten Kritikerinnen der gesellschaftlichen und kirchlichen Verhältnisse ihrer Zeit gehört, fordert sie den Papst auf, weltliche Macht aufzugeben, damit echte Kirchenreformen möglich werden. Sie kämpft für den Frieden und kann leider zugleich die Kreuzzüge unterstützen.

Beeindruckend ist ihr Kampf für Gerechtigkeit, der auch Leiden mit sich bringt. Zugleich bestärkt sie die kleinen Leute, das Leiden nicht einfach als gottgewollt hinzunehmen. Als mittelalterlicher Mensch bekämpft sie ihre Sinnlichkeit, zugleich hat sie ein großes Sendungsbewusstsein. Sie mischt sich ein, was in ihrem Umfeld für eine Frau ungewöhnlich ist. In all ihrem eindrücklichen Engagement verweist sie auf ihre innere Zelle, »die Zelle des Herzens«. Sie nährt ihre beharrliche Geduld. Eine Zeit lang droht ihr ein Ketzerinnenprozess, doch sie wehrt sich und kann ihre Anklage verhindern. Caterina solidarisiert sich mit den Ausgegrenzten. Die leidenschaftliche Gottessucherin stirbt jung mit 33 Jahren, im Vertrauen, dass ihr Engagement weitergeht, weil die Verbundenheit bleibt: »Ich glaube nach meinem Tod mehr ausrichten zu können als im Leben.«

Grenzenlose Hingabe: Dorothy Day

Dorothy Day (1897–1980) ist eine amerikanische mystische Kämpferin, die Dorothee Sölle in ihrer Autobiografie »Gegenwind. Erinnerungen« als Frau voll von intelligenter Güte beschreibt. Sie ist Aktivistin, Sozialreformerin und seit ihrem Beitritt zur katholischen Kirche mit 30 Jahren eine engagierte Beterin. Als glaubwürdige Pazifistin hat sie wie Franz und Klara von Assisi eine freiwillige Armut gewählt, weil die Habenmentalität mit ihrer Besitzgier Ungerechtigkeiten und Krieg fördert. Mit großer Radikalität lebt sie ihren Widerstand, aus Liebe zu den Menschen am Rande. Sie verzichtet auf Besitz und Privatsphäre.

Ihr Leben bringe ich in Verbindung mit den höchst aktuellen Worten von Bischof Ambrosius (333–397) aus Mailand. Er schreibt angesichts der zunehmenden Anhäufung von Besitz der Christinnen und Christen: »Die Erde ist für alle geschaffen worden ohne Unterschied. Die Natur kennt keine Reichen, sie bringt nur Arme hervor. Was du den Armen gibst, ist nicht dein Gut, du gibst ihnen vielmehr einen Teil von dem zurück, was ihnen gehört. Denn das Gut, das du an dich reißt, ist ein gemeinsames Gut, das allen zum Gebrauch gegeben wurde.« Es sind Worte von großer sozialpolitischer Tragweite, die im Wirken von Dorothy Day konkret werden. Als begabte Schreiberin wird sie zur Mitbegründerin der Monatszeitschrift »Catholic Worker«, die bis heute erscheint und sich für soziale Gerechtigkeit einsetzt. Dorothy Day hat ihr Einssein mit Christus verwirklicht, indem sie sich voll identifiziert mit dem Leiden der Armen.

Mit 19 Jahren ist sie wegen ihrer Teilnahme an einer Demonstration das erste Mal im Gefängnis. Danach schreibt sie in ihrem Tagebuch: »Dass ich in dreißig Tagen wieder frei sein würde, bedeutete mir nichts. Nie mehr würde ich frei sein; für mich gäbe es keine Freiheit, solange ich wusste, dass auf der ganzen Welt Frauen und Männer, Mädchen und Jungen hinter Gitter Zwang, Misshandlungen, Isolation und Strafen für Verbrechen erlitten, deren wir alle schuldig sind.«
Dieses grenzenlose Mitsein führte sie immer wieder in tiefe Depressionen. Sie kannte Zeiten der absoluten Erschöpfung, der Trauer und des Schmerzes. Sie konnte (und wollte?) sich nicht schützen. Diese Radikalität gehört zu einem mystischen Weg. Er fordert mich heraus, obwohl ich diese Grenzenlosigkeit nicht mehr leben will. Mein Burnout lehrt mich, Sorge zu tragen für meine Gesundheit und zugleich mit-leiden zu können. Die Identifikation mit den Leidenden ist ein gefährliches Wagnis. Wenn jemand im Sumpf ist, dann kann ich nur helfen, wenn ich festen Boden unter den Füßen habe.
Was mich bei Dorothy Day und anderen kämpferischen Mystikerinnen und Mystikern anrührt, ist die Gabe der Hingabe. Die Verwurzelung in Christus führt sie nicht nur zu schönen, kosmischen Einheitserfahrungen, zu einem Aufgehobensein im Licht, im Ganzen, sondern eben auch in die tiefe Einheit mit allen Menschen, in der die Ungerechtigkeit noch intensiver erlebt wird, weil wir alle in einem Boot sitzen. Ihr Gefängnisaufenthalt ließ sie hautnah erfahren, dass wir alle immer auch einen Teil der Mitverantwortung haben, wir sind »mitschuldig« an den Unrechtsstrukturen. Krieg und Kriegsvorbereitungen sind für Dorothy ein Verbrechen an den

Ärmsten. Eine unbequeme Botschaft, die auch zu einer echten Mystik gehört!
Die Radikalität von Dorothy Day stärkt in mir meinen Wunsch nach Menschen, die Utopien und Ideale leben, eben mystische Menschen, die an das Unmögliche glauben. Menschen wie die bisher jüngste Friedensnobelpreisträgerin Rigoberta Menchù (geb. 1959) aus Guatemala, die erste Indianerin in der Geschichte des Nobelpreises. Christin sein heißt für sie kämpfen für Frieden in Gerechtigkeit. Ihr Kampf ist inspiriert vom Einsatz Jesu für die Entrechteten: »Für mich als Christin gibt es nur eines: das Leben Christi. Er gab sogar sein Leben, aber Christus lebt weiter, denn Generationen sind ihm bis heute gefolgt.« Sein Kreuz- und Auferstehungsweg bestärkt zu einem glücklichen Leben, zu dem auch die Kraft zum Widerstand gehört.

Widerstand und Ergebung: Dietrich Bonhoeffer

Dietrich Bonhoeffer (1906–1945) ist für mich mit seiner Widerstandskraft, seinen Gedichten und seiner Theologie wegweisend. Ist er auch ein Mystiker? Eine unscheinbare mystische Spur lässt sich erkennen in seinem Leben, obwohl er die Mystik kaum kannte und sie in seinem Vikariat in Barcelona in einem Vortrag kritisierte: »Die Gottheit der Mystik ist der Abgott menschlicher Wünsche.« Worte wie »Gott und die Seele« sind für ihn fragwürdig, weil Christus als Gemeinde existierend ist. Trotzdem spricht er in seinem Vortrag von einem Gott, der zum Menschen kommt, wenn er einen »Hohlraum«, eine Leere für Gott hat. Ein Ausdruck, der für mich eine zentrale mystische Grundhaltung umschreibt.

Ich will Dietrich Bonhoeffer nicht vereinnahmen. Doch mit meinem weiten, vom amerikanischen Kirchenhistoriker Bernhard McGinn geprägten Mystikbegriff als Erfahrung des Bewusstseins der Gegenwart Gottes in allem, kann ich dank des evangelischen Theologen Ferdinand Schlingensiegen – Bonhoeffer-Kenner und -Biograf – mystische Elemente bei ihm erkennen. Schlingensiegen entdeckt bei Bonhoeffer vor allem in seinen schwerwiegenden Entscheidungen jene Erfahrungen der Gottesunmittelbarkeit, die mystisch gedeutet werden können.

Seine Verwurzelung in einen ohnmächtigen Gott, der uns in seiner Ohnmacht besonders nahe ist, lässt Bonhoeffer in der Bekennenden Kirche zum Widerstandskämpfer werden, indem er seine Kirche und ihre Blindheit gegenüber dem Naziregime aufs Schärfste kritisiert. Zugleich zeigt er konkret auf, wie ein Widerstand aus dem Glauben gelebt werden kann. Ein Glaube, der Partei ergreift für die Entrechteten. Ein Glaube, der Machtkonstellationen hinterfragt, weil es der Vorzug und das Wesen der Starken ist, selbst die großen Entscheidungsfragen zu stellen und zu ihnen klar Stellung nehmen zu können, während die Schwachen sich »immer zwischen Alternativen entscheiden müssen, die nicht die ihren sind«. Geniale Worte, die unser politisches Bewusstsein mit ethischer Kritik stärken können. Sie verdeutlichen, was er unter »Kirche für andere« versteht. Sie erzählen von seiner Nähe zum gekreuzigten, auferstandenen Christus, die in die Nähe der Schwachen führt. Dies entfaltet Bonhoeffer auch in seinem Buch »Nachfolge«, in einer mystischen Sprache, die davon spricht, dass wir »Christus gleich werden« und »umgestaltet werden in sein Bild«.

Im Gefängnis von Tegel, in seiner ihm aufgezwungenen Zelle, geht Bonhoeffer diesen Christusweg, mit seiner Hoffnung und Einsamkeit. In seinen Briefen und Gedichten erahne ich mystische Spiritualität. Dietrich Bonhoeffer ermutigt zu einer Mystik des Widerstandes, die aus der Hoffnung Kraft schöpft. In einem Brief an seine Freunde, Eberhard und Renate Bethge, schreibt er zutiefst bewegende Worte, die unsere Existenz als Segensdasein umschreiben: »Segnen, das heißt die Hand auf etwas legen und sagen: Du gehörst trotz allem Gott. So tun wir es mit der Welt, die uns solches Leid zufügt.«

Dieses Urvertrauen berührt mich und bestärkt mich, unserer Welt, die voll von himmelschreiender Gewalt und Ungerechtigkeit ist, zuzurufen: »Gottes Segen komme über dich, er erneuere dich, sei gesegnet, du von Gott geschaffene Welt, die du deinem Schöpfer und Erlöser gehörst.« Da wird nichts schöngeredet und gleichzeitig wird uns bewusst, das wir alle als Gesegnete zum Segen werden können, auch in unserem gewaltfreien Widerstand. Wie viele Mystikerinnen und Mystiker plädiert Bonhoeffer für eine neue, offene Sprache. Eine Sprache, die »vielleicht ganz unreligiös ist, aber befreiend und erlösend wie die Sprache Jesu, dass sich die Menschen über sie entsetzen ... die Sprache einer neuen Gerechtigkeit«.

Beim Philosophen und Theologen Sören Kierkegaard (1813–1855) findet sich auch eine zum Teil berechtigte Mystik-Kritik und zugleich eine geniale Vergegenwärtigung des Christusereignisses, das für mich in keinem besseren Wort als »mystisch« verdichtet werden kann. Kierkegaard spricht in seinem Werk »Einübung im Christentum« von der »Gleichzeitigkeit mit Christus«. Dies ist für mich eine wunderbare Zusammenfassung, was eine mystische Lebensgestaltung beinhaltet. Es bedeutet, all die Lebenserfahrungen Jesu in der eigenen Biografie zu erkennen. Ich lebe nicht in und mit vergangenen Geschichten und Erfahrungen, sondern erkenne seinen Weg gleichzeitig in meinem, in unserem Weg. Sören Kierkegaard bringt es auf den Punkt: »Die entscheidende Forderung an den Christen ist also die der Gleichzeitigkeit mit Christus.« Angelus Silesius (1624–1677) sagt es poetisch: »Mensch, gibst du Gott dein Herz, er gibt dir seines wieder: Ach, welch ein Tausch! Du steigest auf, er nieder.«

Mystik der Straße: Leonardo Boff

Leonardo Boff (geb. 1938) ist einer der bekanntesten Befreiungstheologen. Er ist auch ein Mystiker der Straße. Die Glaubenskongregation in Rom hat ihn mit Rede- und Schreibeverbot behindert in seinem Sein und Arbeiten. Nach langen inneren Kämpfen hat er 1992 den Franziskanerorden verlassen. Er bleibt ein priesterlicher Mensch! Zusammen mit dem Dominikaner Frei

Betto hat er im eindrücklichen Buch »Mystik der Straße« überzeugend aufgezeigt, wie wir alle Mystikerinnen und Mystiker sein können, wenn wir in die Tiefe unseres Lebens eintauchen.

Für den Mystiker steht die Erfahrung Gottes am Anfang, der Glaube kommt erst danach. Diese Grundhaltung fürchten die Glaubenshüter, weil der mystische Mensch bezeugt, »dass er oder sie Gott erfahren hat, und in seinem Namen, ohne irgendjemand um Erlaubnis dazu gebeten zu haben, eine neue Sprache spricht und neue Verhaltensmuster einführt«. Eine offene Umschreibung von Mystik, mit einem kritischen Grundton. Leonardo Boff zeigt durch sein solidarisches Dasein mit den Kleinen, Armen, Entrechteten und durch sein ökologisches Engagement, was christliche Mystik sein kann. Sie hat einen klaren Bezug zur Geschichte, sie ringt um Veränderung, sie ist von der Utopie der Bergpredigt Jesu angesteckt. Christliche Mystik sieht und handelt mit offenen Augen und Händen. Sie schöpft Kraft aus der Kontemplation, dem Eintauchen ins Schweigen. Sie ist Widerstand und erkennt, dass der Ort der Gottesbegegnung das Leben der Menschen und »da noch vorzugsweise der Gekreuzigten« ist. Die Spiritualität Jesu führt zum Engagement für Gerechtigkeit. Sie erinnert uns jedoch, uns zuerst von Gott lieben zu lassen.

Glauben bedeutet für Leonardo Boff, ein grundlegendes Vertrauen zu haben, dass die Welt gut ist, weil Gott gut ist. Aus diesem Urvertrauen wächst die Kraft, mit Verbündeten Gerechtigkeit zu fördern. Dieses engagierte Hineinwachsen ins Urvertrauen mutet uns zu, unsere innere Mitte aufbauen zu lassen. Denn das Leben be-

steht nicht nur aus äußeren Dingen, sondern es hat auch seine nach innen gewandte Seite und »sein inneres Universum, das zumindest nicht kleiner ist als die äußere Welt«.
Auch bei Leonardo Boff werde ich bestärkt, die unmittelbare Nähe Gottes in allen Dimensionen des Lebens zu entdecken, vor allem auch in ganz kleinen, unscheinbaren Begebenheiten des Alltags. Seine »Kleine Sakramentenlehre«, die vom Sakrament des Wasserbechers, des Zigarettenstummels, des Grundschullehrers spricht, ist eine Ermutigung, das Heilige im Alltäglichen zu finden. Ich kann es auch entdecken in alltäglichen Gegenständen, die mir aufzeigen, was mir heilig ist, was hinter diesen Dingen für Werte und Sehnsüchte stecken. Mystische Menschen schauen hinter die Dinge. Sie entdecken das Heilige auch auf der Straße, mitten im Staub des Alltags.

Gerechtigkeit leben

»Gerechtigkeit und Barmherzigkeit« sind für mich zwei zentrale Werte, die in der ganzen Bibel immer wieder neu erzählt, eingefordert und enfaltet werden. Sich selbst, den anderen, unserer Schöpfung gerecht zu werden, bleibt ein lebenslanger Auftrag. Damit ich diesen Lebensauftrag nicht krampfhaft und verbissen umsetzen muss, braucht es ein großes, weites Herz, das mich weder unter- noch überfordert. Es geht dabei um das Einüben einer inneren Freiheit, in der ich mich mit Entschiedenheit einsetze und zugleich annehme, dass alles bruchstückhaft bleibt

auf dieser Welt. Prophetinnen und Propheten verdeutlichen diese Grundspannung. Sie lassen sich zu Visionen beflügeln, zeigen Unmögliches auf und sie wagen Kritik zu üben an einem äußerlichen Glauben, an sinnentleerten Gottesdiensten, an ungerechten Strukturen. Widerstand und Hingabe ist ihr Lebenselixier. Darum sehe ich viel Verbindendes zwischen der prophetischen und der mystischen Tradition.
Die mystische Tradition ermutigt uns, jener Wirklichkeit zu trauen, in der wir uns ganz eins fühlen mit dem Urgrund aller Liebe. Diese Verbundenheit ist allerdings kein statischer Zustand, sondern wie jede echte Lebendigkeit und Liebesfähigkeit ein dynamisches, prozessorientiertes und dialogisches Ereignis. Je tiefer wir eintauchen in dieses Durchflutetwerden von der Liebe Gottes, umso verwundbarer werden wir. Darum ist für viele Prophetinnen und Mystiker das Angerührtsein durch diese Tiefe Gottes im ersten Moment ein Erschrecken. Der Prophet Jeremia hadert dann mit Gott und er wirft ihm vor, dass er ihn verführt hat, und der Prophet Jona flieht vor sich selbst und seinem Urauftrag.
Diese existenzielle Dimension des Ringens um seinen eigenen Lebensauftrag vergessen viele in der Sehnsucht nach mystischen Erfahrungen. Da wird einseitig nur das Schöne, Helle, Erfüllende gesucht, obwohl zu einem echten Weg in die Tiefe auch das Dunkle und Leere gehört. Mystikerinnen und Mystiker, die sich sehr persönlich angesprochen und angerührt fühlen von der Menschwerdung Gottes, erahnen den Weg zum Glück im sprachlosen Staunen und im Verwirklichen des Traumes von Gottes neuer Welt, die zärtlicher und ge-

rechter sein wird. Der Urwaldarzt und Theologe Albert Schweitzer (1875–1965) zeigt diese Verwandlung in der »Mystik des Apostels Paulus« auf, die zu einem ethischen Handeln führt, zur großen Ehrfurcht vor dem Leben. Menschen blühen auf, wenn sie zu sich selbst finden – nicht um um sich selbst zu kreisen, sondern um in eine größere Lebensaufgabe hineinwachsen zu können. Es ist ein Eintauchen in die Weite Gottes, um die entsetzliche Ungerechtigkeit intensiver wahrnehmen zu können. Sie ist nie gottgewollt und muss im Kampf für persönliche und strukturelle Verbesserung der Lebensqualität verhindert werden. Da ergänzen sich Mystik und Prophetie. Prophetinnen und Propheten leben aus einem intensiven Dialog mit dem Gott des Lebens, der sich einmischt. Dieser Dialog führt sie zu ver-rückten Visionen und zu schonungsloser Kritik. Beides findet sich auch in einer Mystik des Widerstandes.

Beim Liebhaber des Lebens aus Nazareth verdichtet sich diese Verbindung, die sich auch in seiner Spiritualität der Parteinahme entfaltet. Neutrales Unterwegssein ist nicht möglich. Wer schweigt, der sagt Ja zu den bestehenden Verhältnissen. Die Seligpreisungen Jesu im fünften Kapitel des Matthäusevangeliums konkretisieren einen Weg der Gottesverwurzelung: arm sein, trauern, Frieden stiften, Hunger und Durst haben nach Gerechtigkeit, leer werden sind mystische Grundhaltungen, die vertieft werden in der christlichen Kernaussage Jesu: »Was ihr für einen meiner geringsten Brüder und Schwestern getan habt, das habt ihr mir getan.« (Matthäus 25,39)

Das Geringste im anderen und in mir mit Wohlwollen anschauen und verwandeln lassen, lässt mich jene Christuskraft erahnen, die mich paradoxerweise nicht nur zu mir selbst führt, sondern zum Ganzen. Das Ganze, das Wesentliche heißt in einer biblisch-mystischen Spiritualität: Gottes Traum einer gerechteren, friedvolleren Welt, das Reich Gottes. Sie beinhaltet die politische Dimension des Glaubens, wie dies der katholische Theologe und Priester Urs Eigenmann zu Recht betont. Paradoxerweise komme ich bei mir selbst an, wenn ich mich an das Reich Gottes verliere und mich von seiner Kraft zum Widerstand für ein Leben in Fülle bewegen lasse.

Amnesty International – www.amnesty.de – ist für mich jene glaubwürdige Organisation, die Gerechtigkeit schafft. Jeden Monat erhalte ich von Amnesty Modellbriefe, die ich weltweit an Regierungen sende, die Menschen ungerecht gefangen halten. Wir sind aufgerufen, jeden Tag die Gerechtigkeit zu wählen. Diese Lebenskraft entdecke ich auch im Widerstands- und Hoffnungslied von Maria. Da wird in aller Klarheit sichtbar, wie die Gottesgeburt in uns zum Aufstand für das Leben bestärkt: »Er stürzt die Mächtigen vom Thron und erhöht die Niedrigen. Die Hungernden beschenkt er mit seinen Gaben und lässt die Reichen leer ausgehen.« (Lukas 1,52–53) Solche machtvollen Worte verweisen uns zugleich an unsere Ohnmacht.

In einer Mystik des Widerstandes begegnen wir beidem, dem Mut, unsere Macht zu entfalten, die uns wiederum mit unserer Ohnmacht konfrontiert. Pia Gyger, Psychologin und Zenmeisterin in Luzern, sieht auch in Maria diesen Lebens- und Glaubensprozess: »Um die Ohnmacht der Liebe zu lernen, müssen wir zuerst unsere Seinsmacht entfalten.« Dies geschieht auch im Integrieren unserer kämpferischen Seiten, nicht fundamentalistisch und mit Rechthaberei, sondern in der realistischen Einsicht, dass das »Böse eine Adresse und eine Telefonnummer hat« (Bertolt Brecht). Inspiriert vom Epheserbrief bedeutet es, den »Panzer der Gerechtigkeit anzuziehen und als Schuhe die Bereitschaft, für das Evangelium vom Frieden zu kämpfen« (Epheser 6,14). Dieser Kampf darf nicht in Überheblichkeit und Intoleranz gelebt werden, sondern im unermüdlichen Suchen des Guten in jedem Menschen. Im Film »Der neunte Tag« entscheidet sich Henri Kremer für seine Rückkehr ins Konzentrationslager, weil er seine Seele nicht verkaufen will. Sein Handeln lässt erahnen, was im Johannesevangelium in den Abschiedsreden ausgedrückt wird: »Es gibt keine größere Liebe, als wenn einer sein Leben für seine Freunde hingibt.« (Johannes 15,13)

Mystische Menschen können dank ihrem regelmäßigen Schöpfen aus der göttlichen Quelle in eine innere Freiheit hineinwachsen, die Ungerechtigkeit benennt. Sie kultivieren einen langen Atem der Hoffnung, in dem sie mühsam befreiend annehmen, dass sie viele Früchte ihres Engagements nicht ernten können. Sie entdecken voll Dankbarkeit im gemeinsamen gottesdienstlichen Feiern, im Vertiefen und Aktualisieren der biblischen Botschaft und im kraftvollen Handeln, dass sie jetzt Früchte ernten von Menschen, die vor Jahrhunderten eine Mystik des Widerstandes gelebt haben. Mystische Menschen fördern ein vernetztes Handeln, weil der Weg zu sich selber zum Ganzen führt, zu Gottes Gerechtigkeit, die auch durch ein weites Herz erfahrbar wird.

Du
bist ruhende Gegenwart in mir
spürbar im Schöpfen aus der inneren Quelle

Du
bist kämpferische Widerstandskraft in uns
erfahrbar im Aufstand für Gerechtigkeit

Du
bist nährende Zuwendung in mir
erlebbar im Eintauchen in deine Liebe

Du
bist Stimme der Stimmlosen in uns
hörbar im Benennen von Ungerechtigkeiten

Du
bist Macht in der Ohnmacht
wahrnehmbar im Mitteilen von
Erschütterungen

Du
bist tiefster Vertrauensgrund in uns
sichtbar in all den engagierten Menschen

5 Verweile im Schweigen – werde beziehungsfähiger

Mystik der Stille

»Wie geht das, einen Film zu machen, der selber Kloster wird, mehr als dass er Kloster erzählt? Wie geht das? Ich weiß es bis heute nicht, wie das geht. Ich weiß nur, jetzt, dass es geht. Dass auf einmal dieser Film Gestalt annahm, Kloster wurde, Raum, nicht Erzählung«, schreibt der 47-jährige Regisseur Philip Gröning zu seinem eindrücklichen Dokumentarfilm »Die große Stille« (2005). Ich bringe diesen Film, der im Mutterkloster der Kartäuser in der »Grande Chartreuse« in der Nähe von Grenoble entstanden ist, in Verbindung mit einem anderen Film, der 1996 den Bayrischen Filmpreis erhalten hat: »Broken Silence« (Gebrochene Stille) von Wolfgang Planzer. Da begegne ich einem Kartäusermönch, der von seiner Gemeinschaft beauftragt wird, nach Indonesien zu reisen, um bei der dort weilenden Besitzerin den Pachtvertrag für sein Kloster La Valsainte in der Schweiz zu verlängern. Eine fiktive Geschichte, in der ausgesprochen wird, was im stummen Klosterfilm von Philip Gröning wortlos anklingt: die Kargheit und das Ringen um die radikale Lebensform des strengsten katholischen Ordens, der Kartäuser.

Beide Filme sind für mich hilfreich, um mich mit der Faszination und dem Wagnis der Stille anfreunden zu können. Das Schweigen schenkt mir nicht nur eine tiefe, lebensbejahende Kraft aus der Ewigkeit, es wirft mich auch zurück auf mich selber, auf ein manchmal fast unerträgliches Auf und Ab der Gefühle. In meinem Buch »Was die Stille erzählt« befinden sich meine Tagebuchmeditationen, die ich während einer dreißigtägigen Schweigezeit geschrieben habe, mit einer Fülle schöner und widersprüchlicher Erfahrungen. Im Film »Broken Silence« wird der Kartäusermönch auf seiner Reise durch die Begegnung mit einer lebensfrohen jungen Frau herausgefordert, seine Lebensform zu deuten. Seit 25 Jahren lebt er in diesem schweigenden Kloster und er erzählt ihr in voller Ehrlichkeit: »Ich bin nur ein einfacher Mann, der ein Leben lang gegen das Austrocknen in dieser Wüste unseres Daseins gekämpft hat. Ich zweifle nicht an Gott, ich zweifle an mir selbst.« Im Film »Die große Stille« gibt es keine Erklärungen, keinen Kommentar, sondern fast drei Stunden lang »nur« Bilder der Stille, mit vielen wiederkehrenden Aufnahmen, die der Seele Raum eröffnen zum Tiefgang. Fast zwanzig Jahre musste Philip Gröning warten, um während sechs Monaten mit den Mönchen zusammenleben zu können. Der Prior des Klosters hat 1984 voller Weisheit gesagt, dass es noch zu früh sei.

Jeden Tag nimmt in unserer hektischen Welt die Sehnsucht nach Stille zu, und zugleich die Überforderung, ruhig zu werden. Die Zeichen der Zeit verweisen auch die christlichen Kirchen auf eine neue Kultur des Schweigens. Ein Schweigen, das nicht aus Beziehungsangst und Weltflucht gefördert wird, sondern um intensiver Anteil nehmen zu können an einer tieferen Verbundenheit mit aller Kreatur. Ein Schweigen, das sich auch als Friedensförderung versteht, weil es nicht nur das tatkräftige Engagement braucht, sondern auch den inneren Frieden, der eine Ausstrahlung hat auf die ganze Welt.

Ich habe den Film »Die große Stille« in einem Kino in der Nähe des hektischen Bahnhof Zoo in Berlin gesehen. Das Eintauchen in diese uralte Tradition des Schweigens, die sich schon bei den Wüstenmüttern und

-vätern und vielen Mystikerinnen und Mystikern findet, hat mich berührt und bestärkt. Über hundert Personen ließen sich mitten im Nachmittag von diesem ungewöhnlichen Film unterbrechen, um das Leben in einem größeren Zusammenhang entdecken zu können. Auch diese Erfahrung ermutigt mich, noch mehr Menschen zur Stille zu bewegen, aus Verantwortung für mehr Lebensqualität und mehr Gerechtigkeit in unserer Welt.

Erleuchtete Finsternis: Dionysius Areopagita

Dionysius Areopagita heißt ein Schüler des Apostels Paulus (Apostelgeschichte 17,34). Unter diesem Pseudonym schreibt ein Mystiker, vielleicht ein syrischer Mönch, gegen Ende des fünften, anfangs des sechsten Jahrhunderts vom Schauen Gottes im Dunkel des Schweigens. Seine Wirkung auf die mystische Tradition ist bis heute unermesslich. Wir wissen kaum etwas über das Leben von Dionysius Areopagita. Seine wirkungsvolle »negative Theologie« besagt, dass wir viel mehr darüber aussagen können, was Gott nicht ist, als was und wie er ist. Darum erhält bei ihm das Schweigen einen zentralen Platz auf einem inneren Weg, weil dadurch der Geheimnischarakter Gottes einen großen Raum hat.
Große Parallelen zwischen buddhistischer Meditation und seiner mystischen Theologie finden sich durch diese Grundhaltung des Nichtwissens. Dionysius preist das

Dunkel Gottes, er fordert uns heraus, bescheidener mit unseren Glaubensinhalten umzugehen, um das Wort Gott im schweigenden Ertasten neu zu buchstabieren: G.O.T.T. Vier Schriften und zehn Briefe sind von ihm überliefert, die vom Einswerden mit Gott erzählen, von der inneren Versenkung, die ohne Bilder, ohne Worte im Schweigen uns geschenkt sein kann.

Beten ist für ihn ein Eintauchen in die Liebe Gottes. Es bewegt uns zur Zeitlosigkeit im bewussten Dasein in der Gegenwart. Gott ist in diesen Momenten nicht mehr gegenüber, sondern gegenwärtig im Innersten, im Unfassbaren. Dionysius lässt sich inspirieren von der Erfahrung des Mose, der auf einem Berggipfel Gott so nahe war und ihn doch nicht sehen konnte (Exodus 24,12–18). Eine dunkle Wolke bedeckte den Berg und Mose ging mitten in die Wolke hinein. »Aber auch dort findet er Gott nicht, er sieht ihn nicht, denn Gott ist nicht sichtbar. Aber er sieht den Ort, wo Er ist«, schreibt Dionysius. Mose geht hinein in das wahrhaft mystische Dunkel des Nichtwissens. Dieser Weg wird ihm zur intensiven Gotteserfahrung!

Dieses Nichtwissen entfaltet der syrische Mönch mit paradoxen Aussagen wie »erleuchtete Finsternis«, eine Form, welche bei einem mystischen Sprechen oft auftaucht. So umschreibt Teresa von Avila (1515–1582) einen inneren Weg als wegelosen Pfad. Unser Verstand bleibt auf der Strecke und er fragt: Ist es nun ein Pfad oder ist die Wanderung wegelos? Unsere Seele, die um das Geheimnis des Wesentlichen weiß, genießt die Weite und die innere Freiheit in diesen zwei Worten. Sie sagen uns, dass wir Orientierung, Ziele und Perspektiven (einen Pfad) brauchen, der jedoch durch die Ausrichtung auf das Wesentliche nie ganz klar sein wird, sondern immer wieder im Suchen und Ringen (wegelos) gefunden und verloren wird. Dionysius umschreibt es so: »Wir wünschen uns, durch Nicht-Sehen und Nicht-Erkennen das zu sehen und zu erkennen, was alles Anschauen und Erkennen übersteigt.«

Das schweigende Gebet, die Kontemplation, finden wir nicht nur in den östlichen Religionen, sondern auch in unseren jüdisch-christlichen Wurzeln. Schweigendes Beten verbindet mit allen Religionen, allen Menschen guten Willens. Dionysius betont: »Je mehr wir uns nach oben wenden, umso mehr werden sich uns die Worte versagen.« Auch wenn wir uns in die Tiefe begeben, zum Grund aller Dinge, entziehen sich uns die Worte. Sie erübrigen sich, weil beredtes Schweigen ertönt.

Diese Lebensweisheit ist unaufhaltsam. Sie findet sich bei Plotin (205 n.Chr.–270), Begründer der neuplatonischen Schule, der auch für die christliche Mystik sehr bedeutsam ist. Plotin lädt ein, die Augen zu schließen, bei sich selbst einzukehren, um durch die innere Sammlung still werden zu können. Gregor von Nyssa (331/40–ca. 395), der von vielen als Vater der christlichen Mystik bezeichnet wird, weiß, dass »das Ziel des Suchens jenseits allen Wissens liegt, wie von einer Wolke allseits umhüllt von Unbegreiflichkeit ... darin besteht das wahre Wissen um das Gesuchte, und das heißt: Sehen – Nicht sehen«. Papst Gregor I. der Grosse (um 540–604), dessen Einfluss auf die Mystik sehr bedeutsam ist, übernimmt die »negative Theologie« von Dionysius nicht, obwohl auch er betont, dass alles Sprechen von Gott ein Gleichnis ist. Das Schauen Gottes ist jedoch fühlbar, er spricht vom »Geschmack des unumschreibbaren Lichtes«. Thomas Gallus (1190–1246) aus dem berühmten Chorherrenstift St. Viktor in Paris verbindet den Eintritt von Mose in die dunkle Wolke mit den Worten des Apostels Paulus: »Ich lebe, aber nicht mehr ich, sondern Christus lebt in mir.« (Galater 2,20) Auch Meister Eckhart kennt und schätzt Dionysius sehr. Der große Denker Kardinal Nikolaus von Kues, Cusanus (1401–1464), Fürstbischof von Brixen (im heutigen Südtirol), der als Philosoph vom Zusammenfallen der Gegensätze in Gott (coincidentia oppositorum) spricht, ist inspiriert von Dionysius. Er fasst zusammen, dass »im nicht-sehenden Schauen Gott wirklich geschaut wird«.

Bildlose Schau: Die Wolke des Nichtwissens

»Die Wolke des Nichtwissens« hat ein unbekannter englischer Autor im 14. Jahrhundert geschrieben. Er ergänzt sein Werk mit einem »Brief«, in dem sich konkrete Anweisungen zum schweigenden Gebet finden, die, ohne die Zenmeditation zu kennen, sehr viel Gemeinsamkeiten mit ihr aufweist. Die Weltanschauungen sind verschieden, die Erfahrung im Schweigen verbindet. Willi Massa (1952–2001), der bekannte Leiter des Meditationszentrums Neumühle bei Türnsdorf an der Saar und Herausgeber der deutschen Übersetzung dieses Werkes, hebt in seiner Einführung hervor, dass ein Buddhist sich versenkt, »um die Wirklichkeit zu erfahren, die die Welt der Erscheinungen als Schein entlarvt. Für den Christen ist die Welt der Erscheinungen jedoch der Ort der Erscheinung des Göttlichen und daher die Gestaltung der Welt eine Aufgabe des Glaubens an die Inkarnation Gottes in Jesus«.

Hugo M. Enomiya-Lassalle (1898–1990), der große Brückenbauer zwischen östlichen Religionen und dem Christentum, spricht vom Verbindenden im Zustand des Samadhi bzw. Zanmai, zu dem die indischen bzw. buddhistischen Versenkungswege führen. Dieser stimme »mit dem für die mystischen Erfahrungen im Christentum notwendigen Zustand phänomenologisch überein und besitzt die gleichen Eigenschaften«. Die Bilder im christlichen Weg gehen in eine bildlose Schau über im Gegensatz zum Zen, »das von vornherein alle Bilder ablehnt«. »Samadhi« heißt wörtlich »ständige Ruhe«, im Zen nennt man diesen Zustand der Versenkung »Zanmai«.

Im lebensnotwendigen Dialog der Religionen ist die gemeinsame Dimension des Schweigens eine Tür, um Frieden in Gerechtigkeit und die Bewahrung der Schöpfung weltweit zu fördern.

Willi Massa unterscheidet in seiner Einleitung zwischen Betrachtung, Meditation und Kontemplation. In der Betrachtung bin ich gedanklich, emotional und willentlich bei einem Gegenstand, einem Bild. In der Meditation lasse ich mich tiefer auf etwas ein, auf einen heiligen Text, ein Bild, um dahinterzuschauen. Wille und Erkenntniskraft nehmen sich zurück in diesem passiven Sich-Öffnen. In der Kontemplation wird der Mensch völlig passiv, er lässt an sich geschehen. In allen Kulturen finden sich heilige Bezirke (Templum). Der heilige

Ort in unserem Innersten, zu dem niemand Zutritt hat, wird auch Templum genannt. Kontemplation meint das Eingelassenwerden in diesen heiligen Ort in mir. Kontemplation meint Innesein, Einssein mit dem tiefsten Grund der Liebe. Da bin ich einfach da und ich bekämpfe die Bilder, Gedanken, Worte nicht, sondern ich versuche sie durch das bewusste Ein- und Ausatmen vorbeiziehen zu lassen wie Wolken. Kontemplation ist kein Zustand, sondern ein tägliches Hineintreten in kurze Momente des Aufgehoben- oder Losgelöstseins. Wenn die Zukunft des Christentums mystisch sein wird – ich bin davon überzeugt –, dann bedeutet das, in einem ökumenischen Miteinander die vergessene Dimension des Schweigens, der Kontemplation neu zu beleben, um in aller Verschiedenheit das Verbindende zu erkennen, auch in den gemeinschaftlichen Gottesdienstformen.
Der unbekannte Autor der »Wolke des Nichtwissens« schreibt Worte von großer Klarheit und Aktualität: »Gott ist dein Sein und in ihm bist du ... Alle Dinge haben ihr Dasein in ihm, er ist das Sein aller Dinge. Lass also dein Denken und Fühlen auf ihn eins werden, indem du versuchst, alles Nachdenken über ihn und über dich aufzugeben. Halte dein Denken leer, dein Fühlen unabhängig und dich selbst in reiner Gegenwärtigkeit, damit Gnade dich anrühren kann und dich kräftigen kann mit der Erfahrung der wirklichen Gegenwart Gottes. Diese Erfahrung bleibt allerdings in diesem Leben immer dunkel und bruchstückhaft, damit deine Sehnsucht nach ihm immer neu geweckt wird.« Wohltuende Worte, die Balsam für meine Seele sind!

Schweigen für den Frieden: Niklaus von Flüe

Niklaus von Flüe (1417–1487) steigt mit 50 Jahren in das Schweigen seiner Klause im Flüeli-Ranft im Schweizer Kanton Obwalden hinunter, 500 Meter entfernt von seinem Bauernhof, wo seine Frau Dorothee und seine zehn Kinder wohnen. Innere Kämpfe in seiner radikalen Gottessuche, tiefe Depressionen haben ihn zu diesem schwerwiegenden Entscheid geführt, den er erst mit dem Einverständnis seiner Frau trifft. Die Stärke seiner Frau Dorothee ist ausschlaggebend für seinen Weg, den viele Menschen nicht mitvollziehen können. Er verdeutlicht, wie ein mystischer Weg Veränderungen und Abschiede mit sich bringen kann. Sie geschehen nicht aus Beziehungslosigkeit, sondern aus der Lebensweisheit, dass eine tiefere Verbundenheit bleiben kann, auch wenn äußerlich ein eigener Weg begangen wird.
Die 20-jährige Schweigezeit, in der Niklaus von Flüe nichts isst, lässt ihn immer mehr zum Friedensmenschen werden. Ratsuchende kommen von überall her, so auch Vertreter der in sich zerstrittenen Eidgenossenschaft. Sein radikaler Weg in die Tiefe der Gegenwart des dreifaltigen Gottes lässt ihn Gott als schöpferische Lebenskraft, als Quelle der Liebe in jedem Menschen, als heilenden Lebensatem erfahren. Seine Abgeschiedenheit führt ihn zu einem tieferen Engagement für Frieden in Gerechtigkeit. Sein Schweigen wird zum Hoffnungsakt, den er mit folgenden Worten an die Stadt Bern umschreibt: »Fried ist allweg in Gott, denn Gott ist der Friede, und Friede mag nicht zerstört werden, Unfriede aber wird zerstört. Darum sollt ihr schauen, dass ihr auf

Frieden stellet, Witwen und Waisen beschirmt.« Bruder Klaus, wie er in der Schweiz bis heute genannt wird, wird für viele zum »Vater des Vaterlandes«, weil er um 1481 maßgeblich zum Friedensabkommen, dem sogenannten »Stanser Verkommnis«, beiträgt.

Bei Niklaus von Flüe wird auch sichtbar, dass das Schweigen zu Visionen, zu inneren Bildern führen kann, die in Klarheit gesehen werden. Der Psychologe Carl Gustav Jung sieht in den kraftvollen Visionen des Eremiten keine krankhaften Erscheinungen wie Halluzinationen, Wahnideen, Schizophrenie, sondern eine Frucht seines Schweigens. Eine Schülerin von C.G. Jung, Marie-Luise von Franz, beschreibt den Mystiker vom Ranft als ungemein originelle Erscheinung, indem sie den archetypischen Bildgehalt in seinen Visionen aufschließt, um so seinen Selbstwerdungsprozess zu erläutern.

Die Brunnenvision rührt mich besonders an. Sie erzählt von Menschen, die schuften und schwere Arbeit tun und am Brunnen vorbeigehen, weil sie ihn in ihrer Geschäftigkeit gar nicht wahrnehmen. Sie kommen in ihrer Aktivität gar nicht auf die Idee, sich immer wieder neu vom inneren Brunnen beleben zu lassen. Diese Vision lässt auch das Fasten von Niklaus von Flüe als ein prophetisches Zeichen verstehen, in einer Zeit, in der Fressorgien und Fresssucht sich ausbreiten, wie dies Dokumente aus dem 15. Jahrhundert bezeugen. Sein bekanntes Radbild mit einer offenen Mitte und den verschiedenen Speichen erinnert uns, dass ein Weg über die Mitte nach außen führt. Sein Lebensgebet verdichtet die verschiedenen Etappen eines mystischen Weges, der nie abgeschlossen ist, sondern sich täglich erneuert:

Mein Herr und mein Gott, nimm alles von mir, was mich hindert zu dir.
Mein Herr und mein Gott, gib alles mir, was mich führet zu dir.
Mein Herr und mein Gott, nimm mich mir und gib mich ganz zu eigen dir.

Dieses Gebet erzählt von der großen Sehnsucht von Niklaus von Flüe, »ein einig Wesen mit Gott zu sein«. Eine Sehnsucht, die er mit vielen Menschen teilt.

Schweigend sein Leben vertiefen: Francisco de Osuna

Francisco de Osuna (1492–1542) hat ein Buch verfasst, das eine große Leserschaft erreicht, das »ABC des kontemplativen Betens«, das auch Teresa von Avila und Johannes vom Kreuz auf ihrem spirituellen Weg wesentlich begleitet und bestärkt. Von seiner Biografie wissen wir kaum etwas, entscheidend ist für ihn als Franziskanermönch der langjährige Aufenthalt in einer Einsiedelei, in der die große Stille erfahrbar ist. Da schreibt er seine Ermutigungen zum schweigenden Gebet. Seine Kunst des Betens ist für ihn eine Kunst des Liebens. Als Franziskanermönch ist es für ihn selbstverständlich – ganz im Sinne von Franz von Assisi –, dass in dieser »Schule des Herzens alle Platz finden, jeder Gläubige, Weiblein und ungebildete Laien ... auch soll man Verheirateten keine Art des Gebets verweigern«. All die Klassenunterschiede im

geistlichen Leben erübrigen sich durch die Gabe des Schweigens.
Eine mystische Spiritualität lässt jeden Menschen seine tiefe Würde erfahren, die im Einssein mit Gott ihre Quelle und ihren Höhepunkt erlebt. Dies geschieht nach Francisco in der unio mystica, wenn der »Mensch sich mit Gott vereint, mit ihm ein Geist wird durch eine Wechselseitigkeit des Willens«. Eine bemerkenswerte Aussage, die den Willen Gottes nicht in trennender Konkurrenz zum Willen des Menschen sieht, sondern erzählt, wie sie sich gegenseitig »verweben«. Francisco schreibt: »Du hast Gott mit allem verwoben, wenn du ihn an jeglichem Tun teilnehmen lässt.« Im kontemplativen Gebet können wir im Schweigen dieses Eingebundensein erfahren. Es führt zur Beziehungsfähigkeit: »Aus der Unio mit Gott wird der Mensch auch sich selbst und seinem Nächsten geeint.«
Schweigendes Beten heißt für Francisco Versenkung, weil es Dunkelheit und Tiefe beinhaltet. Dieser Weg in die Tiefe führt zugleich in die Weite. Er führt nicht in die Kleinlichkeit und Angepasstheit, sondern zur Größe des Menschen, wie dies der Franziskaner treffend am belasteten Wort »Demut« konkretisiert. Demut ist für ihn nicht eine kleinmütige Veranlagung, kränkliches Aussehen, Feigheit oder Furcht, sondern Demut und Hochherzigkeit sind für ihn zwei einander sehr liebende Schwestern und Gefährtinnen, »sodass sich die eine nicht ohne die andere findet. Sie sind die beiden Flügel, mit denen die Braut, das heißt die Seele, zu Gott auffliegt und sich in die Einsamkeit der Kontemplation begibt«. Schweigendes Beten steigt hinunter in den tieferen Grund des Lebens und beflügelt zum alltäglichen Mitsein.

Den inneren Ruheort finden: Teresa von Avila

Teresa von Avila (1515–1582) ist jene Mystikerin, der ich gemeinsam mit ihrem Weggefährten Johannes vom Kreuz (1542–1591) unendlich viel verdanke. Seit ich vor 15 Jahren ihre Lebens- und Glaubenserfahrungen durch ihre Bücher entdeckt habe, bin ich mit ihr in einem inneren Dialog. Ihr Humor, ihr Temperament, ihre Schaffenskraft, ihre Widersprüchlichkeiten, ihr authentisches Schreiben und ihre unendliche Sehnsucht nach Ruhe bestärken mich. In meinem Buch »Licht in dunkelster Nacht« habe ich ihr Briefe geschrieben, weitere werden folgen. In diesem Kapitel will ich auf ihre Weisungen zum Ruhegebet aufmerksam machen. Ihr Eintauchen ins Schweigen, um Christus als allerinnerste Mitte zu erfahren, führt sie zu einer Freundschaftsmystik. Mystisches Schweigen ist keine Flucht vor Beziehungen und vor der Verantwortung für eine menschlichere Zukunft, ganz im Gegenteil. Die Stille als Gebet will unsere Beziehungsfähigkeit stärken, weil wir in der Ruhe das tiefe Eingebundensein in allem erahnen können.

Es braucht den Mut, die Zonen der Unruhe zu durchqueren, um ins Schweigegebet zu gelangen. Teresa unterscheidet zwischen dem mündlichen und inneren Gebet und zwischen dem Ruhegebet und dem kontemplativen, gotteinenden Gebet. Sie ist geprägt durch die Erkenntnisse des oben erwähnten Francisco de Osuna. Ihre Vielfalt schätze ich sehr, sie entspricht auch meinen Erfahrungen. Im tiefen Schweigen wird das Verbindende mit allen mystischen Wegen ausgedrückt. In den verschiedenen Wegen zum Schweigen

zeigen sich auch klare Unterschiede. Sie sind wichtig, um die Vielfalt der Menschen ernst zu nehmen.
Mir ist die christliche Mystik zur Lebenshilfe geworden, weil da Bilder der Menschwerdung mit all ihren erleuchtenden und dunklen Seiten entfaltet werden; Menschwerdungserfahrungen, die inspiriert sind von Jesus von Nazareth und seinem Weg. Zugleich ist die brachliegende Schweigetradition des christlichen Weges, wo keine Gedanken, Bilder und Gefühle mehr vorhanden sind, weil ich aufgehoben bin in der Christusgegenwart, entscheidend für ein lebensbejahendes Christsein.
Gebet ist für die Mystikerin aus Avila wie das Zusammensein mit einem Freund, dem ich alles sagen kann, weil ich weiß, dass er mich liebt. Dieses beziehungsreiche, personale Sprechen rührt mein Herz mehr an als das apersonale, abstrakte Suchen Gottes. Sich angenommen und geliebt fühlen, führt mich zu einer inneren Ruhe, in der ich nichts mehr beweisen muss, sondern einfach sein darf.
Dieses Urvertrauen lebt in Teresa, die im mündlichen Gebet das Sprechen eines vorhandenen Gebetes, des Vaterunsers oder der Psalmen sieht.
Im inneren Gebet richte ich meine Aufmerksamkeit auf die Gegenwart von Christus in mir, ich höre auf ihn, lasse mir etwas sagen, ich bin in einem inneren Dialog mit ihm. Diese Grundhaltung der liebenden Aufmerksamkeit ist auch beim mündlichen Gebet sehr wichtig, damit es nicht zum leistungsfrommen Gebet wird.
Die verweilende Aufmerksamkeit verdichtet sich im Ruhegebet, das die spanische Mystikerin mit folgendem Vergleich beschreibt: Die Seele ist wie ein Säugling, dem seine Mutter Milch in den Mund träufelt, sodass er sich

gar nicht anstrengen muss. So ist auch Gott ohne Verstandesbemühen in der Seele. Seine Anwesenheit genügt, es ist eine Gegenwart der Liebe.

Das größte Geschenk einer mystischen Erfahrung ist für Teresa das kontemplative, gotteinende Gebet. Da ist die Seele ganz passiv, sie muss nicht einmal mehr »Milch schlucken«, sondern die Nahrung wird ihr direkt in ihrem Inneren geschenkt, ohne dass sie erfährt wie. Die Seele muss gar keine Leistung mehr vollbringen. Teresa bemerkt: »Es geht auf diesem geistlichen Weg nicht darum, viel zu denken, sondern viel zu lieben ... Gott macht die Seele ganz unwissend.«

Eindrücklich ist, wie Teresa auch schreibt, dass Gott uns sogar »die leibhafte Vergegenwärtigung Christi nehmen kann«. Es ist ein glücklicher Verlust, weil uns dann mehr gegeben wird, als wir verlieren, da die Seele ganz in der Liebe aufgeht, »zu dem, den der Verstand sich vorzustellen vergebens bemühte«. Zugleich betont die begabte Begleiterin von vielen Menschen, dass diese kurzen Momente der Einheitserfahrung uns nicht entbinden, immer wieder in Dialog mit Christus zu sein, mit seinen Lebenserfahrungen, die in den Evangelien vielseitig entfaltet sind. Somit ist ein klares Profil eines christlich-mystischen Weges aufgezeichnet: Ernstnehmen der eigenen Erfahrungen, innerer Dialog mit dem menschgewordenen Gott und Mut zum Loslassen von Bildern und Vorstellungen, damit Gott uns von innen her nähren kann.

Mystische Menschen verlieren sich nicht in theologischen Spekulationen, sie suchen einen existenziellen, lebensnahen Zugang zu den überlieferten Glaubensaussagen. Das Sprechen von einem dreifaltigen Gott ist für

viele der Ausdruck, dass Gott in sich Beziehung, Dialog, Prozess und Werden ist, verdichtet in einem Wort: Liebe. Er ist nicht einsamer, allmächtiger Herrscher, der niemanden braucht, sondern liebende Gegenwart in allem.
Auch ich bin dankbar zu erahnen, dass unser Urgrund aller Liebe sich als liebende Schöpferkraft erfahren lässt, die die Schöpfung und den Kosmos immer mehr durchdringt und auch im Herzen der Menschen wohnt und wirkt.

Beredtes Schweigen

Im Johannesevangelium finde ich in wenigen Worten eine zentrale Aussage zur lebensnotwendigen Aufgabe des Rückzuges. Nach der wunderbaren Speisung von vielen Menschen am See von Tiberias heißt es: »Als die Menschen das Zeichen sahen, das er getan hatte, sagten sie: Das ist wirklich der Prophet, der in die Welt kommen soll. Da erkannte Jesus, dass sie kommen würden, um ihn in ihre Gewalt zu bringen und zum König zu machen. Daher zog er sich auf den Berg zurück, er allein.« (Johannes 6,14–15) Jesus zieht sich alleine zurück ins Schweigen, weil er sich nicht täuschen lässt von der Dynamik der Menge. Er lässt sich nicht Gewalt antun und zum »King« machen. Er besinnt sich wieder auf das Wesentliche, wie er es am Anfang seiner Tätigkeit in der Wüste getan hat.
Verantwortungsvolle Menschen brauchen die Kraft aus der Stille. Sie fördert einen gesunden Rhythmus, verhin-

dert ungesunde Abhängigkeiten in unseren Beziehungen und schärft den Blick für das Ganze. Die Wüstenmütter und -väter haben im Zeitraum von 300 bis 600 nach Christus diesen Weg in die Abgeschiedenheit gewählt, der eine heilende Wirkung hat auf die ganze Welt. Der Psychiater Daniel Hell sieht sie als Therapeuten, die sich den Grundfragen aussetzen: »Wer bin ich eigentlich? Was wird mir an mir selber klar, wenn ich mich der Stille und der äußeren Reizlosigkeit aussetze?« Spannende Fragen, die sich jede und jeder stellen muss, der oder die sich und andere in das Wagnis und die Chance der Stille führen will.

Evagrius Ponticus (345–399) sammelte diese Lebensweisheiten. Er wird darum unter den Mönchen als »Vater unserer geistlichen Literatur« bezeichnet. Er hatte einen großen Einfluss auf Johannes Cassian (360–435), der das schweigende Beten ein »Glutgebet« nennt, weil der Betende nicht mehr weiß, dass er betet. Er taucht hinein in ein bildloses Beten. Dieses befreiende Ereignis der Wunschlosigkeit lebt von der Hoffnung, dass der Geist Gottes in uns betet: »So nimmt sich auch der Geist unserer Schwachheit an. Denn wir wissen nicht, worum wir in rechter Weise beten sollen; der Geist selber tritt jedoch für uns ein mit Seufzen, das wir nicht in Worte fassen können.« (Römer 8,26–27)

Dieses Seufzen, das Entgegenkommen Gottes in einem »sanften, leisen Säuseln« (1 Könige 19,12), wie es Elija erlebt hat, eröffnet neue Perspektiven im not-wendenden Dialog unter den Religionen. Es bedeutet, sich zu verabschieden von den Absolutheitsansprüchen einer Religion, die sich im Fundamentalismus verliert. Eine mystische Spiritualität hält die Spannung aus, sich leidenschaftlich für einen Weg zu entscheiden, ohne jedoch den eigenen Weg für alle Menschen für absolut zu erklären. So kann ich als leidenschaftlicher Christ den Worten des johanneischen Christus: »Ich bin der Weg und die Wahrheit und das Leben; niemand kommt zum Vater außer durch mich« (Johannes 14,6), zustimmen, weil mich dieser Weg am meisten überzeugt und am tiefsten anrührt. Zugleich muss ich ihn relativieren, denn ich kann und will mir nicht anmaßen, dass es nur einen richtigen Weg zu Gott gibt und alle anderen Wege in den verschiedenen Religionen falsch sind.

Im ersten Johannesbrief finde ich das Verbindende, das jegliche Überheblichkeit entlarvt: »Die Liebe ist aus Gott, und jeder, der liebt, stammt von Gott und erkennt Gott. Wer nicht liebt, hat Gott nicht erkannt; denn Gott ist die Liebe.« (1 Johannes 4,7–8) Die Liebe ist die entscheidende Grundlage. Sie hat eine Vielfalt von Melodien. Sie führt in die Weite, die das eigene Profil fördert und zugleich mit einer Vielfalt leben kann. Diese Einsicht verdanke ich dem Geist der mystischen Gottessuche. Wohl gemerkt, auch bei Mystikerinnen und Mystikern finden sich enge und abwertende Aussagen zu anderen Religionen oder Konfessionen nach der Reformation. Doch ihr radikaler Weg in die Tiefe führt zum schweigenden Gebet, das zugleich verbindet mit allen anderen Wegen.

Das innere Wort

Eine mystische Spiritualität bleibt nicht an den Worten hängen, sondern geht tiefer und lässt sich zur Erneuerung bewegen; ganz im Sinne der Klugheit des Apostels Paulus: »Denn der Buchstabe tötet, der Geist macht lebendig.« (2 Korinther 3,6) Genau diese Glaubenseinstellung findet sich auch bei den evangelischen Mystikern, die sich gegen die Absolutheit des evangelischen Schriftglaubens wehren. Thomas Müntzer (1490–1525) aus Zwickau spricht vom »inneren Wort, das Gott nicht mit Tinte, sondern mit seinem lebendigen Finger« in die menschlichen Herzen schreibt. Kaspar Schwenkfeld (1489–1561) aus Schlesien hat im unwürdigen Streit um das Abendmahl die »Idee des Stillstandes« eingebracht, die nicht mit Indifferenz zu verwechseln ist. Es geht ihm um eine positive Toleranz, in der Verschiedenheiten ausgehalten werden, weil die Liebe das oberste christliche Gebot ist, das er in einem Vers aus dem Lukasevangelium hervorhebt: »Durch die barmherzige Liebe Gottes wird uns besuchen das aufstrahlende Licht aus der Höhe.« (Lukas 1,78) Dieses Licht ist der innere Christus in jeder und jedem von uns, der auch im inneren Wort zu uns spricht.

Sebastian Franck (1499–1542) aus Donauwörth hat sich eingesetzt für das Schweigen, damit das Christentum nicht in äußeren Zeremonienkirchen stecken bleibt. Er lebt aus dem »inwohnenden Christus«, sein Leben muss sich im Menschen wiederholen, »ohne Mittel« können wir ihn erfahren. Valentin Weigel (1533–1588) ist in der Nähe von Dresden geboren, er erzählt vom »Mysterium des inneren Menschen«, inspiriert vom Zweiten Korintherbrief, der uns zuspricht, dass der innere Mensch sich Tag für Tag erneuert (4,16). Das geschriebene Wort in der Bibel ist für ihn ein Schatten des ewigen Wortes, darum spricht er vom »inwendigen Buch des Herzens«. Der Weg des historischen Jesus will uns zum »inneren Christus« führen. Weigel spricht unermüdlich vom »inneren Wort, inneren Gehör, von der inneren Erfahrung und vom Inwendigen im Menschen«.

Johann Arndt (1555–1621), der auch in Celle als lutherischer Pfarrer gewirkt hat, ermutigt zum schweigenden Dasein, damit all das, was von Christi Geburt, Kreuz, Leiden, Tod, Auferstehung und Himmelfahrt berichtet wird, »in dir geschehen kann«. Der Sabbat des Herzens ist notwendig, damit alles Kämpfen und Ringen zu innerer Lebendigkeit führt. Gottfried Arnold (1666–1714), der in Wittenberg studiert hat, entfaltet eine mystische Theologie, die zu einem inwendigen Christentum führt, in dem uns die innere Wüste nicht erspart bleibt. Gerhard Tersteegen (1697–1769) aus Moers erinnert uns, dass Jesus dreißig Jahre »geschwiegen« hat, bevor er seine Frohbotschaft verkündet, »damit er uns die Liebe zum Leben der wahren Abgeschiedenheit einflößen« kann. Tersteegen ist ein begnadeter Seelenführer, mit einer erstaunlichen ökumenischen Offenheit.

Friedrich Christoph Oetinger (1702–1782) aus Göppingen war seiner Zeit als Pfarrer weit voraus, er studierte die mystische Strömung des Judentums, die Kabbala. Eine Trennung zwischen Bibel und Philosophie ist für ihn nicht möglich. Die Allgegenwart Gottes in allen Dingen ist für ihn eine Selbstverständlichkeit, nicht nur in Tieren und Pflanzen, sondern auch im Stein sieht er

den Abglanz des göttlichen Lichtes. »Alles Geistliche ist zugleich auch leiblich«, schreibt er.
Auch den evangelischen Mystikern wurde das Leben schwergemacht, sie wurden zum Teil aus ihren Pfarrhäusern vertrieben und sie mussten um ihre Rechtgläubigkeit kämpfen. Diese ernüchternde Tatsache verdeutlicht die Sprengkraft der Mystik, die den Glauben nicht bewahren, sondern lebendig halten will. Glauben heißt sich verwandeln. Verwandlung ist ohne Veränderung nicht möglich!
Diese Hoffnung findet sich auch im bemerkenswerten Buch von Jörg Zink »Dornen können Rosen tragen. Mystik – Zukunft des Christentums«, das einlädt, aus den mystischen Quellen zu schöpfen.

Einheit im Schweigen

Wir brauchen Bilder, Symbole, Riten und Formen, doch sie lassen uns mit allen Sinnen geheimnisvoll erahnen, dass Gott als Urgrund unseres Lebens sich weder in Wort noch Bild einfangen lässt. Er bleibt Geheimnis und trotzdem lebensnah erfahrbar. Diese Standortbestimmung ist notwendig, damit im Dialog mit anderen Religionen die Überheblichkeit überwunden werden kann. Die Einheitserfahrungen, die in allen mystischen Wegen ausgedrückt werden, obwohl sie im Grunde unsagbar sind, lassen erahnen, dass viele Wege zu Gott führen.
Georg Schmid unterscheidet in seiner Einführung in die Mystik der Weltreligionen zwischen Unio-Mystik

und Erleuchtungs-Mystik. Unio-Mystik ist eine Mystik der Freude und der Verzweiflung, voller Emotionalität und Herzlichkeit. Erleuchtungs-Mystik erlebt Gott nicht als Freund, sondern als letzte Wirklichkeit. Eros und Mystik reichen sich die Hand in der Unio-Mystik, Philosophie und Mystik in der Erleuchtungs-Mystik. Ich bin dankbar um diese Verschiedenheit, nur so können die verschiedenen Charakterzüge von uns Menschen ernst genommen werden. Verbindend ist die Gabe des Rückzuges und des Schweigens. Sie findet sich bei Buddha und Jesus, bei Lao Tse und der indischen Meditation, bei den islamischen Sufimeistern und in der jüdischen Mystik, der Kabbala. Das Schweigen ist der Ort, an dem wir alles und nichts erfahren.

Gershom Scholem (1897–1982) betont in seiner hervorragenden Einführung zur jüdischen Mystik, dass ein Nichts voll mystischer Fülle ist, weil ein definierter Gott ein erledigter Gott sei. Raimon Panikkar (geb. 1918), Naturwissenschaftler, Theologe, Priester und inspirierender Mittler des interreligiösen Dialogs, sieht im Schweigen den Kern spiritueller Erfahrung. Es ist entscheidend für ihn, das Leben nicht mit den Tätigkeiten zu identifizieren. Es hat einen Sinn in sich selbst. Der spirituelle Autor und Priester Henri J.M. Nouwen (1932–1996) bringt in seinem Tagebuch »Ich hörte auf die Stille«, das er während seinem siebenmonatigen Aufenthalt in einem amerikanischen Trappistenkloster geschrieben hat, die Kraft des Schweigens eindrücklich zur Sprache: »Das Maß der eigenen Einsamkeit ist zugleich das Maß, in dem man zu echter Gemeinschaft, zu Verbundenheit und Austausch fähig ist.«

Im Film »Die große Stille« wird diese Lebensweisheit

sichtbar, indem die Mönche schweigend in die Kamera schauen. Jeder tut dies auf seine besondere Art und Weise. Jeder blickt anders in die Welt, die er täglich betend mitträgt. Das schweigende Gebet ist intensive Kommunikation, die unsere Welt zum Guten verändert. Zum Glück gibt es immer mehr Menschen, die sich zur schweigenden Meditation einfinden. Ich nenne hier exemplarisch einige mir vertraute Projekte: Innehalten in Maria Alm im Salzburger Land (www.innehalten.com), der Verein Ars Vitae im Raum Basel (www.verein-arsvitae.de) und das Projekt Spiritualität (www.projektspiritualitaet.de) in Hamburg.

Mystische Menschen bestärken einander zur Kraft des Schweigens. Sie ermutigen einander zum politischen Bewusstsein, auch im Schweigen die Friedenskraft verstärken zu können auf der ganzen Welt. Wir sind nie Einzelne, sondern immer Teil eines Ganzen. Es braucht den Mut zu Protestaktionen und die Entschiedenheit, Kraft in der Stille zu schöpfen. Mystische Menschen sehen im schweigenden Gebet das Verbindende im notwendigen Dialog unter den Religionen. Es befreit von der Überheblichkeit all jener Absolutheitsansprüche, die den Geheimnischarakter Gottes und seine Unfassbarkeit vergessen. Mystische Menschen befreien einander von einem Aktivismus, der den Sinn des Lebens nur im Tun sieht, obwohl er sich auch im Sein findet, grundlos, ohne Warum.

Dich
spüren im schweigenden Vertiefen des
Lebens
im Loslassen von Gedanken und Bildern

Dich
erkennen als unerkennbaren Lebensgrund
im Eintauchen in deine geheimnisvolle
Gegenwart

Dich
erahnen im schweigenden Zusammensein
im Annehmen einer verbindenden
Verschiedenheit

Dich
feiern als schweigende Friedenskraft
im Aufbruch für ein gerechteres Mitsein

Dich
ertasten im Dunkel dieser Welt
im Aushalten von ungeklärten Fragen

Dich
lassen im schweigenden Verweilen
im wunschlosen Dasein ohne Warum

6 Wage Konflikte – sei ein Zeichen der Versöhnung

Mystik des Friedens

»Man muss sich Gehör verschaffen, Machuca!«, sagt Pater McEnroe dem elfjährigen Machuca, der 1973 aus den Elendsvierteln von Santiago de Chile in eine englische Privatschule gehen kann, zusammen mit einer Handvoll anderer Knaben aus den armen Vororten.
Die Begegnungen zwischen der Mehrheit der Schüler aus reichen Familien und den wenigen armen Knaben wird zum Spiegelbild der politischen Wirren im Land, die dann am 11. September 1973 im blutigen Putsch von General Pinochet zum Anfang einer Schreckensherrschaft führen. In der Freundschaft zwischen dem reichen Gonzalo und dem armen Machuca lassen sich autobiografische Züge des chilenischen Regisseurs Andrés Wood erkennen, der seinen Film »Machuca« dem Rektor der Schule, Pater Whelan widmet, den er von 1969–1973 als sozial engagierten Priester erlebt hat.
Die wunderbar-schwierige Freundschaft zwischen Machuca und Gonzalo wird geprägt vom gesellschaftlichen Klassenkampf, der unaufhaltsam auch das Leben der Jugendlichen beeinflusst und sie auseinandertreibt, obwohl sie voller Hoffnung sind, dass es bei ihnen anders sein wird. Ein starker, eindrucksvoller Film, in dem deutlich wird, dass auf dem Weg zum Frieden in Gerechtigkeit Konflikte unvermeidbar sind und eine Parteinahme sich aufdrängt. Wer schweigt, sagt Ja zum Bestehenden!
Nach dem Putsch, der zum Suizid des Präsidenten Salvador Allende führt, müssen nicht nur die Kinder aus den armen Vororten die Privatschule verlassen, sondern auch die aufgeschlossenen Padres, die sich auf die Seite der Kleinen stellen. Diese Konfrontation verdichtet sich in den Schlussszenen dieses bewegenden Films: Der

entlassene Priester McEnroe betritt die Kapelle und er unterbricht den Priester, der Pinochet unterstützt, während seiner Predigt. Er geht zum Tabernakel, wo die geweihten Hostien aufbewahrt sind. Voller Verzweiflung isst er alle Hostien auf und sagt unter Tränen: »Dies ist kein heiliger Ort mehr. Gott weilt nicht mehr hier!«

Eine mystische Spiritualität ist eine Spiritualität der Konfliktfähigkeit, die auch inspiriert ist vom konfliktfähigen Friedensweg Jesu. Er hat viele Konflikte gewagt, im engsten Familien- und Freundeskreis, in der Auseinandersetzung mit seiner jüdischen Religion, in der Konfrontation mit den römischen Besatzern und vor allem in seiner zeichenhaften Parteinahme für die Menschen am Rande. Darum ist für mich der Film »Das Erste Evangelium – Matthäus« des genialen italienischen Regisseurs Pier Paolo Pasolini aus dem Jahre 1964 immer noch der glaubwürdigste Film über das Leben und Wirken Jesu. Darin verdichten sich die sozialen Aspekte der Botschaft Jesu, die in seiner Bergpredigt unmissverständlich zu einem leidenschaftlichen Glauben führen. Diese Grundhaltung findet sich bei vielen Mystikerinnen und Mystikern, exemplarisch verdichtet in den Worten der Mystikerin der Straße, Madeleine Delbrêl (1904–1964), die als Sozialarbeiterin in einem Vorort von Paris betont: »Lernen wir, dass es nur eine einzige Liebe gibt: Wer Gott umarmt, findet in seinen Armen die Welt. Wer in seinem Herzen das Gewicht Gottes aufnimmt, empfängt das Gewicht der Welt.«

Sich einmischen: Birgitta von Schweden

Birgitta von Schweden (1302/3–1373) wurde durch Papst Johannes Paul II. zusammen mit Caterina von Siena und Edith Stein zur »Mitpatronin von Europa« ernannt. Zu Lebzeiten ist sie als Schwedin viel unterwegs in Europa, auch auf Pilgerfahrten nach Santiago de Compostella und Jerusalem, und sie lebt fast ein Vierteljahrhundert in Rom. Sie kämpft als selbstbewusste Frau für Gerechtigkeit und Gleichberechtigung, nicht als Revolutionärin, sondern in den begrenzten Strukturen ihrer Zeit.

Ihre mystische Begabung drückt sich durch eine große visionäre Ausdruckskraft aus, die zu einem außerordentlichen schriftstellerischen Werk führt. Sie ist in einem intensiven Gespräch mit Christus und Maria, die ihr wichtige Botschaften mitteilen, die sie nicht für sich behalten kann. Anfeindungen bleiben ihr nicht erspart. Sie ist dadurch gezwungen, sich vielen Konflikten zu stellen. Ihre persönlichen Offenbarungen fordern damals wie heute einen kritisch-wachsamen Umgang. Sie sind natürlich sehr zeitbedingt und können nicht eins zu eins in die heutige Zeit übertragen werden.

Sie müssen hinterfragt werden, weil sie viel Anmaßendes beinhalten. Sie können eine gefährliche Schlagseite haben, die Schlagseite des Fanatismus und der einengenden und intoleranten Überzeugung, besser zu wissen, was für andere gut ist. Diese Gefahr, die einem Fundamentalismus Tür und Tor öffnet, muss uns bewusst sein im Vertiefen von mystischen Texten. In der hervorragenden neuen Biografie zu Birgitta von Schweden von Günther Schiwy wird diese Gratwanderung

offengelegt, damit wir nicht an den Worten haften, sondern in den Geist einer kämpferischen Konfliktfähigkeit und Versöhnungsbereitschaft eintreten.
So kann ich trotz vieler Bedenken in Birgitta eine Verbündete finden im Entfalten einer Spiritualität, die aus einem inneren Dialog heraus sich exponiert für Gerechtigkeit und Frieden. Ihre inneren Bilder entfernen sie nicht von den kulturellen, wirtschaftlichen und politischen Fragen, sondern sie fordern die Mystikerin und Visionärin heraus sich einzubringen. Sie schreibt unermüdlich dem Papst, der damals in Avignon residiert, er möge nach Rom zurückkehren. Sie kämpft für eine bessere Stellung der Sklavinnen und Sklaven und protestiert energisch im Namen Mariens gegen die sexuelle Ausbeutung von Frauen und Mädchen. Ihr Spürsinn für Gerechtigkeit fasziniert mich. Er wird auch durch ihren Vater und ihren Ehemann gefördert, da beide »Gesetzessprecher – Schützer des Gesetzes« sind.
Birgitta hat ein prophetisches Sendungsbewusstsein. Der Krieg zwischen England und Frankreich ist ihr ein Gräuel und sie sendet Briefe an beide Könige. Dies hat sicher auch mit ihrem Ursprung aus dem königlichen Geschlecht der Folkungar zu tun und mit ihrer Heirat mit dem adligen Ulf. Acht Kinder sind den beiden geschenkt. Hochzeiten sind zur damaligen Zeit in der Regel keine Liebesheiraten, sondern gut kalkulierte Interessenspolitik, um auch durch viele Kinder die Familienmacht zu stärken.
In den Schriften von Birgitta wird auch schmerzvoll sichtbar, wie über der ehelichen Lust ein Fluch liegt. So sagt sie später ihrer Tochter Katharina, dass sie »nicht aus begehrlicher Lust, sondern des väterlichen Willens wegen«

vermählt worden sei und sie lieber gestorben wäre. Denn ein heiligmäßiges Leben war in dieser Zeit nur als Jungfrau oder als Witwer möglich. So leiden beide Ehepartner unter dem Verdikt, lustlos zeugen zu müssen. Eine Tragik, von der auch heute noch viele ältere Ehepaare erzählen können.

Es erstaunt nicht, dass ihr Gatte Ulf 1342 in das Zisterzienserkloster Alvastra eintritt und dort nach zwei Jahren stirbt. Birgitta wohnt während dieser Zeit mit dem Sohn Bengt im Gästehaus des Klosters. Die anderen Kinder sind zum Teil in Klosterschulen oder bei befreundeten Adelsfamilien. Als ihr Sohn Bengt 1344 zwanzigjährig stirbt, fühlt sie sich frei für ihre klösterliche Berufung. Sie gründet sogar einen eigenen Orden, die Birgittinerinnen. Ihre Tochter Katharina ist während 23 Jahren ihre ständige Begleiterin. Beide leben in Rom und sie setzen sich ein für die endgültige Bestätigung der Ordensregel, die Katharina erst fünf Jahre nach dem Tod ihrer Mutter erhält. Ab 1380 leitet sie dann als erste Äbtissin das Birgittenkloster in Vadstena.

Der spannende Lebensweg von Birgitta kann viel Befremden auslösen. Ich entdecke hinter dem leibfeindlichen, einengenden Zeitgeist trotzdem eine ermutigend innovative Kraft. Die Kraft eines Gottvertrauens, das zum Selbstvertrauen bewegt, um in Konfliktfähigkeit einen Weg der Gerechtigkeit und der Gleichberechtigung von Frau und Mann zu wagen.

Aufmerksam sein: Simone Weil

Simone Weil (1909–1943) ermutigt uns zur Aufmerksamkeit. In ihren französischen Texten spricht sie immer wieder von der »attente«. Ein Wort, das sich schwer übersetzen lässt, wörtlich meint es »Warten, Erwarten«. Es bedeutet allerdings nicht »abwarten« oder »voller Erwartungen sein«, sondern mit größter Aufmerksamkeit, Sammlung, Konzentration und Offenheit im gegenwärtigen Augenblick sein: »Zwanzig Minuten einer beharrlichen Aufmerksamkeit sind von unendlich viel größerem Wert als drei Stunden jenes verbissenen Fleißes mit gerunzelten Brauen, der uns hinterher mit dem befriedigten Gefühl der Pflichterfüllung sagen lässt: Ich habe tüchtig gearbeitet«, schreibt die tiefsinnige Philosophin, die ein Leben lang eine Einheit von Denken und Handeln gesucht hat.

Simone Weil ist als Kind wohlhabender jüdischer Eltern in Paris geboren und hatte schon in jungen Jahren die Gabe, sich den Armen, Unterprivilegierten und Arbeitern zuzuwenden. Sie entfaltet ein großes Mitgefühl mit diesen Menschen und eine beharrliche Konfliktfähigkeit. Intellektuell ist sie sehr begabt und manuell eher ungeschickt. Sie ist nicht nur eine faszinierende Philosophielehrerin an verschiedenen Gymnasien, sondern sie arbeitet als Hilfsarbeiterin in verschiedenen Fabriken, nimmt teil an Arbeiterstreiks, engagiert sich gewerkschaftlich und begibt sich während des spanischen Bürgerkriegs freiwillig nach Barcelona. Ihren Hunger und Durst nach dem Absoluten will sie nicht nur gedanklich vertiefen, sondern im konkreten Alltag. Mit ihrer Radikalität geht sie an die Grenze des Möglichen und überfordert sich dabei sehr oft.

Grenzgängerin bleibt sie auch auf ihrer religiösen Suche. Ihre jüdischen Wurzeln verdrängt sie leider, als junge Frau weicht sie der Gottesfrage ganz bewusst aus, weil sie »nicht lösbar« ist. Während eines Urlaubs mit ihrer Mutter in Italien hat sie auf den Spuren des Franz von Assisi, der sie wegen seiner radikalen Liebe zur Armut und zur Schöpfung beeindruckt, eine tiefe Christusbegegnung, die ihr Leben verwandelt. Sie entdeckt das Neue Testament, die Mystiker und liest auch die heiligen Bücher des Hinduismus, die Bhagavadgita – um sie im Original lesen zu können, lernt sie »natürlich« Sanskrit!

Jean-Marie Perrin, ein fast blinder Dominikanerpater, wird ihr Gesprächspartner, mit dem sie in aller Offenheit über ihre Suche sprechen kann und dem sie auch mitteilt, warum sie sich ganz bewusst nicht taufen lässt. Ihre Verwurzelung in Christus stärkt ihre Kraft, all diese unglaublichen Gegensätze und Konflikte auszuhalten. Wenn sie kurz vor ihrem Tod Pater Perrin schreibt, man solle die Aufmerksamkeit nicht auf ihre Person, sondern auf ihr Werk richten, dann verdichtet sich darin auch all das Widersprüchliche, das zum Leben gehört.

Mystische Biografien dürfen nicht nachgeahmt werden, das wäre fatal! Bei Simone Weil ist dies offensichtlich. Sie hat eine philosophische Mystik gelebt und atemberaubende Texte geschrieben. Ihr Umgang mit sich selbst, mit ihrer Weiblichkeit, mit ihrem Leib hat viel Befremdendes. Dorothee Beyer fragt zu Recht in ihrer hervorragenden Biografie von Simone Weil, ob Magersucht einer der Gründe für die Verdrängung ihrer Sexualität ist. Hohe Ideale mit ihren Schattenseiten sind ganz nahe im Leben: Simone Weil hungert aus echter Solida-

rität und mit vielen fragwürdigen Aspekten. Sie stirbt jung an Folgen von Unterernährung und Lungentuberkulose in Ashfort/Kent, wo sie auch begraben ist.
Wie jede echte Mystikerin bleibt sie nicht bei ihrer eigenen Ergriffenheit stehen, sondern sie spricht jedem Menschen die Fähigkeit zu, das Wesentliche zu erkennen: »Nach Monaten innerer Verfinsterung empfing ich plötzlich und für immer die Gewissheit, dass jedes beliebige menschliche Wesen, selbst wenn es so gut wie gar keine natürlichen Fähigkeiten besitzt, in dieses dem Genie vorbehaltene Reich der Wahrheit eindringt, sobald es nur die Wahrheit begehrt und seine Aufmerksamkeit in unaufhörlicher Bemühung auf ihre Erreichung gerichtet hält.« Diese innere Ausrichtung konkretisiert sich durch die Aufmerksamkeit für das Alltägliche, das sich auch in der Bereitschaft zum Austragen von Konflikten ausdrückt.
Simone Weil ermutigt mich, aus den tiefen Quellen zu schöpfen, mit Vernunft und Angerührtsein, um Kraft zu schöpfen für einen unbequemen Einsatz auf der Seite der Verliererinnen und Verlierer unserer Welt. Imelda Abbt, eine begabte Kennerin des Werkes von Simone Weil, hat ihre Lebensgrundhaltung treffend zusammengefasst: »Man muss sich mit Ewigem beschäftigen, um aktuell zu sein.«

Unermüdlich Frieden schaffen: Thomas Merton

Thomas Merton (1915–1968) schreibt als Trappistenmönch nicht nur über 60 Bücher, sondern verfasst auch Protesterklärungen gegen die Politik der amerikanischen Regierung, gegen Krieg und Aufrüstung. Je mehr er in die Kraft der Stille eintritt, umso mehr mischt er sich ein und protestiert gegen die wirtschaftliche Ungerechtigkeit. Je mehr er Christ wird, umso mehr sucht er das Verbindende mit anderen Religionen, vor allem mit dem Buddhismus. So sagt er über den buddhistischen Mönch und Zen-Meister Thich Nhat Hanh, ein international engagierter Friedensaktivist aus Vietnam, der seit 1973 in einer buddhistischen Ordensgemeinschaft in Frankreich lebt: »Thich Nhat Hanh ist mein Bruder. Wir sind beide Mönche, und wir leben beide etwa gleich lange in einer klösterlichen Gemeinschaft. Wir sind beide Dichter und Existenzialisten. Mich verbindet weitaus mehr mit Nhat Hanh als mit vielen Amerikanern.« Worte, die er schreibt während des gemeinsamen Friedensengagements angesichts der Katastrophe des Vietnamkrieges.
Die Eltern von Thomas Merton sind beide Künstler, er verliert sie und seinen einzigen Bruder sehr früh, was ihn die Heimatlosigkeit des Lebens erfahren lässt. Drei Jahre nach seinem Studium der englischen Literatur wagt er sich in die Radikalität des Trappistenklosters Gethsemani in Kentucky, um auch bei sich selbst, in Gott zu Hause sein zu können. 1948 – mit 33 Jahren! – veröffentlicht er seine spirituelle Reise in seiner Autobiografie »Der Berg der sieben Stufen«, die zum Bestseller wird. Er wird weltweit berühmt.

»Heilig werden heißt ich selbst werden«, ist eines seiner Lebensmotive, das sich auch in seiner Konfliktfähigkeit ausdrückt, die vor allem in seinen vielen Briefen aufscheint. Da begegne ich einem ehrlichen Menschen, der seine Zweifel, seine internen Auseinandersetzungen im Kloster, seine Kritik an der Kirche und sogar sein Verliebtsein mit 50 Jahren nicht versteckt. Sein Leben und Wirken befreit uns alle, die Angst vor unseren Stärken zu verwandeln. Er umschreibt diese zentrale Lebensaufgabe so: »Vielleicht bin ich stärker, als ich denke. Vielleicht fürchte ich mich vor meiner Stärke und wende sie gegen mich selbst, um mich selber schwach zu machen. Vielleicht fürchte ich am meisten die Stärke Gottes in mir.«

Die Begegnung mit der »Stärke Gottes in mir« ist nicht nur – wie viele meinen – ein innerer Halt, ein Aufgehobensein, sondern auch ein Überwältigtsein, ein Erschrecken, ein Kampf. Darum findet sich auch in mystischen Schriften das Motiv des Kampfes zwischen Jakob und Gott, wie es im ersten Buch der Bibel, in Genesis 32,23–33, aufgeschrieben ist. Jakob verlässt hinkend diese Begegnung, was schon Papst Gregor den Großen (540–604) schreiben ließ: »In uns, die wir ehemals, gleichsam auf beiden Füßen stehend, Gott suchen und zugleich an der Welt festhalten zu können meinten, bleibt nach der Erkenntnis von Gottes Süßigkeit der eine Fuß gesund, während der andere hinkt.« Diese tiefsinnige Lebensweisheit will ich verinnerlichen, indem ich mich alltäglich verabschiede von der lebensuntauglichen Einseitigkeit, nur »Gottes Süßigkeit« zu erfahren. Sie wird mir noch mehr geschenkt, wenn ich auch der Härte und dem Dunkel dieser Welt nicht ausweiche.

Thomas Merton hat dies in seiner selbstkritischen Art und Weise aufgezeigt. Er schreibt in einem seiner vielen Tagebücher: »Die Welt ist schrecklich, Menschen fallen entzwei und sterben vor Hunger und erfrieren und fahren in Verzweiflung zur Hölle, und ich sitze hier mit einem silbernen Löffel in meinem Mund, schreibe Bücher, und jedermann sendet mir Fanpost und sagt mir, wie wunderbar es von mir ist, so viel aufzugeben. Und was, so möchte ich sie fragen, habe ich denn aufgegeben außer Kopfschmerzen und Verantwortung?« Diese Bereitschaft zu einer inneren Konfliktfähigkeit verbindet mit der Seite der Zerrissenheit, die alle ehrlichen Menschen kennen. Das authentische Eingestehen von Zweifeln ist auch ein Versöhnungszeichen, weil mir dadurch aufgezeigt wird, wie ich mich mit meiner Ambivalenz versöhnen kann, um nicht Krieg gegen mich selbst zu führen. Die Annahme jeglicher Verwirrung, die ein Leben lang zu uns gehört, ist für den Trappistenmönch eine Chance für eine »geistliche Schwangerschaft, die zu einer mystischen Neuwerdung führt«.

Diese innere Einsicht ist entscheidend auf einem mystischen Weg, um glaubwürdig sich weltweit für den Frieden ein- und aussetzen zu können. Thomas Merton wehrt sich, wenn Meditation als narzisstischer Rückschritt verschrien wird. Das Eintauchen in das Schweigen ist für ihn genau das Gegenteil, nämlich »ein vollständiges Erwachen von Identität und enger Beziehung«. Der Dichtermönch erfährt eine tiefere Verbundenheit mit allem im staunenden Verweilen in der Schöpfung, weil für ihn die Vögel, der Himmel und der Wind in den Bäumen Gebet ist.

Gebet ist für ihn auch das Aushalten von Spannungen, es ist »Friede und Kampf in der Stille, und Glaube ist unendlich mehr als sich blindlings zu verteidigen mit einigen Schlagworten«. Diese innere Freiheit bewegt ihn zum Engagement für eine friedvollere Welt, das sich in einer Spiritualität der Konfliktfähigkeit ausdrückt. Im Hineinwachsen in jenes Urvertrauen, das zur Selbstannahme führt, weil Kritik, verschiedene Meinungen und gemeinsames Ringen zu einem inneren Weg gehören. Ein Friedensweg, der beginnt mit der Aufhebung der Trennung von Gott und Mensch. Ein Versöhnungsweg, der die Konkurrenz zwischen dem Willen Gottes und dem Willen des Menschen entlarvt, damit unsere Lebenskräfte fließen können, zum eigenen Wohlbefinden und zum tatkräftigen Friedenskampf.
Thomas Merton bestärkt mich dazu mit seinen klaren Worten: »Einer Sache bin ich mir sicher. Mein Leben muss eine Bedeutung haben. Diese Bedeutung entspringt einer schöpferischen und intelligenten Harmonie zwischen meinem Willen und dem Willen Gottes – eine Klärung durch die richtige Tat.«

Gewaltfreier Widerstand: Martin Luther King

Martin Luther King (1929–1968) ist ein Mystiker der Gewaltlosigkeit. Seit meiner Jugendzeit ist sein Lebenswerk für mich wegweisend. Seine Kraft des Träumens von einer Welt, in der seine vier Kinder und mit ihnen alle Menschen nicht nach der Hautfarbe, sondern nach ihrem Charakter angeschaut werden, ist bis heute aktuell. Seine Verwurzelung in einen Gott des Friedens und der Gerechtigkeit bewegt ihn zur Konfliktfähigkeit, zum Kampf. Ein Kampf, der auf der hohen Ebene der Würde eines jeden Menschen und der Disziplin geführt wird, damit »ein schöpferischer Protest nicht zu physischer Gewalt herabsinkt«.

Die Bergpredigt Jesu und die Methode der Gewaltlosigkeit von Mahatma Gandhi prägen ihn sehr. Er verdankt Gandhi die Einsicht, dass ein gewaltfreier Widerstand wirksam ist. Er schreibt von ihm: »Gandhi war wahrscheinlich der erste Mensch in der Geschichte, der Jesu Ethik von einer Liebe über eine bloße Wechselwirkung zwischen einzelnen Menschen hinaus zu einer wirksamen sozialen Macht in großem Maßstab erhob. Für Gandhi war die Liebe ein mächtiges Instrument für eine soziale und kollektive Umgestaltung. In seiner Lehre von der Liebe und Gewaltlosigkeit entdeckte ich die Methode für eine Sozialreform, nach der ich schon viele Monate gesucht hatte.« Wer sich auf das Wesentliche im Leben besinnt und es auch durch sein Handeln verwirklichen will, der lässt sich nicht durch die Verschiedenheiten der religiösen Ausdrucksformen einengen und behindern, sondern der findet das Verbindende.

Mystische Menschen lassen ihre tiefe göttliche Friedenskraft freilegen, um in entschiedener Freiheit gegen den Strom schwimmen zu können. Ist Martin Luther King wirklich ein Mystiker? Mystikerinnen und Mystiker sind für mich Menschen, die auch mitten im Alltag ein unmittelbares Bewusstsein der Gegenwart Gottes erfahren. Im Mystikbuch von Dorothee Sölle habe ich das Küchentisch-Erlebnis von Martin Luther King entdeckt, das von seiner mystischen Erfahrung erzählt: Er lebt in einem Zustand der großen Angst. Er und seine Frau Coretta erhalten per Telefon unzählige Morddrohungen, die erfüllt sind von Hass und Obszönitäten. In dieser lebensbedrohlichen Situation überlegt er beim Kaffeetrinken am Küchentisch, wie er Montgomery verlassen könnte. Er will fliehen, um verständlicherweise sein Leben zu retten. In dieser dunklen Stunde der Ungewissheit und der Zweifel hört er auf einmal diese innere Herzensstimme, die seine Angst verwandelt. »Es schien in diesem Augenblick, dass ich eine innere Stimme hören konnte, die sagte: Martin steh auf für ihr Recht! Steh auf für Gerechtigkeit! Steh auf für Wahrheit! Und siehe, ich will bei dir sein, bis zum Ende der Welt. Ich hörte die Stimme Jesu, die mir auftrug weiterzukämpfen. Fast plötzlich verließ mich die Angst. Meine Ungewissheit verschwand. Ich war bereit, allem ins Auge zu sehen. Freiwillig übernommenes Leid hat eine verändernde Kraft«, schreibt er später in seinem Tagebuch.

Diese Worte berühren mich zutiefst. Sie zeigen mir, was echte Mystik ist: ein tiefes Angerührtsein, ein Angesprochensein, ein Erfülltsein, das zu einer verändernden Kraft wird, die uns über uns selbst hinauswachsen lässt zu einem mutigen Engagement. Wir alle können uns eine mystische Lebensgestaltung aneignen, wenn wir den Mut haben, unsere ureigenen Erfahrungen des Aufgerichtetseins, des Verwandeltseins, des mutigen Aufbruchs in Verbindung zu bringen mit dem Urgrund unseres Lebens, dem tiefen Lebensgeheimnis – ich erfahre es als Christuskraft –, das uns bewohnt und uns verbindet mit allen. Mag uns unser Leben auch noch so unscheinbar und alltäglich erscheinen, wir können in ihm die göttliche Spur erkennen, die zum inneren Frieden und zum Aufstand für Gerechtigkeit bewegt. Dadurch kann sich mein Leben verändern und meine Konfliktbereitschaft wachsen, weil ich ein tiefes Eingebundensein erahne, von dem auch Martin Luther King spricht: »Ungerechtigkeit an irgendeinem Ort ist eine Gefahr für die Gerechtigkeit überall auf der Welt. Wir sind eingeschlossen in einem unentrinnbaren Netzwerk der Gegenseitigkeit, sind gekleidet in ein Gewand der gemeinsamen Zukunft.«

Der dritte Weg

»Dieses Gebot, dieses wahnwitzige, abartige Gebot der Liebe zu den Feinden, es ist dazu angetan, die Menschen zu brechen, ihnen allen Mut und alles Selbstvertrauen zu rauben und sie geschmeidig zu machen in den Händen der Tyrannen, damit sie nicht die Kraft finden mögen, gegen sie aufzustehen, wenn nötig mit Waffen«, sagt der portugiesische Arzt Amadeu Prado im hervorragenden Roman »Nachtzug nach Lissabon« des Berner Philosophieprofessors Pascal Mercier. Er spiegelt dadurch jene krank machende Opferideologie, die leider zum Teil immer noch als wesentliche Aussage des christlichen Glaubens dargestellt wird. Dabei ist das Christentum eben keine Opferreligion, wie dies Eugen Biser, der 89-jährige emeritierte Professor für Christliche Weltanschauung und Religionsphilosophie an der Universität München, unermüdlich in all seinen Büchern betont. Für ihn ist das Christentum keine asketische, sondern eine therapeutisch-mystische Religion, weil Gott uns bedingungslos liebt.

Es ist für Eugen Biser eine Tragik, dass der Tod Jesu als von Gott verlangtes Sühneopfer gedeutet wird. Er spricht mir aus dem Herzen. Schon als Jugendlicher spürte ich eine Revolte, wenn ich hörte, dass Gott die Welt so sehr geliebt hat, dass er seinen Sohn für uns hingab. Solche Worte sind für mich weder erlösend noch ein Zeichen von Liebe, sondern Quelle unzähliger Missverständnisse. Sie können Präsidenten – auch Präsidentinnen – legitimieren, ihre Söhne und Töchter im Krieg zu opfern, wie dies zum Beispiel im grausamen Irakkrieg schmerzlich aufscheint. Jesus ist für mich nicht aus blindem Gehorsam in der Opferrolle geblieben. Darum könnte ich nie beten: »Gott, nimm gnädig dieses Opfer an.« Genau das Gegenteil ist geschehen. Jesus ist immer mehr im Einssein mit dem Urgrund allen Lebens über sich selbst hinausgewachsen, um aus tiefer Überzeugung, mehr noch aus Liebe, sich ein- und auszusetzen für das lebensbejahende Ideal der Gewaltfreiheit.

Jesus leistete Widerstand, dem Leben zuliebe, und war nicht stumm wie ein Lamm, das sich abschlachten ließ, sondern voll innerer Lebenskraft. So zeigt er uns auf, dass die Spirale der Gewalt durchbrochen werden kann. Neben dem Sich-Ducken und dem Zurückschlagen gibt es einen dritten Weg. Den Weg des gewaltfreien Widerstandes, um sogar im Aufschrei versöhnend mit seinen durch-kreuzten Lebensplänen umgehen zu können. Ein Versöhnungsweg, auf dem ich Zorn und Härte spüre, um sie besser lassen zu können – was jahrelang dauern kann.

Darum bin ich so leidenschaftlich gerne Christ, weil ich in der Lebensschule Jesu lerne, dass ich in einem leidenschaftlichen Leben immer auch Feinden begegnen werde. Dies setzt Jesus voraus in seiner befreienden Zumutung, sogar die Feinde zu lieben (Matthäus 5,43–48). Echte Feindesliebe, echte Versöhnung beginnt im Wahrnehmen und Benennen der Ungerechtigkeit, um sich er-lösen zu lassen vom Gefangensein in lebensbehindernden Emotionen. In der Feindesliebe gestehe ich sogar dem Feind einen Sinneswandel zu, eine Bereitschaft zur Verwandlung und zur Wiedergutmachung.
Im Weg Jesu begegne ich einer Spiritualität der Konfliktfähigkeit, damit echter Friede in Gerechtigkeit eine Chance erhält. Diese Grundhaltung entdecke ich auch in all den Heilungsgeschichten. Jesus bestärkt Frauen und Männer, sich von ihrer Opferrolle zu verabschieden, im Eingestehen von Verletzungen und Blockierungen und im Erwecken der heilenden Kräfte, die in unserer Tiefe immer schon auf uns warten. Jesus befreit enttäuschte, entrechtete Menschen zu sich selbst, damit sie solidarisch werden können und damit die Selbstliebe, Nächsten- und Gottesliebe nicht mehr voneinander getrennt werden. Es bedeutet, das Geheimnis der Menschwerdung Gottes nicht nur im Leiden, Sterben und Auferstehen Jesu zu erkennen, sondern in seinem ganzen Leben, in seiner Lebensfreude und in seiner Liebe.
Elisabeth Moltmann-Wendel, eine der Gründermütter der Feministischen Theologie, fasst diese belebende Glaubenssicht eindrücklich zusammen: »Das Bild des Vaters, der – nach paulinischer Version – seinen Sohn preisgibt und ihn dem Kreuzestod ausliefert, habe nach Ansicht einiger feministischer Theologinnen dazu bei-

getragen, das Bild von väterlicher Gewalt zu rechtfertigen. Wichtig scheint mir auf jeden Fall, dass Theologie nicht mehr Leiden verherrlichen und Frauen zur Hinnahme von Leiden und Gewalt anstiften darf. Wichtig scheint mir ferner zu sein, dass die traditionelle Opfer-Theologie, die in Jesu Geschichte den Opfergang sieht, ersetzt wird durch eine Darstellung seiner aktiven Hingabe an das Leben, sodass nicht nur Kreuz und Tod Hauptthemen der Christologie sind, sondern das Leben Jesu wieder einen neuen Akzent bekommt und zum Leben ermutigt.«

Wir brauchen diese neue Sicht auf das ganze Leben und Wirken Jesu, damit wir befreit werden zu einer ansteckenden Lebensfreude und zu einer lebensbejahenden Konfliktfähigkeit. Gesunde Beziehungen brauchen Konflikte, die Verletzungen und Missverständnisse beinhalten können. Diese Haltung ermutigt dazu, sich zu verabschieden von einem strafenden und kontrollierenden Gott, der uns mit Liebesentzug droht, wenn wir nicht brav sind, um jenen kämpferisch-leidenschaftlichen Gott neu zu entdecken, wie er in Jesus sichtbar geworden ist. Dies heißt allerdings auch die dunkle, geheimnisvolle Seite Gottes nicht abzuspalten.

Der Theologe und Psychoanalytiker Dieter Funke warnt vor einem »halbierten Gott« und plädiert für eine heilende Seelsorge, in der die chaotischen und amoralischen Wünsche des Menschen nicht verteufelt werden, was zu ihrer Verdrängung oder Abspaltung führt. Wir können sie sogar wachhalten oder akzeptieren, im Wissen um deren Aufgefangensein in Gott. Dieter Funke schreibt: »Solange gläubige Selbsthingabe und psychologische Selbstwerdung als Gegensatz verstanden werden, produziert Seelsorge eine Menge psychischen Leids.« Darum brauchen wir eine Spiritualität der Konfliktfähigkeit, damit wir heilend und versöhnend unterwegs sein können im Aushalten und Verwandeln der eigenen Widersprüchlichkeiten, die uns zu einem Versöhnungszeichen werden lässt.

Mystische Menschen finden zu sich selbst, zum inneren Friedensort, wo sie einfach sein dürfen. Sie sprechen sich selbst Anerkennung zu und lassen sich von anderen und von Gott Anerkennung schenken. Sie finden einen beziehungsfördernden Zugang zu Konflikten und zur Kritik, die zu jedem echten Versöhnungsweg gehören. Sie lassen sich innerlich anrühren von der Friedenskraft Gottes, die zum aufrechten Gang befreit. Sie stellen sich ganz bewusst auf die Seite von Minderheiten, im Akzeptieren von Ohnmachtserfahrungen, die ihre Stärke bezeugen. Sie suchen gewaltfreie Lösungsansätze im Benennen von persönlichem und strukturellem Unrecht. Sie suchen Verbündete, die miteinander einen Versöhnungsweg wagen, gestärkt im Vertrauen, dass Christus jeden Tag »unsere Schritte lenkt auf dem Weg des Friedens« (Lukas 1,79).

Du
stärkst meine Versöhnungskraft
die mich er-löst von einengenden
Ansprüchen
zu einem authentischen Dasein

Du
erfüllst uns mit innerer Freiheit
die uns konfliktfähig werden lässt
im Kampf für Frieden in Gerechtigkeit

Du
nährst mein Urvertrauen
in die Verwandlungskraft aller Menschen
im Aussprechen von Anerkennung und Kritik

Du
bist unser Friedensgrund
wesentlich gegenwärtig
in meiner allerinnersten Mitte

Du
richtest uns innerlich auf
zur Parteinahme für die Kleinen
in denen wir dir besonders begegnen

Du
lenkst unsere Schritte
Tag für Tag
auf unserem gemeinsamen Friedenspfad

7 Genieße das Leben
mit allen Sinnen –
vertiefe die spirituelle Kraft
deiner Sexualität

Mystik der Erotik

»Alle Filme, die ich mache, sprechen von der Notwendigkeit, sich zu öffnen, vom Bedürfnis zur Kommunikation auf einem tieferen Niveau, damit das Verbot aufgehoben wird, schwach sein zu dürfen«, sagt der polnische Filmregisseur und Drehbuchautor Krzysztof Kieslowski (1941–1996), den ich sehr schätze. Ich schaue mir seine Filme – seine Trilogie »Drei Farben: Blau – Weiß – Rot«, »Die zwei Leben der Veronika« und seinen großartigen zehnteiligen Filmzyklus zu den Zehn Geboten, »Dekalog«, – immer wieder an. Sie beinhalten eine große spirituelle Kraft, weil ich darin Menschen mit ihrer Feinfühligkeit und Abgründigkeit begegne. »Das Schwierigste ist für mich, die Einfachheit zu zeigen ... ich will mit meinen Filmen zeigen, was die Menschen im Innersten bewegt. Die Geschichten, die ich erzähle, sind auch in meinem tiefen Innersten«, erzählt Kieslowski zur Entstehung seiner Filme.
Drei Grundthemen tauchen in Kieslowskis Werken immer wieder auf: Kommunikation, Zufall und Liebe. Sie erinnern mich an die Art und Weise, wie der Jesuit Karl Rahner den Menschen als Person und Subjekt mit fünf Grundhaltungen beschreibt: als Wesen der Transzendenzfähigkeit, die über unser Selbst hinausweist – als Wesen der Verantwortung und Freiheit – als Person mit Geheimnisverwiesenheit – als Wesen der Interkommunikation – als Person der Weltlichkeit, Zeitlichkeit und Geschichtlichkeit.
Krzysztof Kieslowski ist fasziniert von der Idee, dass verschiedene Menschen von verschiedener Herkunft und an verschiedenen Orten dasselbe fühlen und denken. Dadurch wird sichtbar, was die Menschen tief verbindet. Diese tiefere Verbundenheit – eine Grundaussa-

ge der Mystik – entfaltet Kieslowski in seinen Filmen, indem er intensiv mit Licht und Schatten, mit der Wirkung der Sonne und der Farben spielt. Im Film »Die zwei Leben der Veronika« erhält dieses Eingebundensein Bilder. Kieslowski fasst die Grundidee dieses Films zusammen: »Ohne es zu wollen oder auch nur zu wissen, beeinflussen wir durch unser Dasein andere Menschen – im Guten und im Schlechten.« Dieses Vernetztsein drückt Irene Jacob intensiv aus in der Doppelrolle der polnischen Weronika und der französischen Véronique. Das Leben zweier Frauen, die einander zum Verwechseln ähnlich sind, wird zum Gleichnis der tieferen Verbindung unter uns Menschen. Eine Verbundenheit, die auch dank der eindrücklichen Musik seines Freundes und bevorzugten Komponisten Zbigniew Preisner ausgedrückt wird.
Krzysztof Kieslowski erkundet die innere Wirklichkeit des Menschen, indem er sie voller Sinnlichkeit ausdrückt. So wird in den Großaufnahmen der Gesichter die Schönheit der Menschen sichtbar, die auch trotz aller Widersprüchlichkeit durchscheint. Seine Filme strahlen für mich eine erotische Lebenskultur aus, wie sie der Philosoph und Theologe Christoph Quarch umschreibt: »Erotische Lebenskunst, erotische Bildung, erotische Kultur ist eine Steigerung der Sensibilität für das Schöne, eine Verfeinerung der erotischen Energie. Erotische Lebenskunst bedeutet, die Wahrnehmungsfähigkeit oder Empfänglichkeit für das Schöne zu steigern und in allem die göttliche Schönheit des Lebens zu erblicken.«
Ich will auch Krzysztof Kieslowski nicht vereinnahmen, sondern meine tiefe Dankbarkeit ausdrücken für seine Filme, die mir viele Fenster öffnen zu einer erotischen

Mystik, in der unser Leib und unsere Sinne nicht bekämpft werden, sondern zum Feiern der göttlichen Lebenskraft anstiften, die uns bewohnt und belebt. Jene schöpferisch-erotische Kraft, die mitschwingt in all unseren Begegnungen und die über uns hinausweist und uns zum Einsatz für die Menschenwürde und die Bewahrung der wunderschönen Schöpfung verpflichtet. In seinem Film »Drei Farben: Blau« wird dies auch »hautnah« spürbar durch die hervorragende Schauspielerin Juliette Binoche. Sie spielt eine Frau namens Julie, die einen Autounfall überlebt, bei dem ihr Mann, ein berühmter Komponist, und ihre Tochter ums Leben kommen. Die blaue Farbe durchdringt diesen intensiven Trauerweg, den Julie im Eintauchen ins Wasser im Schwimmbad durchlebt. Ein Eintauchen, das sie immer wieder neu zum Entscheid fordert, aufzutauchen in ihr durch-kreuztes Leben.

Eine erotische Mystik beflügelt zu einer geerdeten Liebe, die das Sterben nicht verdrängt. Ganz im Gegenteil, erst im alltäglichen Sterben unseres Egos werden wir befreit zu einer echten Liebe, deren Sinnlichkeit aus der Kraft der Ewigkeit genährt wird. Julie erwacht zu einer neuen Lebendigkeit, auch im Weiterarbeiten an der unvollendeten Komposition ihres Mannes, der Vertonung des Hohelieds der Liebe aus dem 13. Kapitel des ersten Korintherbriefes. Diese Lebenskraft lässt sich in den Filmen von Kieslowski entdecken als Einladung, die Schönheit des Lebens mit allen Sinnen und allen Dimensionen zu suchen und zu feiern, auch in den Momenten der Zerbrechlichkeit.

Eros als göttliche Kraft: Origenes

Origenes (185/6–254) hat als frühchristlicher Theologe und Mystiker die Geschichte der Mystik wesentlich geprägt. Der große Mystikkenner Hans Urs von Balthasar sagt treffend: »Origenes und seine Bedeutung für die Geschichte des christlichen Denkens zu überschätzen, ist kaum möglich. Es gibt in der Kirche keinen Denker, der so unsichtbar-allgegenwärtig geblieben wäre wie Origenes.« Dies zeigt sich auch in seinem Hoheliedkommentar. Er interpretiert drei Stellen aus dem biblischen Hohelied der Liebe aus dem Ersten Testament, die voll von erotischer Symbolik sind: die Wunder der Liebe (Hohelied 2,5), der Kuss der Liebe (Hld 1,2) und die Umarmung (Hld 2,6).

Origenes wird zum Vorreiter der christlichen Mystikerinnen und Mystiker, die die erotische Sprache für den geeignetsten Weg sehen, um die leidenschaftliche Gottessuche und -liebe auszudrücken – obwohl sich bei ihm leider auch frauenfeindliche Worte finden. Mystikerinnen und Mystiker wagen eine Gratwanderung, die wir auch sprachlich nicht einfach kopieren können! Nebst vielen leibfeindlichen Tendenzen und fragwürdigen Projektionen, denen sie als zölibatäre Menschen nicht ausweichen können, sehe ich hier trotzdem eine wichtige Spur, um Sexualität und Spiritualität miteinander zu versöhnen. Dorothee Sölle bestätigt mich mit ihrem Plädoyer der Untrennbarkeit von himmlischer und irdischer Liebe: »Die Fülle der erotisch geprägten Bilder in der hoch- und spätmittelalterlichen Mystik ist überwältigend. Auf dem Weg der Seele von der Annäherung bis zum Beilager gibt es Spielen, Kosen, Kleiderablegen,

Sich-Entblößen, Eindringen, Küssen in den verschiedenen Formen von Abküssen des Kreuzes oder einzelner Glieder bis zum Zungenkuss.«

Diese leidenschaftliche Maßlosigkeit – vor allem in der weiblichen Brautmystik – kann befremdend wirken. Eine mystische Spiritualität interpretiert und aktualisiert diese wichtigen Erfahrungen, auch mit heutigen psychologischen Erkenntnissen. Alle Bilder mit Vereinigungswünschen und -erfahrungen haben ihre sexuell-ekstatische Dimension. Doch es ist zu kurzschlüssig, sie auf den sexuellen Trieb oder auf den Ersatz für ungelebtes Leben zu reduzieren. Sie erzählen von der großen Sehnsucht und von der einmaligen Würde von uns Menschen, damit die Liebesfähigkeit in allen Dimensionen entfaltet werden kann, in der Selbst-, Nächsten- und Gottesliebe.

Diese Sicht belegt auch Bernhard McGinn, Professor für Kirchengeschichte an der Universität Chicago in seiner mehrbändigen Geschichte der christlichen Mystik. Er schreibt: »Die Mystiker wollten den Eros weder abwerten noch idealisieren; ihre Absicht war, ihn durch Rückführung auf seine ursprüngliche Form zu transformieren.« Er beruft sich dabei auf die eindrücklichen Worte der Mystikerin Simone Weil (1909–1943), die betont, »den Mystikern vorzuwerfen, dass sie die Gottesliebe mit der Fähigkeit sexueller Liebe verbinden, ist so, wie wenn man einem Maler den Vorwurf macht, dass er Bilder mit Farben malt, die aus materiellen Substanzen bestehen«.

Eros wird für Origenes nicht nur in zwischenmenschlichen Beziehungen erfahren, sondern Eros ist für ihn – wie für Platon – eine himmlische Macht. Er verchristlicht den platonischen Eros in einer kühnen Wendung: Gott selbst muss Eros sein, wenn der in uns angelegte Eros das ist, was uns zu Gott zurückführt. Er verweist auf die verschiedenen Umschreibungen von Liebe in der griechischen Sprache – Agape, Eros und Philia. Agape finden wir im ersten Johannesbrief 4,8 in der wunderschönen Aussage: »Gott ist die Liebe.« Origenes setzt die andere Deutung, »Eros«, diesem Wort gleich: »Ich denke nicht, dass man getadelt werden kann, wenn man Gott leidenschaftliche Liebe nennt (Eros/Amor), wie auch Johannes ihn Liebe (Agape/Caritas) nennt.« Dies bedeutet für Origenes, dass wir beim Lesen des Wortes »Liebe« in der Bibel an beide Dimensionen, Agape und Eros, denken müssen.

Die Aufhebung dieser Trennung ist höchst aktuell für eine Mystik der Erotik. Sie ereignet sich in der Verwandlung unseres Begehrens. Begehren gehört zu unserem Menschsein. Damit es nicht zur Begierde wird und wir im Habenwollen, im Objektdenken stecken bleiben, brauchen wir eine Kultivierung unserer sexuellen Kraft. Das bedeutet, Worte zu finden für das Unsagbare, damit die spirituelle Kraft in Sinnlichkeit, Lust, Berührung, Schmerz, Leidenschaft, Ekstase entdeckt wird.

Je mehr wir dankbar Gottes wunderbares Geschenk der sexuellen Energie in unser Leben integrieren, umso mehr können wir auch zu unserer Tendenz des Habenwollens stehen. So wird das lustvoll-zärtliche Gestalten unserer Sexualität zum Gebet, weil wir in all den Momenten des Aufgehobenseins jene göttliche Nähe erahnen, die Quelle und Höhepunkt jeder liebenden Beziehung ist. Sie wird möglich im Feiern der göttlich-erotischen Kraft, die über uns hinausweist und

uns ein Leben lang zu echter Liebe berühren und bewegen möchte. Der Benediktinermönch Bede Griffith (1906–1993), der in Indien lebte, sagt voller Lebensweisheit: »Sexualität ist viel zu wichtig, um sie ganz zu eliminieren, und sie ist viel zu wichtig, um leichtfertig damit umzugehen. Die einzige Alternative ist, sie irgendwie zu ›konsekrieren‹. (= weihen, Anm. d.V.)«
Im Heiligen unserer sexuellen Erfahrungen erleben wir, wie sie über uns hinausweisen, um darin das wunderbare Geschenk der schöpferischen Liebeskraft zu erfahren, die auch durch uns entfaltet wird. Christoph Quarch entfaltet in seinem Buch »Eros und Harmonie. Eine Philosophie der Glückseligkeit« diese sinnlich-befreiende Sicht, die uns ermutigt, uns immer wieder neu ins Leben zu verlieben. Er interpretiert die Philosophie des Eros von Platon (427–348/7) im Dialog Symposium (Das Gastmahl): »Die erotische Liebe ist sexuell. Sexualität wird in der erotischen Lebenskunst weder bekämpft noch unterdrückt, sondern sublimiert und transformiert: indem sie sich ablöst von der leidenschaftlichen Begierde, sich mit dem Geliebten sexuell zu vereinen, indem sie kultiviert wird zur leidenschaftlichen Liebe zum Leben selbst ... Im Eros kommt das Leben zu sich selbst.« Wir brauchen mehr denn je Frauen und Männer, die im lustvoll-anspruchsvollen Gestalten ihrer Sexualität die spirituelle Dimension erahnen und sie benennen, damit wir »Leben in Fülle« erfahren, wie es uns der Liebhaber des Lebens aus Nazareth verheißt.

Berührt zur leidenschaftlichen Liebe: Mechthild von Magdeburg

Mechthild von Magdeburg (um 1207–um 1282) hat im Entfalten ihrer Mystik keine Berührungsängste zur erotischen Dimension des Glaubens. Ihr tiefes Angerührt- und Aufgehobensein in Gott als Quelle aller Begegnungen drückt sie in kühnen, erotischen Bildern aus, die in sinnlicher Glut das Spiel von Nähe und Distanz ausdrücken. »Gott hat an allem genug, nur an der Berührung der Seele hat er nie genug ...« ist eine ihrer Kernaussagen, die sich in ihrem atemberaubenden Buch »Das Fließende Licht der Gottheit« findet. Darin drückt sie zum ersten Mal in deutscher Sprache das Liebesgeschehen zwischen Gott und der Seele aus. Es ist eine ganzheitliche Erfahrung, weil wir eine Leib-Geist-Seele-Einheit sind.

Mechthild eröffnet mir einen Zugang zur spirituellen Vertiefung meiner gestalteten Sexualität. Dazu muss ich ihre erotische Brautmystik transformieren, ich kann sie nicht eins zu eins übernehmen. Transformieren heißt für mich, nicht stecken bleiben in der Ansicht, dass eine intensive Christusbeziehung nur möglich ist, wenn ich meine Sexualität nicht partnerschaftlich lebe. Transformieren heißt zur Kenntnis nehmen, dass Mystikerinnen und Mystiker eine erotische Sprache brauchen, um die tiefste Vereinigung mit Gott auszudrücken. Dieses innovative Sprachgeschehen inspiriert mich, die gestaltete Sexualität mit spirituellen Worten zu vertiefen. Denn spirituelle Menschen erahnen das schöpferische Wirken in allen Lebensdimensionen, also auch im lustvollen, zärtlichen, ekstatischen Gestalten der Sexualität. Wir dürfen die Mystik nicht zölibatär lebenden Menschen überlassen. Denn die Liebe Gottes ist grenzenlos und sie will auch intensiv in einer partnerschaftlichen Liebe erfahrbar sein, auch im dankbaren Staunen über die schöpferische Kraft unserer Geschlechtlichkeit, die ein wunderbares Geschenk Gottes ist.

Die Brautmystik einer Mechthild von Magdeburg ist leidenschaftlich, sie ist voller Erotik der Sprache. Als Begine und Nonne verzichtet Mechthild auf eine voll ausgelebte Sexualität. Doch sie hat keine Berührungsängste zu einer erotischen Sprache und sie lässt sich inspirieren vom Minnegesang. So beschreibt sie ihren Dialog mit Christus, ihre tiefe Gottesliebe mit wunderbaren poetischen Worten:

Du bist mein Geliebter,
meine Sehnsucht,
mein fließender Brunnen,
meine Sonne und ich bin dein Spiegel …
O du verschmelzender Gott in der Einung mit deinem Lieb!
O du ruhender Gott an meinen Brüsten!
Ohne dich kann ich nicht mehr sein …
Du leuchtest in meiner Seele
wie die Sonne auf dem Golde …
Ich tanze, wenn du mich führst!

Gott antwortet ihr mit sinnlich-erotischen Worten:

Du bist mein überaus sanftes Lagerkissen,
mein innigstes Minnebett,
meine heimlichste Ruhe,
meine tiefste Sehnsucht,

meine höchste Herrlichkeit.
Du bist eine Lust meiner Gottheit,
ein Trost meiner Menschheit,
ein Bach meiner Hitze ...
Du bist ein Licht vor meinen Augen,
du bist eine Harfe meinen Ohren,
du bist ein Klang meinen Worten ...
Frau Seele, ihr seid so sehr in mich hinein erschaffen,
dass zwischen mir und euch nichts sein kann.

In dieser Sprache wird sichtbar, dass erotische Bilder am stärksten die geheimnisvoll-tiefe Vereinigung mit Gott ausdrücken können. Es wäre zu einfach und schade, wenn wir dieses erotische Reden »nur« als Projektionen einer Nonne betrachten würden. Sie weisen über sich hinaus und können uns eine Spur öffnen, um Sexualität und Spiritualität miteinander zu verbinden. Unsere sexuelle Energie will gestaltet sein, um uns wirklich zum tiefen Geschenk der Liebe zu führen. Unsere sexuelle Energie ist voll von schöpferisch-göttlicher Kraft und zugleich hat sie auch eine ambivalente Seite, die im Habenwollen, im Objektverhalten gefangen bleiben kann. In der spirituellen Gestaltung unserer Sexualität können uns die erotischen Bilder von Mechthild eine Hilfe sein, damit unsere begehrende Sehnsucht nicht zur einengenden Begierde wird. So können wir unsere Küsse, unsere Zärtlichkeit, unsere Leidenschaft, unsere Hingabe und unsere Ekstase zum Gebet werden lassen, weil wir darin die Zuwendung Gottes erahnen können.
Wegweisend sind die mystischen Erfahrungen der Begine Mechthild, die im hohen Alter ins Kloster Helfta

eingetreten ist, auch im Beschreiben des Verwundetseins, das zu jeder echten Liebe gehört. »Ich bin eine voll erwachsene Braut«, schreibt Mechthild selbstbewusst. Sie erfährt tiefe Einheitserfahrungen mit Christus. Diese Gipfelerlebnisse führen sie hinunter ins Tal, wo sie die Gottesferne dadurch noch intensiver erfährt. Denn eine lebendige Liebe ist nie zu haben, sondern immer im Werden:

Meine Pein ist tiefer als der Abgrund,
mein Herzeleid ist weiter als die Welt,
meine Furcht ist größer als die Berge,
meine Sehnsucht reicht höher als die Sterne ...
Ich bin verwundet auf den Tod
von deinem feurigen Liebesstrahl.

Diese sprachgewaltigen Worte sind mir eine Lebenshilfe im Annehmen der bleibenden Spannung von Tiefe und Begrenztheit in meiner Gottessuche und in meinen zwischenmenschlichen Beziehungen. Ich kann mich freuen, ein erotischer Mensch zu sein, der mit allen Sinnen das Leben lustvoll genießen kann, weil darin sich die Schönheit Gottes spiegelt. Ich kann mich meiner Ambivalenz stellen, um sie weder zu verteufeln noch zu verdrängen, sondern sie als Chance zu sehen, um wirklich Mensch und Abbild Gottes werden zu können. So wird echte Hingabe möglich, in der ein Zwischenraum, ein Freiraum offen bleibt, für die Geburt Gottes in uns, auch in unserer Sinnlichkeit.

Zärtlich in der Seele geweckt: Beatrijs von Nazareth

Beatrijs von Nazareth (1220–1268) ist Priorin im Kloster Nazareth bei Lier, in der Nähe von Antwerpen. Ihre Sprache lässt eine starke Persönlichkeit erkennen, die alle Höhen und Tiefen eines inneren Weges kennt, den sie mit großer intellektueller Denkkraft reflektiert. Sie ist geprägt von der Liebesmystik, wie sie auch beim Begründer des Zisterzienserordens, Bernhard von Clairvaux (1090–1153), in seinen bekannten Predigten zum biblischen Hohelied der Liebe entfaltet ist, und von den Minnesängern. Ihre Sehnsucht nach einer Gottesliebe, die sich in der Selbst- und Nächstenliebe entfaltet, drückt sie im Bild der Minne aus. Sie spricht von »sieben Grade der Minne« und meint damit verschiedene Erfahrungsaspekte der Seele, die sich gegenseitig ergänzen.

Mystische Menschen verwenden oft das Bild der Stufen, um die Dynamik eines inneren Prozesses auszudrücken. Dieses Bild ist inspiriert von Jakobs Traum, der im ersten biblischen Buch Genesis 28,10–22 aufgeschrieben ist: Engel gehen die Himmelsleiter auf und ab. Eine Verbindung zwischen Erde und Himmel ist möglich. Gipfelerlebnisse sollen uns nicht vorenthalten werden, doch auf dem Gipfel lässt sich nicht leben. Echtes Leben führt wieder hinunter in den Alltag.

In unserer leistungsorientierten Welt darf das Sprechen von verschiedenen Stufen auf einem mystischen Weg nicht fortschrittsgläubig verstanden werden. Gedanken wie »... immer mehr, immer höher, immer schneller ... wer auf der höchsten Stufe ist, darf auf keinen Fall wieder zurückfallen ...« nähren unseren Machbarkeitswahn und entfernen uns von Gottes bedingungsloser Liebe. Wir können von den Erfahrungen anderer Menschen lernen, zugleich sind wir eingeladen, sie nicht festzuhalten. Die Grundhaltung von Meister Eckhart (1260–1328) ist mir wegweisend: »Um Gott zu finden, gibt es keinen besseren Rat, als ihn dort zu finden, wo man ihn loslässt.« Ich bringe diese Worte in Verbindung mit der Lebensweisheit des Dichters Rainer Maria Rilke, der einlädt, das Leben »in wachsenden Ringen zu leben«. In diesem Sinne verstehe ich die »sieben Grade der Minne« von Beatrijs als Einladung, meine erotische Liebeskraft in allen Bewegungen der Nähe und der Distanz besser verstehen zu können:

1. Im Anfang steht die Sehnsucht und das Verlangen, immer mehr werden zu können, wie wir ursprünglich gemeint sind: Abbild Gottes. Selbsterkenntnis ist notwendig, um all jene Widerstände zu erkennen, die mich vom Wesentlichen entfernen.
2. Zweckfreies Dasein ist grundlegend, um ohne Berechnung und ohne Warum sich auf den Weg zu machen: »Selbstlosigkeit der Minne gehört zu ihren höchsten Werten.«
3. Auf der dritten Stufe verwendet sie das Bild vom Sturm. Sie erzählt von der Erfahrung von Schmerz und Leid, weil Gott immer Geheimnis und unerreichbar bleibt.
4. Diese Verunsicherung wird aufgehoben durch Momente der Glückseligkeit, in der »die Minne zärtlich in der Seele geweckt wird«. Es sind Momente, in denen ich in meinem Element bin und meine Lebensenergien fließen.

5. Dieses Angerührtsein lässt mich noch intensiver spüren, wie zerbrechlich das Leben ist. Beatrijs spricht von »einem verwundeten Herz, von der Minnewunde«.
6. Im Annehmen dieser Verwundbarkeit wächst eine Gelassenheit, die uns erlaubt, »alle Dinge klein und leicht zu tun und zu lassen, zu erleiden und zu ertragen«. Eine unglaubliche Spannung, damit unser Leben spannend bleibt!
7. Versenkung ereignet sich, ein Aufgehen in der Liebe Gottes, das die Sehnsucht noch größer werden lässt. So schließt sich der Kreis, der uns zum Anfang, zur ersten Erfahrung zurückführt!

Mystische Menschen bestärken mich zu einer Kultur der zärtlichen Gerechtigkeit, die in allen Lebensvollzügen die Zuwendung Gottes erahnt als Kraftquelle für eine gerechtere Welt. Diese Kultur entfaltet sich, wenn Hingabe und kritische Reflexion, Nähe und Distanz, Lust und Verantwortung sich ergänzen.

Freundschaftsmystik: Ramon Lull

Ramon Lull (1232–1316) lässt in seinem Lebenswerk erkennen, dass Mystik eine engagierte Denk- und Lebensform ist, in der das Denken und Fühlen, die Erkenntnis und die Liebe sich ergänzen. Er ist 1232 in Palma de Mallorca geboren, seine Eltern gehören dem Stadtadel von Barcelona an. Die Familie lebt am Hofe

von Jakob I. von Katalonien. Da erhält Ramon eine höfisch-ritterliche Erziehung und er lernt auf seinen vielen Reisen auch die Lyrik der Troubadoure aus der Provence kennen. 1255 heiratet er Blanca Picarny. Zwei Kinder, Domenikus und Magdalena, sind dieser Ehe geschenkt.
Ramon Lull übernimmt wichtige Aufgaben am Hof, bis er um 1263 seine Aktivitäten aufgibt und eine innere Reise wagt, die durch intensive Christusbegegnungen ausgelöst wird. Er begibt sich auf Pilgerreisen durch Frankreich und Spanien. Ramon Lull verlässt seine Familie, nachdem er für deren Unterhalt gesorgt hat, und beginnt eine Zeit als Einsiedler, in der er nicht nur die Kraft der Stille sucht, sondern auch autodidaktisch Literatur, Philosophie und die arabische Sprache erforscht. Im Kloster von Santa Maria La Real studiert er Theologie und er erwirbt später an den Pariser Sorbonne den Grad eines Magisters. Seine Begabung wird in über 300 Werken aufscheinen, die fast alle Wissensbereiche umfassen.
Er ist als Missionar unterwegs in der Spannung von Glaubenszwang und Glaubensfreiheit. Er sucht unermüdlich den Dialog mit der jüdischen und islamischen Religion. Er tut es in der Zwiespältigkeit seiner Zeit, einerseits mit Kreuzzugsgedanken und andererseits mit der wachsenden Überzeugung, dass der Glaube auch durch Vernunft zu beweisen sei. Er wird zeitweise als Irrlehrer angegriffen, doch er lässt sich nicht davon abbringen, dass eine »Philosophie der Liebe« nicht nur den christlichen, sondern auch jüdischen und muslimischen Denkern einsichtig sein muss. In seinem Werk »Das Buch vom Heiden und von den drei Weisen«

bleibt die Frage ungelöst, welche Religion »nach der Kraft der Vernunft und der Natur des Verstandes« vorzuziehen sei! Darum sieht der Schriftsteller Umberto Eco Ramon Lull als Förderer einer universalen Sprache des Glaubens, die den Frieden unter den Religionen als Voraussetzung eines politischen und sozialen Weltfriedens braucht. Ramon Lull setzt sich für die Gründung von Sprachschulen ein, in denen Hebräisch, Arabisch und Griechisch gelehrt wird. Er kämpft auf seinen Reisen nach Paris, Rom und Afrika für den notwendigen Dialog mit den Muslimen und Juden. Im Alter von 84 Jahren stirbt er auf seiner Rückreise nach Palma de Mallorca. Seine Seligsprechung erfolgt durch Papst Leo X. 1615, sein Festtag ist am 3. Juli.

Faszinierend ist sein Buch »Vom Freund und dem Geliebten«, das er 1276 geschrieben hat. Es beinhaltet 365 Prosagedichte für jeden Tag des Jahres, die inspiriert sind durch den Liebesdialog der Troubadoure, das biblische Hohelied der Liebe und die islamische Sufi-Spruchdichtung. Darin begegne ich einer geerdeten Mystik, die einlädt sich immer wieder neu in Gott zu verlieben. Alle schönen und schmerzlichen Erfahrungen werden beschrieben, die zu einer lebendigen Liebesbeziehung gehören. Eindrücklich ist die offene Sprache, in der Worte wie »Gott« und »Christus« kaum vorkommen. Es ist eine poetische Sprache, in der auch zwischenmenschliche Freundschaftsbeziehungen ihren Raum der Entfaltung finden in all ihren Lebensdimensionen. Eine befreiende Sprache, in der Gott als Geliebter erfahren wird. Eine Sprache, die dazu inspiriert, im Geschenk der Freundschaft und Partnerschaft das Ereignen Gottes unter uns zu benennen und zu feiern:

»Der Freund rief den Leuten mit lauter Stimme zu, die Liebe gebiete ihnen zu lieben: im Gehen und Sitzen, im Wachen und Schlafen, im Sprechen und Schweigen, im Kaufen und Verkaufen, im Weinen und Lachen, in Freud und Leid, beim Gewinnen und Verlieren. In allem ihrem Tun sollten sie lieben, denn das ist der Liebe Gebot.«

Die mystische Dimension der Liebe drückt Ramon Lull aus, indem er auf den Einklang und die Verschiedenheit hinweist, die ein Leben lang bleibt. Diese göttliche Wesenseinheit beflügelt uns zu einer erotischen Lebenskultur, die das Schöne und Lustvolle nicht haben will, sondern darin die Sehnsucht nach dem Urgrund aller Liebe erkennt:

»Liebe, Lieben, Freund und Geliebter stimmen im Geliebten so sehr überein, dass sie im Wesen eine Wirklichkeit bilden. Zwar sind der Freund und der Geliebte verschieden, doch sind sie im Einklang ohne irgendeine wesentliche Gegensätzlichkeit oder Widersprüchlichkeit. Und deshalb ist der Geliebte liebenswert über jede andere Liebe.«

Auch bei Aelred von Rievaulx (1109–1167) findet sich eine eindrückliche Freundschaftsmystik in seinem Buch »Über die geistliche Freundschaft«. Seine leidenschaftliche Sprache beinhaltet homoerotische Züge. In der Freundschaft mit Menschen können wir erahnen, dass »Gott Freundschaft ist – Deus amicitia est«.

Die erotisch-spirituelle Kraft der Liebe

Der Schriftsteller Heinrich Böll wünschte sich eine »Theologie der Zärtlichkeit Maria Magdalenas«. Möge dieser Wunsch Wirklichkeit werden, weil in der Lebensschule Jesu eine Spiritualität der Zärtlichkeit zu entdecken ist, die befreit von »Moralin«. Beim Weisheitslehrer aus Nazareth können wir zutiefst erfahren, wie Gott sich unser Zusammensein vorstellt. Wir dürfen das Wirken Jesu nicht auf seine letzten Tage in Jerusalem reduzieren, sondern wir können in seinem ganzen Sein und Wirken jenen Traum Gottes erahnen, in dem keine Berührungsängste mit dem ganzen Menschsein und mit Schöpfung und Kosmos vorhanden sind.

Jesus geht auf die Menschen zu, berührt sie, streichelt sie, richtet sie auf, auch innerlich. Jesus sprengt die Grenzen von rein und unrein und lässt jeden Menschen jene heilende, göttliche Kraft erkennen, die ihn bewohnt und zur Zärtlichkeit bewegt. Eine politische Zärtlichkeit, die kämpft für die einmalige Würde eines jeden Menschen, für die Rechte der Frauen, der Unterdrückten, der Fremden, der Diskriminierten, der Minderheiten und Ausgegrenzten. Jesus feiert das Leben und er genießt es in intensiven Begegnungen beim Essen und Trinken, das sein häufigst verwendetes Bild vom Reich Gottes ist. Er berührt die Menschen und lässt sich berühren von der Beziehungskraft, weil Gott Beziehung ist und in Beziehung sich ereignet.

Jesus ist als Jude tief verwurzelt in einer schöpfungsbejahenden Spiritualität, in der alles gut ist, weil es ein Geschenk Gottes ist. Im jüdischen Ersten Testament begegnen wir diesem unkomplizierten Umgang mit

Sexualität. Natürlich finden sich auch in der Bibel verschiedene Akzente. Vereinfacht kann man sagen, dass in den frühen Texten ein ungebrochenes Verhältnis zur Sexualität zu finden ist, weil die Sexualität eine gottgegebene Naturkraft ist.
Mit der Abwehr erotischer Fruchtbarkeitskulte Kanaans und der Verfestigung des Monotheismus (der Glaube an »nur« einen Gott) wird die Sexualität deutlicher geregelt, von einer Leibfeindlichkeit kann jedoch nicht die Rede sein. Trotz des Bilderverbotes finden sich immer wieder Symbole und Bilder, die leider einseitig männlich sind, mit wenigen Ausnahmen mit einem weiblichen Reden von Gott in der Weisheitstradition rund um Frau Sophia, auf die sich auch evangelische Mystiker gerne berufen.
In der prophetischen Tradition begegnen uns Bilder von Gott als Liebhaber, um das Bundesverhältnis zwischen Gott und dem Volk auszudrücken. Gott wird da als zärtlicher und eifersüchtiger Liebhaber dargestellt. Beim Propheten Hosea wird die verwundbare Liebe Gottes ausgedrückt: Um die »Hurerei« mit anderen Göttinnen und Göttern offen-sichtlich werden zu lassen, heiratet der Prophet Hosea auf Befehl Gottes das »hurerische Weib« Gomer. Wie ein Verzweiflungsakt liest sich diese drastische Liebessprache, die von einem leidenschaftlichen Gott erzählt, der auf die Liebe seines Volkes angewiesen ist. Johannes Thiele schreibt in seinem spannenden Buch »Die Erotik Gottes. Menschen werden wir nur als Liebende« dazu: »Die Intimität zwischen Frau und Mann in all ihren Schattierungen, Verwundungen, Schmerzen, auch in der Distanz und in den grenzenlosen Enttäuschungen, die man so nur in der

Liebe erfahren kann, wird zum Symbol für das Verhältnis von Gott und Mensch. Mir scheint das ein aufregender Gedanke; er sprengt alle geläufigen theologischen Grundvorstellungen von der Liebe Gottes. Dieser Gott ringt um seine Liebe, sie ist nicht einfach gegeben, sie will auch erwidert werden. Und der Gott, der in diesem Sinnbild zum Vorschein kommt, hat seine problematischen Züge.«

Obwohl sich beim Propheten Hosea auch viele problematische Gerichtsankündigungen finden, lassen einige seiner leidenschaftlichen Verse mystische Erfahrungsberichte besser verstehen. Sie berufen sich besonders auf die wunderschönen, sinnlichen Gedichte im Hohelied der Liebe. Die Auslegungs- und Wirkungsgeschichte zu diesen erotischen Texten der Bibel, die leider immer noch viel zu wenigen Menschen vertraut ist, ist vielsagend. Die leidenschaftliche Liebe zwischen einer jungen Frau und einem jungen Mann wird mit sinnlichen Liedern, die voller Natursymbolik sind, wunderbar rein ausgedrückt. Sie lassen erfahren, wie ganzheitlich die ersttestamentliche Spiritualität die Sexualität versteht. Schon im Buch Genesis heißt es im vierten Kapitel »Dann erkannte der Mensch als Mann die Eva, seine Frau; sie wurde schwanger, gebar den Kain ...« (Genesis 4,1)

Sexualität und Liebe werden im Hebräischen mit dem tiefsinnigen Wort »erkennen« ausgedrückt. Dieser tiefe Urwunsch des Anerkanntseins wird in den sinnlich-poetischen Gedichten des Hoheliedes ausgedrückt, hautnah und konkret. Wenn bis heute Bibelausleger uns erklären wollen, dass dies in einem übertragenen Sinn verstanden werden muss, weil es »nur« um die Liebe

zwischen Gott und dem Volk oder in der christlichen Auslegung um die Liebe zwischen Christus und der Braut Kirche geht, dann verraten sie diese Texte und verhindern eine Versöhnung zwischen Sexualität und Spiritualität.
Das Hohelied der Liebe wird zum Wegbegleiter aller mystischen Frauen und Männer, die heute im dankbar-lustvollen Gestalten ihrer Sexualität die erotische Liebeskraft Gottes feiern. Jene Kraft, die über uns hinausweist und unsere Liebe zu aller Kreatur stärken wird.

Ganzheitliche Liebe

Die Liebe lässt uns ganzheitlich erfahren, was wir in der Menschwerdung Gottes erahnen können: »Im christlichen Glauben geht es nicht um Vergeistigung, sondern um Verleiblichung, nicht um die Sublimierung der Sinne, sondern um ihre Erweckung«, wie es der evangelische Theologe Jürgen Moltmann treffend ausdrückt. Mystische Erfahrungstexte, die in einer hoch erotischen Sprache geschrieben worden sind, eröffnen uns diese Sicht, die die Trennung zwischen Geist und Leib aufhebt. Unser kritisches Hinterfragen ist wichtig beim Interpretieren dieser Texte, damit die Ambivalenz, die zu jedem menschlichen Wesen gehört und darum auch in der Sexualität aufscheint, nicht verharmlost oder verdrängt wird. Die leidenschaftlichen Texte leihen sich erotische Symbole aus, weil dadurch die tiefe Sehnsucht nach Anerkennung, Beheimatung und Verwandlung am besten ausgedrückt werden kann. Diese lebensbeja-

hende Ganzheitlichkeit entdecke ich auch in Worten des Apostels Paulus im Philipperbrief: »Christus möchte ich erkennen und die Kraft seiner Auferstehung erfahren ...« (Philipper 3,10)
Ein mystisches Christsein lebt aus der tiefen Hoffnung, Christus in allem zu erkennen. Erkennen meint alle Dimensionen des Lebens, weil wir eine Leib-Geist-Seele-Einheit sind. Beim Liebhaber des Lebens aus Nazareth eröffnet sich diese lebensbejahende Perspektive, die erfüllt ist von der grenzenlosen, allumfassenden Liebe Gottes. Diese Liebe in ihrer erotischen Dimension darf nicht einengend reglementiert werden, sondern sie führt in die Weite, in die Toleranz, wie sie auch im Wirken Jesu aufscheint. Wie könnte ein liebender Gott sich schwertun, wenn Geschiedene durch ihre Wiederverheiratung erneut das Geschenk der Liebe erfahren? Wie könnte ein liebender Gott sich beleidigt fühlen, wenn ein Mann einen anderen Mann liebt oder eine Frau eine andere Frau? Das Lied der Liebe kennt viele Melodien. Wie könnte ein liebender Gott sich verunsichert fühlen, wenn auch Frauen und verheiratete Männer das Priesteramt innehaben?
Echte Liebe differenziert und ist bereit zum Wandel. Eine Herausforderung, die alle Religionen und Konfessionen betrifft, die sich zu sehr von der Angst bestimmen lassen, weil sie einen Machtverlust befürchten, ohne dies zuzugeben. Echte Versöhnung fördert die Gleichberechtigung der Geschlechter und verliert die Angst vor Minderheiten, wie sie zum Beispiel in der Ausgrenzung von homosexuellen Menschen großes Leid schafft. Dorothee Sölle benennt schon 1985 in ihrem Buch »lieben und arbeiten. Eine Theologie der

Schöpfung« diese Ungerechtigkeit: »Die kirchliche Repression gegen Homosexuelle, die sich offen zu ihrer Partnerwahl bekennen (weil sie wissen, dass das Verbergen und Verdrängen den Sinn menschlicher Sexualität zerstört), ist ein schwerer Angriff gegen die Ebenbildlichkeit des Menschen mit Gott. Hier wird Religion zur Aufrechterhaltung einer Herrschaftskultur missbraucht und werden Menschen in Angst- und Schuldgefühle hineinmanipuliert.« Ich bin dankbar für diese klaren Worte, die leider immer noch höchst aktuell sind. Ebenso danke ich dem Schweizerischen Katholischen Frauenbund (www.frauenbund.ch) für sein mutiges Diskussionspapier »Unsittliches Tun oder anerkennenswerte Lebensform? Lesben, Schwule und Bisexuelle in Kirche und Gesellschaft«. Es ist vielen Menschen eine klärende Lebenshilfe und eine Ermutigung zum aufrechten Gang. Auch ich selbst habe mich zu lange im Gefängnis der Angst eingeschlossen und mich beirren lassen, von der menschenverachtenden Glaubensaussage, eine Fehlform der Schöpfung zu sein. Ich erkannte sehr spät, wie wunderbar mich Gott als homosexuellen Menschen jeden Tag neu erschafft.

Echter Weltfriede muss die Versöhnung zwischen Sexualität und Spiritualität intensiv verwirklichen, weil »die Sexualität die eigentliche Quelle der Spiritualität« ist, wie dies Pater Anselm Grün in vielen seiner Bücher beschreibt. Diese Versöhnung ist vordringlich in einem lebensbejahenden Christentum, das sich befreit von verlogener Scheinheiligkeit. Durch diese Haltung erkennen wir, was Walter Schubart schon 1941 festgestellt hat: »Das Religiöse und das Geschlechtliche sind die beiden stärksten Lebensmächte. Wer sie für ursprüngliche Wi-

dersacher hält, lernt die ewige Zwiespältigkeit der Seele. Wer sie zu unversöhnlichen Feinden macht, zerreißt das menschliche Herz.« Unaufhaltsam wird diese Erkenntnis seither benannt.
Der Berner Pfarrer und Schriftsteller Kurt Marti schreibt: »Meine Erfahrung ist, dass es ohne Lebensliebe keine erotische Liebe gibt und dass diese jene immer von Neuem erweckt ... Eros-Feindschaft ist in erster Linie Ausdruck patriarchaler (oder: phallokratischer) Herrschaft, die genital fixiert bleibt ... Aber die Agape hört nie auf, den Eros zu lieben, und für ihn, mit ihm auf jene Zukunft hin zu leben, wo Gott alles in allem ist und deshalb Agape und Eros sein werden, wo vorher Herrschaft und Gewalt waren.«

Versöhnung von Sexualität und Spiritualität

Diese Ganzheitlichkeit ist tief verwurzelt im jüdischen Gebet »Höre Israel« (Deuteronomium 6,5), das wir auch in den Evangelien wiederfinden: »Du wirst deinen Gott lieben, mit ganzem Herzen und ganzer Seele, mit all deiner Kraft und all deinen Gedanken und deinen Nächsten wie dich selbst.« (Lukas 10,27) Mystische Menschen sind liebend unterwegs mit all ihrem Sein, Denken und Fühlen. Sie überwinden das Trennende, um sinnstiftend alle Lebensvollzüge miteinander zu verbinden. Judith Plaskow entfaltet diese Verbundenheit in ihrer jüdisch-feministischen Theologie, in der sie die Sexualität als Aspekt der Lebensenergie sieht, »die uns befähigt, uns mit anderen in Kreativität und Freude zu verbinden ... Es ist jener Teil von uns, durch den wir uns anderen Menschen und Gott zuwenden ... Wenn wir diese Stelle in unserem Leben berühren, wo Sexualität und Spiritualität zusammenkommen, berühren wir unser Ganzsein und die Fülle unserer Kraft/Macht und zugleich unsere Verbindung mit einer Macht, die größer ist als wir selbst«.

Uns sind immer wieder mitten im Leben Momente des Ganzseins geschenkt, wenn wir die unselige Trennung von Seele und Leib aufheben, wie dies viele Mystikerinnen und Mystiker in wunderschönen, poetischen Texten tun. Sie heben hervor, was wir schon in der hebräischen Bibel, im Ersten Testament vorfinden. Eine befreiende Sicht, die Herbert Haag als Professor für Altes Testament zusammen mit Katharina Elliger in vielen Büchern hervorgehoben hat: »Leib und Seele sind eben für den Hebräer etwas anderes als für uns. Das zeigt sich schon daran, dass er gar kein Wort für Körper oder Seele allein kennt. Er unterscheidet zwar zwischen Leib und Seele des Menschen, aber nicht im Sinne einer Zweiteilung, sondern einer in sich gegliederten Einheit. Leib und Seele sind verschiedene Aspekte einer psychosomatischen Einheit. Und wie der ganze Mensch ›Seele‹ ist, das heißt lebendiges Wesen, so ist auch der ganze Mensch ›Fleisch‹, das heißt hinfälliges Wesen.«

Die Körpersymbolik, die Silvia Schroer und Thomas Schaubli in ihrem gleichnamigen Buch dargestellt haben, lässt diese Einheit klar erkennen. Das hebräische Wort »näfäsch« heißt nicht nur Seele, sondern hat seinen Ursprung im Organ der Kehle. Der Psalmvers

108,2 bedeutet darum nicht nur »Wach auf, meine Seele«, sondern auch »Wach auf, meine Kehle«.
Auch in der keltischen Weisheit lässt sich durch den irischen Theologen und Philosophen John O'Donohue erkennen, dass die Seele nicht in einem versteckten Winkel verborgen im Körper ist, sondern dass es umgekehrt ist: »Der Körper ist in der Seele und die Seele durchdringt uns vollständig.« Diese Umkehr verwandelt unsere lust- und verantwortungsvolle Gestaltung der Sexualität zum Gebet, weil wir in all den zärtlichen Berührungen und in der leidenschaftlichen Ekstase jenes sinnliche Ereignen Gottes feiern können, das uns verbindet mit allen. Dem Theologen und Psychotherapeuten Wunibald Müller verdanke ich durch seine Bücher »Intimität«, »Ekstase«, »Sich verlieben« und »Trau deiner Seele« diese vertrauensstiftende Versöhnung zwischen Sexualität und Spiritualität. Sie lebt von der positiven Annahme der eigenen Geschlechtlichkeit, die Menschen liebens-würdig werden lässt. Diese zentrale Lebensaufgabe ist uns aufgetragen, im zölibatären Leben wie im partnerschaftlichen Zusammensein. Tiefe mystische Erfahrungen, Momente des Einsseins mit Gott sind nicht nur Mönchen und Nonnen geschenkt, sondern allen Menschen, die die Gegenwart Gottes in allem, auch in der Gestaltung der Sexualität dankbar erleben.
Wunibald Müller schreibt in seinem empfehlenswerten Buch »Küssen ist beten«: »Liebe zeigt sich unter anderem im Dasein füreinander, in der Treue zueinander, in der Verantwortung und im Respekt füreinander. Liebe kennt aber auch das Sinnenhafte, die Leidenschaft, das Brennen und Begehren. Das aber ist etwas Wunder-

bares, Gott-Gewolltes, Gott-Volles, ein kostbares und einzigartiges Geschenk. Es gehört zum Schönsten und Tiefsten, was wir Menschen als Gabe besitzen. Dieses Sinnenhafte, Leidenschaftliche, Brennen und Begehren lässt uns innerlich erzittern, lässt uns Ergriffenheit erfahren und vermittelt uns eine Ahnung von dem, was es heißt, vom Heiligen berührt zu werden.«

Eros und Mystik

Diese lebensbejahende Sicht der Sexualität – mit all ihrer Ambivalenz – ist entscheidend, um Mystik und Eros miteinander zu verbinden. Anselm Grün und Gerhard Riedl warnen vor einer Flucht der Sexualität in die Mystik. Genau das Gegenteil führt zur Lebendigkeit, indem wir uns von unserer Sexualität und unserem Eros zur Mystik führen lassen. Nur wenn sich ein Mensch mit seiner Sexualität ausgesöhnt hat und sie integriert hat, »dann erst kann sie zu einer Quelle spiritueller Erfahrung werden und in einer echten Mystik ihre Erfüllung finden«.

Die Heiligung unserer Sexualität können wir durch die spirituellen Erfahrungen in anderen Religionen fördern. Der Benediktiner Bede Griffiths (1906–1993) erkennt: »Für den Hindu ist Sexualität ganz wesentlich etwas ›Heiliges‹. Sie ist eine Manifestation göttlichen Lebens und muss wie jede andere Form der Gottheit angebetet werden ... Sexualität ist eine der Manifestationen der göttlichen Macht – der Sakti –, die das Universum erhält und den Charakter eines Sakramentes hat.« Diese Anbetung heißt für mich, meditative Formen zu entfalten im Gestalten der Sexualität, eine achtsame Langsamkeit zu entwickeln im zärtlichen Berühren des ganzen Leibes des Partners, der Partnerin; Zwischenräume zu schaffen, in denen dieses heilende Angerührtsein spürbar wird und nachklingen kann.

Tantra, wie es Margot Anand in ihrem Buch zur Kunst der sexuellen Ekstase beschreibt, kann inspirieren für das Zelebrieren der schöpferisch-heiligen Kraft Gottes, die sich im erotischen Spiel der Liebenden entfaltet: »Tantra heißt ›weben‹, in dem Sinne, dass die vielfältigen und oft widersprüchlichen Aspekte des Ich zu einem harmonischen Ganzen verwoben werden. Tantra heißt auch ›Ausdehnung‹, mit der Bedeutung, dass wir uns ausdehnen und der Freude entgegenwachsen, wenn wir unsere Energien erst einmal verstehen und harmonisch vereinigen.« Tantra hat viele Formen und beeinflusste nicht nur den Hinduismus, sondern auch taoistische und buddhistische Traditionen. Tantra lädt ein, die genitale Fixierung zu überwinden, um vielfältige meditative Formen in der Gestaltung der Sexualität zu wagen. Es bedeutet, die Habendimension immer wieder verwandeln zu lassen, um mehr so sein zu können, wie wir von Anfang gemeint sind: nackt, als Liebende, als Abbild Gottes.

Gott als Urgrund allen Lebens gilt es im Glück und im Schmerz erotischen Lebens zu entdecken. Jesus stiftet uns dazu an, wie dies Fulbert Steffensky (geb. 1933) wunderbar umschreibt: »Er hat seiner Liebe sein Pathos gegeben, seinen Tanz, seinen Ausdruck und seine Sinnlichkeit ... er hat ihr Zeichen gesetzt: Brot und Wein, Öl und Wasser, Segnungen und Umarmungen, Fußwaschungen und In-den-Sand-Schreiben, Fasten und Trinken wurden zu neuen Gesten des Lebens. Die Erotik des von ihm gestifteten Lebens nahm Gestalt an in der Sinnlichkeit der Zeichen. Erotisch ist ein Zeichen dann, wenn es noch nach dem Leben riecht, das es ausdrücken soll, wenn also Freude und Trauer, die Hoffnung oder die Verzweiflung, die Liebe und der Hass an ihm noch unmittelbar ablesbar sind.« Da liegt die Spur zu einer mystisch-erotischen Alltagsgestaltung, die unseren Geschmack am Leben in all seinen Dimensionen verstärkt. Da werden einfache Gesten zu einer tiefen Erfahrung, die von der Kraft der Ewigkeit erzählt. Da wird ein Lächeln, eine Umarmung, ein Aushalten von Schmerz, ein Widerstand für mehr Lebensqualität zum Zeichen der erotischen Lebenskraft Gottes, die dem Leben Farben schenkt und uns verzaubert:

Verzaubert hast du mich,
meine Schwester Braut;
ja verzaubert
mit einem Blick deiner Augen,
mit einer Perle deiner Halsketten.
Wie schön ist deine Liebe,
wie viel süßer ist deine Liebe als Wein,
der Duft deiner Salben köstlicher
als alle Balsamdüfte ...
ein Lustgarten sprosst aus dir.
Hohelied der Liebe 4,9–10.13.

Dieses Verzaubertsein wird im Film »Just a Kiss« des großen englischen Regisseur Ken Loach faszinierend dargestellt. Casim, ein strenggläubiger Pakistani, verliebt

sich in die katholische Musiklehrerin Roisin. Ihre Liebe ist so stark, dass beide bereit sind zu kämpfen. In dieser hinreißenden, zärtlichen Liebesgeschichte wird die spirituelle Kraft der Erotik spürbar. »Ich suche einen echten Partner. Es muss funkeln in den Augen, ohne ein gewisses Funkeln bleibe ich lieber alleine«, sagt Roisin. Dieses Angezogensein erzählt von der inneren Kraft der Seele, die Menschen zusammenführt.
Dieses Funkeln findet sich auch im Film »Il Postino – der Postmann« von Michael Radford. Der Postbote Mario Ruppulo lernt den chilenischen Dichter und späteren Nobelpreisträger Pablo Neruda kennen, der auf einer kleinen italienischen Insel im Exil lebt. Pablo Neruda macht Mario vertraut mit der Poesie, damit er sein Verliebtsein in Beatrice intensiver ausdrücken kann. Pablo sagt: »Die wichtigste Wirkung der Poesie liegt in den Gefühlen, die die Poesie hervorruft bei denen, die für diese Sprache empfänglich sind, oder bei einer Seele, die offen genug ist, sie zu verstehen.« Mario erwidert: »Ich wäre auch gern Poet. Wie wird man Poet?« Zum Erstaunen von Mario sagt Pablo: »Geh den Weg ganz langsam am Ufer entlang und achte auf alles, was du siehst.« Diese achtsame Langsamkeit nährt jene erotische Lebenskultur, nach der sich unsere Welt so sehr sehnt.

Mystische Menschen erahnen die Gegenwart Gottes mit allen Sinnen. Sie lassen sich ganzheitlich bewegen zur Lebensfreude, die einen leibfeindlichen Dualismus überwindet. Sie lassen sich zu Gipfelerlebnissen beflügeln und akzeptieren zugleich, dass sich auf dem Gipfel nicht leben lässt. Echtes Leben geschieht in der Spannung des Alltags mit seiner Faszination und Widersprüchlichkeit. Das Aushalten dieser Spannung bedeutet auch anzunehmen, dass durch intensive Nähe auch eine große Ferne wahrgenommen werden kann.

Du
lässt dich voller Sinnlichkeit erfahren
in der erotischen Kraft der Liebenden
die beglückt und verzaubert

Du
lässt dich voll Staunen entdecken
in der erotischen Dimension unseres Lebens
die uns mit der Ewigkeit verbindet

Dich
erahnen wir als verbindende Mitte
in der lustvoll-leidenschaftlichen Ekstase
die uns zum Geheimnis der Liebe führt

Dich
feiern wir als erotische Lebenskraft
in den zärtlichen Berührungen des Alltags
die unseren Geschmack am Leben verstärken

Du
lässt dich voll Dankbarkeit feiern
im wild-zärtlichen Zusammensein
das uns dein Geschenk der Sexualität
eröffnet

Du
lässt dich voll Ergriffenheit erahnen
in der ganzheitlichen Hingabe
die die Würde aller Menschen stärkt

8 Bewege dich mit Leib und Seele – schaffe dir mehr Handlungsspielraum

Mystik des Tanzes

»Wenn ein Mensch voll ist, was soll er machen? Platzen? Als mein kleiner Sohn Dimitri starb, haben alle geweint. Und ich? Ich stand auf und ich tanzte. Er war mein Erstgeborener und erst drei Jahre alt. Sie sagten: Sorbas ist wahnsinnig. Doch nur das Tanzen hat meinen Schmerz betäubt ... wenn ich glücklich bin, ist es dasselbe«, sagt der Grieche Alexis Sorbas im gleichnamigen Film von Michael Cacoyannis zum Engländer Basil. In der Bewegung, in Spiel und Sport, im Tanz können wir uns vergessen, um über uns selber hinauszuwachsen. Raum und Zeit scheinen wie aufgehoben, weil wir voll da sind und ganz weg. Diese mystische Spur findet sich in vielen Musikfilmen, darum schaue ich solche oft mehrmals an. Meine Seele bittet mich um Wiederholung. Es genügt ihr nicht, einmal eine Geschichte gelesen zu haben, einmal ein Chanson, einmal ein Klavierkonzert gehört zu haben, einmal einen Film gesehen zu haben. Sie sucht das Wiederkehrende, das innerlich bewegt.

Der englische Film »Billy Elliot« von Stephen Daldry berührt und bewegt mich immer wieder neu. Vor allem die Worte des jungen Billy, der auf die Frage, was er beim Tanzen fühle, sagt: »Am Anfang fühle ich mich ganz steif. Dann tanze ich. Ich vergesse mich immer mehr und es ist, wie wenn ich verschwinden würde, wie wenn Feuer durch mich gehen würde ...« Diese Worte decken sich mit vielen Erfahrungen von mystischen Menschen. Das »Verschwinden« darf nicht als Selbstverleugnung, als mangelndes Selbstwertgefühl missgedeutet werden, sondern ganz im Gegenteil als Moment von höchster Gegenwärtigkeit, von höchster Konzentration, in der mein Ego nicht mehr im Vordergrund ist, sondern aufgeht in einem größeren Selbst.

In allen religiösen Traditionen wird diese spirituelle Dimension des Tanzes entfaltet. Im Hinduismus tanzt Shiva im Herzen eines jeden Menschen den kosmischen Tanz der Schöpfung, wie Michael von Brück in seinem spannenden Buch »Wie können wir leben? Religion und Spiritualität in einer Welt ohne Maß« aufzeigt. Im Buddhismus gibt es tanzende Zen-Mönche, die mit Trommeln über den Marktplatz tanzen und als »ver-rückt« betrachtet werden. In der hebräischen Bibel begegnen wir dem tanzenden David (2 Samuel 6,14) und im islamischen Sufismus den tanzenden Derwischen. Darum darf ein mystischer Weg nicht auf das schweigende Dasitzen eingeengt werden, sondern er entfaltet sich auch in bewusster Achtsamkeit in intensiven Bewegungen, die mich sogar zum Schwitzen bringen können, zur Ekstase, was wörtlich »Außer-sich-Sein, Entrückung, Ent- und Verzückung« heißt. Rudolf Steiner (1861–1925), der Begründer der Anthroposophie, hat diese geniale Intuition, dass nicht nur die Eutonie (gute Entspanntheit), sondern auch die Eurhythmie (gute Bewegungserfahrung) uns zu innerer Ruhe führen können.
Im hervorragenden Dokumentarfilm »Rhythm is it!« von Thomas Grube und Enrique Sanchez Lansch wird die verbindende Kraft der Musik und der Bewegung eindrücklich dargestellt. 250 Kinder und Jugendliche aus verschiedenen sozialen Schichten und aus 25 Nationen üben mit dem Choreografen Royston Maldoom eine Tanzperformance zur Ballettmusik »Le Sacre du Printemps« von Igor Strawinsky ein, zusammen mit den Berliner Philharmonikern unter der Leitung von Sir Simon Rattle. Jener Dirigent, der im Februar 2007 für sein außergewöhnliches Engagement für kulturelle Inte-

gration die Goldene Kamera der »Hörzu« erhalten hat und der die Tiefendimension der Musik hervorhebt: »Musik ist nicht einfach das, was sie ist. Sie ist, was sie den Menschen bedeutet, was sie für sie tun kann. Die Beschäftigung mit Musik kann den Menschen zeigen, was sie miteinander verbindet. Wir brauchen mehr denn je kreative Leute.«

Kreativität und Visionen entstehen, wenn wir den Mut haben, Distanz zu schaffen zum Alltag, wenn wir uns Zwischenräume eröffnen, damit unser Handlungsspielraum wachsen kann. Eine mystische Spiritualität ermutigt zu diesem Perspektivenwechsel, von dem auch die Tanzlehrerin Susannah Broughton im Film »Rhythm ist it!« erzählt: »Jeder hat ab und zu das Recht auf das Gefühl, alle Sorgen und Probleme hinter sich lassen zu können. Wenn man alles hinter sich lassen darf, dann verändert sich die Perspektive.« So wird auch die Bewegung, das Gehen und Wandern zum Gebet, damit ich im wahrsten Sinne meine Sorgen gehen lassen kann.

Im jüdischen Chassidismus, der vom Rabbiner Israel Baal Schem Tov (1699–1760) in der südwestlichen Ukraine ins Leben gerufen wurde, blüht vor allem in Osteuropa die Sehnsucht nach einer einfachen, wärmeren und echteren Religion auf, die sich in vielen tiefsinnigen, humorvollen Geschichten und Legenden – gesammelt von Martin Buber und dem Friedensnobelpreisträger Elie Wiesel – und in der Musik entfaltet. Im wunderbaren Musical »Anatevka«, das von Norman Jewison verfilmt wurde, lässt sich die Alltagsnähe eines Glaubens erfahren, der Menschen zur Hoffnung bewegt, damit sie auch in der Härte des Lebens miteinander unterwegs bleiben.

Zum Handeln bewegt: Dominikus

Dominikus (um 1170–1221) ist ein Mann Gottes, der sich bewegen lässt von der Suchbewegung Jesu und von den Menschen seiner Zeit. Er ist im kleinen spanischen Dorf Caleruega bei Burgos in Kastilien geboren. In Palencia studiert er die »Freien Künste« und Theologie. Während einer Hungersnot verkauft er seine kostbaren Bücher und stiftet ein Hospiz für die Armen. In dieser Geste verdichtet sich sein Lebensweg. Das Lesen und Studieren von Büchern ist sinnstiftend im Leben. Der Inhalt der Bücher will jedoch konkretisiert werden im Teilen mit den Menschen in Not. Diese Spannung hält er aufrecht und am Ende des Lebens bekennt er, dass er im Buch der Liebe mehr gelernt habe als in jedem anderen Buch.

Er ist als Wanderprediger unterwegs und gründet trotz vieler kirchlicher Widerstände eine neue Ordensform, deren Hauptmerkmale Wanderpredigt und Bettelarmut sind. Dominikus ist ganz konkret 40–50 Kilometer zu Fuß unterwegs. Auf seinen Reisen erlebt er nicht nur die Schönheit der Schöpfung, sondern auch das Beschwerliche und Gefährliche des Unterwegsseins. Seine Beweglichkeit zeigt sich in seinen dialogischen Begegnungen mit den Menschen. Er setzt sich für eine friedliche Missionierung ein, die ganz im Geiste seiner Zeit eingeengt ist auf die Bekehrung, jedoch eine erstaunliche Offenheit aufweist. Er spürt die spirituelle Suche vieler Frauen und gründet zahlreiche Klöster, in denen auch sie eine Ausbildung erhalten.

Beim Dominikaner Bartolomé de Las Casas (1484–1566) konkretisiert sich die solidarische Nähe zu den

Armen in einer eindrücklichen Art und Weise. Obwohl er zu seiner Zeit der einzige Priester in Kuba ist, weigert er sich, mit den Großgrundbesitzern Eucharistie zu feiern, solange die Rechte der Indios mit Füßen getreten werden. Diese befreiende Sicht hat sich leider bei all den Dominikanern nicht verwirklicht, die in der grausamen Inquisition so viel himmelschreiendes Leid im Namen Gottes verursacht haben.

Der Ordensgründer Dominikus wählt das Leben und das Mitgefühl. Von Christus bewegt zu sein, heißt für ihn einerseits die Tränen reichlich fließen zu lassen und andererseits mit Leib, Geist und Seele zu beten. Seine neun Gebetsweisen laden ein, mit dem ganzen Körper, mit vielfältigen Gebärden zu beten. Darin finden sich auch Anleitungen zu schrecklichen Selbstgeißelungen, die allerdings nicht vorgeschrieben sind. So wird einmal mehr sichtbar, dass wir kritisch mit den Frömmigkeitsformen der Mystikerinnen und Mystiker umgehen müssen. Beim Dominikanermystiker Heinrich Seuse (um 1295–1366), der in Konstanz gelebt hat, entdecken wir beides: krank machende, leibfeindliche Geißelungen und die Einsicht, dass ein tiefes Angerührtsein von Gottes Gegenwart durch keine Übung »erleistet« werden kann.

Dominikus wagt sein Leben lang eine Gratwanderung zwischen Aktion und Kontemplation, zwischen Tradition und Fortschritt. Eine Gratwanderung, die große Dominikanertheologen wie Albert der Große (Albertus Magnus, 1200–1280) und Thomas von Aquin (1225–1274) auch gewagt haben. Vier Monate vor seinem Tod beendet Thomas von Aquin sein gewaltiges theologisches Lebenswerk mit den Worten: »Alles, was ich geschrieben habe, kommt mir vor wie Stroh im Vergleich mit dem, was ich gesehen habe.« Geerdete Mystik braucht für mich beides: fundiert-kritisches Ringen um das Wesentliche und ein staunendes Verstummen in Momenten des inneren Bewegtseins, das mit Leib-Geist-Seele erfahren wird. Bei den Dominikanerinnen im Kloster Arenberg (www.kloster-arenberg.de) können Gäste mit allen Sinnen zu neuer Vitalität gelangen. Da wird der dominikanische Geist der Offenheit spürbar, der Menschen zu sich selbst begleiten möchte, zur allerinnersten Mitte, die bewegt zur Menschenfreundlichkeit.

Bewegt von der Liebe Gottes: Rumi

»Nicht nur die Durstigen suchen das Wasser, das Wasser sucht auch die Durstigen«, heißen jene Worte des bekanntesten Sufi-Meisters Maulana Dschalaluddin Rumi (1207–1273), die mich innerlich befreien von der einseitigen Vorstellung, Gott immer suchen zu müssen. Es gibt nämlich eine andere Möglichkeit: Ich kann mich finden lassen. Rumi ist bewegt von der Liebe Gottes, geboren 1207 in Balkh, das im heutigen Afghanistan liegt, und gestorben in Konya, im asiatischen Teil der Türkei. Sein Vater Baha al-Din Valad, auch ein Mystiker im Sufiorden, unterrichtet seinen Sohn von früher Kindheit an. Mit 18 Jahren heiratet Rumi Ganhar Khatun, ein Jahr später wird dem jungen Paar ein Sohn geboren, Sultan Valad, der später eine poetische Biografie seines Vaters schreibt und seine über 25.000 Verse herausgibt.

Das Sufitum (von suf = Wolle, nach dem Asketengewand der Frommen) entsteht im frühen 8. Jahrhundert aus einer streng asketischen Bewegung, die immer mehr durch das Angerührtsein von der Liebe Gottes zu einer mystischen Bewegung wird. Diese Wandlung ist vor allem Rabi'a von Basra (gest. 801) zu verdanken, die erste wirkliche Heilige im Islam. Rabi'a ist eine freigelassene Sklavin, die in wunderbar poetischen Worten vom Entflammtsein durch die Gottesliebe erzählt. Weder die Angst vor der Hölle noch die Hoffnung aufs Paradies soll der tiefste Grund der Gottesliebe sein, sondern allein die wachsende Kraft zur Hingabe aus Liebe. Sie umschreibt eine Mystikerin, einen Mystiker als Menschen, der aufgehört hat zu existieren, weil er seiner selbst entworden ist: »Ich bin eins mit Ihm und ganz und gar sein.«

Diese Absolutheit beschreibt keinen Zustand, sondern eine Hoffnung, die bewegt ist von der Sehnsucht nach einem tiefen Einssein mit Gott. Diese leidenschaftliche Liebe entfaltet auch Rumi in einer Fülle von Gedichten, die immer mehr sein eigenes Leben verdichten: »Ich las die Geschichte der Liebenden Tag und Nacht – jetzt bin ich in meiner Liebe zu einer Geschichte für euch geworden.« Eine Liebesgeschichte, die nicht allein mit Worten ausgedrückt werden kann, sondern getanzt sein möchte.

Bis heute tanzen Derwische in der Tradition des Mewlewi-Ordens, den Rumi begründet hat (www.sufiorden.de), in kleineren und größeren Spiralen das uralte, auch der christlichen Mystik innewohnende Symbol: das Hinabsteigen des Göttlichen in die Seele des Menschen und das Hinaufsteigen der Seele zu Gott.

Annemarie Schimmel, die weltbekannte Islamwissenschaftlerin und Sufismusexpertin hat in ihrem ausgezeichneten Buch »Mystische Dimension des Islam. Die Geschichte des Sufismus« diesen kompetent beschrieben, damit das einseitige Zerrbild eines fundamentalistisch-gewalttätigen Islams korrigiert werden kann. Der Sufimeister Rumi hilft uns dabei, weil er als Liebender unermüdlich von seiner Liebe zu Gott, dem Einen, dem Quell des Seins erzählt und diese Liebeskraft mit Leib und Seele tanzend ausdrückt. Die Musik und der Tanz können das Verbindende der Religionen in berührender Sinnlichkeit erleben lassen. Die Poesie öffnet Herzenstüren und Fenster zur Ewigkeit. Sie findet sich auch bei Hazrat Inayat Khan (1882–1927), der als indischer Mystiker und Musiker aus seinen geistigen Wurzeln in der islamischen Mystik der Sufis schöpft. Mit seiner Vina, einem altindischen Saiteninstrument, stimmt er die Menschen auf ihr Lebensrecht ein, glücklich sein zu können, denn »wenn die Seele auf Gott gestimmt ist, wird ihr jedes Tun zur Musik«.

Zur Freiheit bewegt: Die Beginen

Frauen lassen sich nicht fremdbestimmen, sie brechen auf und entfalten miteinander eine alternative Lebensform, die die beengende Wahl zwischen Heirat und Kloster aufbrechen lässt. Im Mittelalter gilt der Grundsatz, dass Frauen prinzipiell minderrangig sind, den Männern nach- oder untergeordnet sind. An der Wende vom 12. zum 13. Jahrhundert ist ein Wandel im Entstehen, auch durch die Entwicklung der Stadtrechte, die zu einer verbesserten Rechtsstellung der Frau führten. In dieser Zeit – auch inspiriert durch die neuen Bettelorden wie Franziskaner und Dominikaner – wächst die Zahl religiös motivierter Laien, Frauen und Männer, die eine neue religiöse Lebensform entwickeln. Soziale, wirtschaftliche und geistig-kulturelle Entwicklung prägen auch die Entstehung von Beginenhöfen. Eine solche Lebensgemeinschaft bildet eine Art »Stadt in der Stadt«, in der Häuser sich um einen Hof und eine Kirche gruppieren – bis heute erkennbar in den Städten Amsterdam, Brügge und Löwen.

Der Ursprung des Wortes »Begine« bleibt unerklärbar. Erklärungen wie die Ableitung vom Namen Lambert le Bègue, einem Priester, der in Lüttich eine Beginengemeinschaft gegründet hat, die Ableitung des Namens von der heiligen Bega (gest. 694) oder von der Farbe der ungefärbten Wolle ihrer Kleider (beige) bleiben fragwürdig; ungeklärt bleibt auch der Name der Begarden, dem männlichen Pendant zu den Beginen. Neue historische Untersuchungen belegen die Wichtigkeit dieser religiösen Bewegung, die eine mystisch inspirierte Lebensform von Frauen für Frauen darstellt, der im 13. Jahrhundert eine Million Frauen angehören, drei bis vier Prozent der weiblichen Bevölkerung.

Geborgenheit und Freiheit werden miteinander entwickelt, wie auch Dorothee Sölle es betont: »Dass eine mystische Unmittelbarkeit zu Gott allerdings ein größeres Bedürfnis nach Autonomie fördert, für Einzelne wie für Gruppen, ist an dieser mittelalterlichen Frauenbewegung ablesbar: Sie hat im Meer der patriarchal-hierarchisch gelenkten Ungerechtigkeit Inseln der Freiheit für Frauen geschaffen.« In diesen Oasen wird die Kraft der Mystik spürbar, weil in den Beginenhöfen gemeinsam gebetet wird und zugleich ein persönlicher Freiraum in vielfältigen Wohnformen möglich ist.

Entscheidend ist auch das soziale Engagement, das aus der Innerlichkeit entsteht. Beginen sind die ersten Sozialarbeiterinnen, mit Schwerpunkten in der Krankenpflege, Armenfürsorge, Sterbebegleitung und im Totendienst. Hochburgen der Beginen sind Bischofssitze wie Köln, Straßburg, Mainz, Basel, Worms, Osnabrück, Trier und Würzburg. Sie finden sich auch in Belgien, den Niederlanden, in Nord- und Südfrankreich, in Katalonien, in der Toskana und der Schweiz, in England und Schweden, in Österreich, Polen und Lettland. Die Historikerin Helga Unger hat in ihrem höchst interessanten Buch »Die Beginen – Eine Geschichte von Aufbruch und Unterdrückung der Frauen« einen aufschlussreichen Überblick zusammengestellt, in dem sie auch die Unterstützung der Kirche beschreibt und die zunehmende Kritik, bis hin zu Verfolgungen und Verurteilungen, wie dies auch im Verbrennen der Begine Marguerite Porète am 1. Juni 1310 in Paris sichtbar wird. Ein Verbrechen, das bis heute zum Himmel schreit.

Bei den Beginen verdeutlicht sich auch, wie mystische Erfahrungen zu einer eigenständigen sprachlichen Ausdrucksweise in der Volkssprache führen. Die atemberaubenden Texte von Hadewijch, Mechthild von Magdeburg und Marguerite Porète bezeugen diese Kraft, die sich auch bei vielen unbekannteren Beginen findet, die Peter Dinzelbacher in seiner »Christlichen Mystik im

Abendland« kompetent zusammengestellt hat. Sie berufen sich auf die unmittelbare göttliche Offenbarung und stellen damit das Machtmonopol der Kirche infrage. Der amerikanische Kirchengeschichtsprofessor Bernhard McGinn nennt im dritten Band seiner Mystikgeschichte Hadewijch, Mechthild von Magdeburg, Marguerite Porète und die italienische Angelina von Foligno provokativ die »vier Evangelistinnen der Mystik des 13. Jahrhunderts«, weil sie den kühnen Anspruch erheben, sich ähnlich inspiriert zu wissen wie die Bibel. Damit wird einmal die ganze Spannkraft einer mystischen Spiritualität sichtbar. Ich bin überzeugt, dass wir auch heute aufgerufen sind, die biblischen Texte durch unsere Existenz weiterzuschreiben, in Wort und Leben, weil Gott unmittelbar zu jeder und jedem von uns spricht.
Die Wahrnehmung dieser inneren göttlichen Herzensstimme jedoch ist gar nicht einfach, sie kann auch sehr gefährlich sein. Eine anspruchsvolle Unterscheidung der Geister (Ignatius von Loyola) ist angesagt, um die göttliche Stimme von eigenen Verblendungen, pathologischen Privatoffenbarungen, verheerenden Allmachtsfantasien und neurotischen Verhaltensweisen unterscheiden zu können. Ein Prozess, der auf geistliche Begleitung und manchmal auch auf therapeutische Hilfe angewiesen ist. Diese Schattenseiten gelten allerdings auch für den hierarchischen Teil einer kirchlichen Gemeinschaft, die sich aus Angst vor Machtverlust auch schon oft geirrt und menschenverachtende Verurteilungen vorgenommen hat, die im Namen einer sogenannten Wahrheit vollzogen wurden.
Trotz dieser Warnung bin ich fest überzeugt, dass die Bewegung der Beginen wegweisend sein kann, im För-

dern von neuen spirituellen Lebensformen und im Entfalten eines mystischen Christseins. Es geht dabei um eine kritische Inspiration und nicht um ein Kopieren von Frömmigkeitsformen, die zu viele leibfeindliche, krank machende Tendenzen beinhalten.

Bewegender Aufbruch: Jakob Böhme

Wie tief bewegt ein Mensch durch Gottes Nähe werden kann, zeigt sich im Leben, Wirken und Schreiben des einfachen Schusters Jakob Böhme (1575–1624). Der große Philosoph Georg Wilhelm Friedrich Hegel (1770–1831) nennt ihn den ersten deutschen Philosophen, dessen Hauptgedanke darin besteht, dass das Universum ein göttliches Leben und das Sich-Offenbaren Gottes in den Dingen ist. Jakob Böhme richtet in Görlitz, Schlesien, eine Schusterwerkstatt ein, heiratet Katharina Kuntzschmann, beiden sind vier Söhne geschenkt. Er führt ein stilles Leben, geht regelmäßig in die lutherische Kirche.

Böhmes Glaube drückt sich in einer existenziellen Sinnsuche aus, die er auch in tiefen Depressionen durchstehen muss. Seine Sehnsucht drückt er mit bewegenden Worten aus: »Gott, ich lasse nicht von dir, wirf mich in den Himmel oder in die Hölle, so lasse ich dich doch nicht; denn du bist mein und ich bin dein: Ich will in dir nichts sein, mache aus mir, was du willst.« Der Mystiker aus Schlesien hat eine seherische Begabung, die sich schon in seiner Jugendzeit in Visionen ausdrückt. Es ist

nicht einfach für ihn, ohne besondere Bildung mit dieser außerordentlichen Gabe umzugehen, die ihm eine innere Schau der Dinge aufzeigt. Viele Selbstzweifel bewohnen ihn. Doch die Erkenntnis, dass viele biblische Menschen sogenannte ungebildete Menschen sind, bestärkt ihn mit Selbstvertrauen, trotz vieler Verunsicherungen, die zum Leben gehören.
Sein Sendungsbewusstsein verstärkt sich durch ein unscheinbares Erlebnis im Jahre 1600. Er wird in seiner Schusterwerkstatt vom göttlichen Licht bewegt und berührt, indem er beim gewöhnlichen Anblick eines Zinngefäßes den innersten Grund der Welt erkennt, der alles zusammenhält. Seine Mystik erhält eine kosmische Sicht, weil in allem die Gegenwart Gottes zu bestaunen ist. Was Christinnen und Christen im Geheimnis der Menschwerdung Gottes feiern, weist über uns hinaus. Es ist für Jakob Böhme der kosmische Christus, der alles mit seiner Liebe durchdringt. Sein dynamisches Gottesbild wird genährt durch die biblische Sophia (Frau Weisheit) und trägt auch weibliche Züge: Gott ist der Urgrund, alles und nichts, der ewig Eine. Als Lutheraner ist ihm das biblische Wort sehr wichtig, doch es geht ihm wie auch anderen evangelischen Mystikern ebenso um das innere Wort, damit der Weg Jesu nicht »nur« in der Bibel steht, sondern in unserem alltäglichen Neu-geboren-Werden erfahrbar wird. Diese Christusgeburt verbindet jeden Menschen mit Schöpfung und Kosmos.
Innerhalb von fünf Monaten schreibt er sein erstes Werk »Aurora oder Morgenröte im Aufgang«, mit faszinierenden Bildern und vielen dunklen mythischen Motiven, die schwer verständlich sind. Es ist beeindruckend, wie sein Bewegtsein vom inneren Christus

während sechs Jahren in sein großes Werk einfließt. Er bekommt deswegen große Schwierigkeiten und macht viele schmerzliche Erfahrungen mit der lutherischen Kirche. Hier wird die Sprengkraft der Mystik sichtbar, weil orthodoxe Glaubenshüter nicht ertragen können, dass Gottes Geist weht, wo er (oder sie) will. Jakob Böhme ist verwurzelt in der reformatorischen Kirche, doch er ist überzeugt, dass es noch eine geistlich-spirituelle Reformation braucht, damit der Glaube nicht im Äußerlichen stecken bleibt. Sein Ortspfarrer Gregor Richter sieht seine Schriften als Ketzerei. Er bekämpft Böhme bis zu seinem Lebensende. Er veranlasst die Stadtbehörden, den Mystiker zu verurteilen und ihm ein Schreibverbot aufzuerlegen. Zuerst hält sich Böhme daran, dann schreibt er durch das Drängen seiner Freunde weiter.
Dank der großen Unterstützung seiner Frau und dem erfolgreichen Garnhandel, der ihm viele Reisen ermöglicht, kann er trotz vieler Widerstände seinen Weg des Schreibens gehen. Nachdem er sogar die Stadt verlassen muss, sucht er in Dresden Unterstützung, leider ohne Erfolg. Schwer krank kehrt er nach Görlitz zurück und stirbt am 17. November 1624 im Haus an der Neissebrücke. Im 19. Kapitel seines Buches »Aurora« schreibt er: »Wie wollte da nicht Liebe und Freude sein, wo mitten im Tod das Leben geboren wird und mitten in der Finsternis das Licht?«
Sein Werk hat eine große Wirkung bei Dichtern und bei Philosophen des deutschen Idealismus; auch Goethe, Isaac Newton und russische Philosophen wie Solowjow und Berdjajew prägt er. In der evangelischen Kirche wirkt er weiter im Pietismus, auch bei Philipp Jakob

Spener (1635–1702) und Graf Nikolaus Ludwig von Zinzendorf (1700–1760), dem Gründer der Herrnhuter Brüdergemeine. Der evangelische Kirchengeschichtsprofessor Walter Nigg (1903–1988) in Zürich nennt ihn einen der größten Männer der evangelischen Christenheit.

Auch heute gibt es viele Frauen und Männer, die im Innersten bewegt sind und ihre Erfahrungen in Wort und Bild ausdrücken. Der kompetente Mystikkenner Gerhard Wehr (geb. 1931) hat die produktive Verwandlung einer Existenzkrise von Irmengard Bardo in seinem Buch »Schrift aus der Mitte« entfaltet. Die Theologin und Psychologin Ingrid Riedel hat die eindrücklichen und kühnen Bilder der Freiburgerin Maria Uihlein (geb. 1944), die aus innerer Schau geschaffen sind, im anregenden Buch »Bildbotschaften. Visuelle Grenzerfahrungen« veröffentlicht. Staunende Anerkennung und kritisches Nachfragen ergänzen sich und ermutigen zur Wertschätzung der eigenen inneren Bilder.

Zum Hoffnungstanz bewegt: Madeleine Delbrêl

Madeleine Delbrêl (1904–1964) bewegt mich im Innersten mit ihren tiefsinnigen, humorvoll-einfachen Worten. Sie lebt als Sozialarbeiterin in einem Pariser Vorort, in Ivry, zusammen mit zwei Frauen in einer kleinen Kommunität, die bis heute dieselbe Wohnung teilt. Ihre Alltagsmeditationen auf dem Fahrrad, beim Kochen, in

der Metro bestärken mich zum Innehalten und zum Verwurzeltsein in dieser Welt. Eine Lebensgrundhaltung, die sie mit folgenden Worten verdichtet: »Wer Gott umarmt, findet in seinen Armen die Welt.« Eine Lebenseinstellung, in der Innerlichkeit und Engagement, Kampf und Kontemplation, Geborgenheit und Solidarität sich die Balance halten.
Madeleine hat eine poetische Gabe, die sie in Jugendjahren als überzeugte Atheistin im Studium der Literatur und Kunst vertieft. Sie ist befreundet und später verlobt mit einem überzeugten Christen, mit Jean Maydieu, der dann zu ihrer großen Erschütterung in den Dominikanerorden eintritt. Diese Trennung und die schwierige Beziehung ihrer Eltern, die 1933 auseinandergeht, bringen sie mit der Brüchigkeit und Verletzlichkeit des Lebens in Berührung. Ihre Begegnungen mit Christinnen und Christen überzeugen sie und sie lässt sich von Gott finden. Erst nach ihrem Tode finden ihre Freundinnen einen Zettel, auf dem sie am 29. März 1924 folgende Worte geschrieben hat:

Ich will das, was du willst
ohne mich zu fragen
ob ich es kann
ohne mich zu fragen
ob ich Lust darauf habe
ohne mich zu fragen
ob ich es will

Erstaunliche Worte für eine 20-jährige Frau, in die sie ein Leben lang hineinwachsen wird. Sie tut es mit ihrem Engagement als Sozialarbeiterin in einem kommunistisch-atheistischen Milieu, mit ihren Protesten für eine Kirche, die in der Nähe der Arbeiter ist, mit ihrer Unterstützung für Menschen in Not und vor allem mit ihren Worten, in denen sie das Evangelium in die heutige Sprache übersetzt und viele ihrer Alltagserfahrungen vertieft. So schreibt sie nach einem Besuch in einem Café: »Du hast uns heute Nacht in dieses Café Le Clair de Lune geführt. Du wolltest dort du selbst sein, in uns, für ein paar Stunden der Nacht.« Eine mystische Aussage, die mich tief bewegt und berührt: Gott will er selbst sein, in uns. Dies geschieht nicht nur, wenn wir uns stark und vertrauensvoll fühlen, sondern auch in unserer Begrenztheit: »Weil dein Herz sich öffnet in unserem Herzen, fühlen wir, wie unsere schwächliche Liebe aufblüht, sich weitet wie eine Rose.«

Dieses dialogische Zusammenspiel zwischen Gott und Mensch entfaltet sie im wunderbaren Symbol des Tanzes: »Wir aber, wir vergessen so oft die Musik deines Geistes. Wir haben aus unserem Leben eine Turnübung gemacht. Wir vergessen, dass es in deinen Armen getanzt sein will, dass dein heiliger Wille von unerschöpflicher Fantasie ist.«

Dieses dynamisch-dialogische Sprechen mit Gott fasziniert mich in der Mystik. Da wird der Wille Gottes nicht statisch verstanden als Befehl, dem wir uns beugen müssen. Da werden wir eingeladen, uns anrühren zu lassen von Gottes Gegenwart, damit wir dem »Bedürfnis zu tanzen nicht widerstehen« können, wie Madeleine es poetisch ausdrückt.

Aus dieser inneren Bewegung wächst eine Lebenskraft, die unsere Solidarität und unser Mitgefühl nährt, wie Madeleine Delbrêl es in einem herausfordernden Ge-

dicht an die Künstler ausdrückt, das für alle Lebenskünstler gilt:
»Ihr Künstler, euch hat Gott dazu auserwählt, die Frucht der Tränen einzusammeln. Mit einer solchen Liebe sollt ihr lieben, was Gott schuf, dass alles Leiden euer Teil sein wird, der Menschen Leid und das der Dinge. Die Klage der Dinge soll euch vertraut sein, die Kämpfe des Todes, die lautlose Not, das Röcheln der Tiere, das Sterben der Wälder.«
Diese anspruchsvollen Worte gelten für mich auch für jeden mystischen Menschen, der sich von Gott zur Hoffnung bewegen lässt, um auch der Klage dieser Welt nicht auszuweichen. Zum Glück finden sich bei Madeleine Delbrêl nicht nur absolute Worte, die wir ein Leben lang nur bruchstückhaft umsetzen können, sondern auch die Worte des Humors. In den beiden Bändchen »Der kleine Mönch« und »Der kleine Mönch im Alltag« finden sich humorvolle Gedankensplitter, die nicht nur fürs Kloster bestimmt sind, sondern, wie es in der französischen Originalausgabe klar und deutlich aufscheint, für jede gewöhnliche Christin, für jeden Christen. Die Merk-Sätze werden humorvoll vertieft, indem die jeweilige Situation angegeben ist, in der sie aufgeschrieben wurden, zum Beispiel: »Ertrage nicht, sondern trage. – Als ihm einmal seine Mitbrüder genauso unerträglich waren, wie er sich selbst.«
Die Theologin Katja Boehme nennt Madeleine Delbrêl in ihrer vortrefflichen Biografie »die andere Heilige«. Zu Recht, denn Madeleine zeigt uns auf, dass wir alle aufgerufen sind, uns mitten in den Widersprüchlichkeiten des Alltags durch ein liebendes Aufmerken im Inneren von Gottes Nähe bewegen zu lassen. Eine Nähe, die Made-

leine zusammen mit anderen mitten in der Stadt verwirklicht, tief geprägt von der Parteinahme Jesu für die Kleinen und Schwachen.

Sich bewegen lassen

»Ich bin der Tanz und das Leben, das niemals stirbt. Lasst euch auf meine Liebe ein, dann werde ich euer Tanzmeister sein«, heißt eine alte Deutung des Weges Jesu als Tanzgeschichte, die uns Hippolyt von Rom (170–235) überliefert hat. Da sind keine Berührungsängste vorhanden vor den orgiastisch heiligen Tänzen der antiken Götterkulte, sondern da wird das Christusereignis tanzend vertieft, um mit Leib-Geist-Seele beten zu können, wie dies auch im Yoga, im Qigong oder im Shiatsu möglich ist.

»Ich lobe den Tanz. Oh Mensch, lerne tanzen, sonst wissen die Engel im Himmel mit dir nichts anzufangen«, sind Worte, die dem heiligen Augustinus (354–430) zugeschrieben werden und eine große Wirkungsgeschichte haben, obwohl sie nicht von ihm stammen. Der Philosoph Friedrich Nietzsche (1844–1900) schreibt, dass er nur an einen Gott glauben würde, der zu tanzen verstünde. Das Symbol des Tanzes wird auch verwendet, um eine Einheitserfahrung (unio mystica) ausdrücken zu können. Aus christlicher Sicht geht es dabei nicht um eine statische Verschmelzung, sondern um ein »Ineinander-Tanzen« (frühe christliche Theologen verwenden das griechische Wort Perichorese).

Bernardin Schellenberger beschreibt in seinem span-

nenden Buch »Auf den Wegen der Sehnsucht. Zum spirituellen Leben heute« die intensivste Begegnung mit Gott tiefsinnig-lebensnah im dynamischen Bild des Tanzes: »Tänzer halten sich eng umschlungen, wirbeln auseinander und fliegen in immer neuen Figuren wieder zusammen, schweben gemeinsam in immer neuen Bewegungen durch den Raum, sind sie selbst nur in der Bewegung, im Hin und Her, im Zusammen und Auseinander. Das endgültige Aneinander-kleben-Bleiben wäre Stillstand und Tod.« Intensive Einheitserfahrungen lassen mich beweglich bleiben im Finden einer inneren Ruhe!
»Liebe differenziere«, sagt der Mystiker Pierre Teilhard de Chardin (1881–1955). Das heißt für Bernardin Schellenberger, die Liebe »löse den Menschen nicht als Wassertropfen im Meer auf, sondern je hingebungsvoller er liebe, desto origineller werde er er selbst, statt mit dem anderen identisch zu werden«. Ich finde mich in diesem Deutungsversuch wieder, weil die Spannung, die zu jeder Liebe gehört, aufrechterhalten wird und weil sie meine tiefe Sehnsucht ausdrückt: ich selbst werden können dank tiefer Einheitserfahrungen, die verbinden mit allem.

Das Herzensgebet

Altabt Emmanuel Jungclaussen hat viele Menschen auf den Weg des Herzensgebetes begleitet. Im anonymen Werk »Aufrichtige Erzählungen eines russischen Pilgers«, das Abt Emmanuel herausgegeben hat, findet sich die kurze Bitte »Herr Jesus Christus, erbarme dich meiner!«, die ständig wiederholt wird, auch im Achten auf den Atem. Ein bewegtes Gebet, das in der russischen Mystik verwurzelt ist, die sich auch in einer Fülle von wunderbaren Ikonen ausdrückt. Bewegtes Gebet wird durch alle Sinne, auch dank dem intensiven Verweilen vor einer Ikone erlebbar.

Die Kontemplativen Exerzitien, wie sie der Jesuit Franz Jalics (geb. 1927) entfaltet hat, sind eine Hinführung zum Jesusgebet, wie das Herzensgebet auch genannt wird. Ein Weg, der mit der Gabe des Verweilens in der Natur und der Selbsterkenntnis beginnt. Die ökumenische Weggemeinschaft Via Cordis (www.viacordis.ch) im Flüeli-Ranft/Obwalden, Schweiz, bestärkt Menschen auch in Lokalgruppen in verschiedenen Ländern Europas auf dem Weg zum Herzen. Das Herz wird als Wesensmitte des Menschen verstanden, in der Gott in der schweigenden Ruhe erfahrbar ist. Das Herzensgebet nennt sich auch hesychastische Form der Kontemplation, weil es zur inneren Ruhe (hesychia) führen möchte.

Ich persönlich atme in der Meditation seit vielen Jahren mit dem Wort »Christus«. In diesem Wort verdichtet sich meine Hoffnung, dass Gottes Gegenwart in allem erfahrbar ist.

In BeWEGung bleiben

Das Pilgern – nicht nur auf dem Jakobsweg –, das Begehen eines Labyrinths – nicht nur in Chartres – oder eines Kreuzweges, das meditative Gehen im Garten oder im Wald können eine Hilfe sein, um sich dank einer Bewegung zu sammeln. Der meditative Tanz ist für mich seit vielen Jahren eine Gebetsform, die mich im Kreis mit anderen zu mir selbst führt, zu meinem tiefsten Beweggrund. Dies gilt auch für all die Gebetsformen, in denen ein Lied – wie bei den eindrucksvollen Taizéliedern – oder ein Gebet – wie beim Rosenkranz oder bei den Perlen des Glaubens – meditativ wiederholt wird, um in eine innere Ruhe zu gelangen. Gebetsbänder und Gebetsketten finden sich auch im Hinduismus, im Buddhismus und im Islam, so wie jüdische Betende sich beim Beten bewegen.

Entscheidend ist bei all diesen Formen die Grundhaltung, die mich bewohnt, damit ich nicht in einer Leistungsfrömmigkeit gefangen bleibe, die zu sehr vom Haben bestimmt ist und mich von meinem tieferen Grund, vom Sein entfernt. Bei den Mystikerinnen und Mystikern berührt mich immer wieder diese Gratwanderung, die einlädt, konkrete Übungen zu wagen, bei denen ich zugleich eine innere Freiheit behalte, die nicht an äußerliche Formen gebunden ist. Am intensivsten drückt dies der Mystiker Meister Eckhart (1260–1328) mit den Worten aus: »Sogar Gott um Gottes willen lassen, damit er mir bleibe.« Er meint damit all die einengenden Gottesbilder, in denen wir Gott haben und eingrenzen möchten. Der Jesuit Karl Rahner (1904–1984), einer der einflussreichsten Theologen des 20. Jahrhunderts sagt darum treffend: »Gott sei Dank gibt es nicht, was sich 60 bis 80 Prozent der Menschen unter Gott vorstellen.«

Ein tiefes Gottvertrauen zeichnet sich für mich in der Grundhaltung aus, sich verwandeln zu lassen. Nur wer sich wandelt, bleibt sich treu. Glauben ist für mich ein

Vertrauensakt und keine Lebensversicherung. Darum tue ich mich schwer mit all den fundamentalistischen Aussagen in allen Religionen, in denen die Beweglichkeit als Beliebigkeit verschrien wird. Mystikerinnen und Mystiker haben mich befreit von der Vorstellung, Gott irgendeinem Menschen bringen zu müssen oder zu können. Gott wohnt und wirkt schon in jedem Menschen. Unsere Aufgabe ist es, ihn ein Leben lang zu suchen, freizulegen, mehr noch, ein Leben lang zu lieben – und dies bedeutet, immer wieder neu von ihm bewegt und berührt zu werden.

Jede Aussage von Gott ist immer begrenzt. Diese befreiende Einsicht wurde auch im Vierten Laterankonzil um 1215 festgehalten: die Erkenntnis, dass alle Bilder, die wir Menschen uns von Gott machen, mehr falsch als wahr seien. Trotzdem brauchen wir Bilder, Symbole, Worte für das Unsagbare. Schon in der Bibel haben wir vielfältige Aussagen und Bilder von Gott und zum Glück, dank der vier Evangelisten, vielfältige Geschichten und existenzielle Glaubensaussagen, um die Menschwerdung Gottes zu deuten. Diese Vielfältigkeit haben Mystikerinnen und Mystiker besonders hervorgehoben und sie wurden deswegen im schlimmsten Falle umgebracht. Von ihnen können wir lernen, uns zu entscheiden für einen Weg, der wirklich in die Tiefe geht und zugleich eine große Weite und Toleranz entfaltet.

Der Mystiker Jakob Böhme, einfacher Schuster und einer der größten Männer der evangelischen Christenheit (Walter Nigg), bringt es auf den Punkt: »Christus ward in den Wüsten versuchet. Willst du ihn anziehen, so musst du durch seinen ganzen Prozess, von seiner Menschwerdung an bis zu seiner Himmelfahrt, gehen. Ob du wohl nicht kannst noch darfst das tun, was er getan hat, so musst du doch gänzlich in seinen Prozess eingehen ...« In seinen Prozess eingehen heißt, seinen Liebes-, Kreuz- und Auferstehungsweg im eigenen Lebensweg erkennen, seine Menschwerdung in der Menschwerdung eines jeden Menschen erahnen. Dies bedeutet, den Glauben immer wieder neu in die persönliche und gesellschaftliche Situation hineinzubuchstabieren. Es bedeutet, die Angst vor Reformen zu verlieren, weil Gott sich in der hebräischen Bibel und Jesus als Weggefährten offenbart hat, der neue Wege begeht, um die uralte Zusage des Mitseins im Wandel zu konkretisieren.

Es gibt auch eine hoffnungsvolle Kirchengeschichte, die keine Angst hat vor Erneuerung. Papst Johannes XXIII. steht für diese Wirklichkeit. Auf den Einwand eines Prälaten, dass es schlicht unmöglich sei, schon 1963 ein Konzil einzuberufen, erwiderte Johannes XXIII.: »Gut, dann eröffnen wir es 1962!«

Das Gebet verwandeln lassen

Dies lerne ich jeden Tag in der Lebensschule Jesu. Der anglikanische Bischof John Shelby Spong bezeugt, wie ihn sein mystisches Bewusstsein eines Lebens in der göttlichen Gegenwart befreit zu grundlegenden Änderungen, die im Christentum anstehen. Inspiriert vom Theologen Paul Tillich, der Religion umschreibt als das, was mich unmittelbar an-geht, stellt er in seinem spannenden Buch »Was sich im Christentum ändern muss« viele Fragen, die wegweisend sind und die bei mir noch mehr Fragen auslösen. Dieses Unterwegssein mit ungelösten Fragen verunsichert mich in einem guten Sinne. Es belebt meinen Glauben und nährt meine Lebendigkeit.

Bischof Shelby Spong ermutigt zu einer Wüstenwanderung, zu einem Weg ins Exil, in dem wir eine neue Sprache erfinden, in der wir nicht mehr von einem Gott reden, der getrennt ist von uns, sondern unser »Kern und Urgrund allen Seins, die ständige Quelle aller neuen Möglichkeiten«. Er tut dies als Christ, weil für ihn in Jesus die brennende Kraft Gottes so wirklich war, »dass ich auf sein Leben sehen und sagen kann: In dir sehe ich, was Gott bedeutet«. Dieser Glaube bestärkt zu einer kritischen Auseinandersetzung, weil jedes Sprechen von Gott begrenzt ist und sich immer wieder wandeln muss.

Er konkretisiert seine Suche rund um die Erfahrung einer Krebserkrankung seiner Frau Joan im Jahre 1981. In Hunderten von Kirchen wird für seine Frau gebetet, ein tiefes Zeichen der Fürsorge, der Besorgnis, der Liebe und der Anerkennung. Eine Heilung wird möglich und seine Frau lebt noch sechseinhalb Jahre. Als viele Menschen die Lebensverlängerung als ihren Erfolg ansehen, wird der Bischof beunruhigt, nebst der großen Dankbarkeit über diese Solidarität im Gebet. Er fragt sich, ob die Frau eines Müllarbeiters, die kaum jemand kennt, mit derselben Diagnose früher sterben muss: »Würde sie nach ihrer fatalen Diagnose weniger lang leben, mehr Schmerzen erleiden und einen schweren Tod sterben? Wenn das so wäre, würde das

nicht bedeuten, dass wir Gott nicht nur eine recht eigensinnige Natur zuordnen, sondern auch ein Wertesystem, das durch das Ansehen einer Person und deren weltlichen sozialen Status bestimmt ist? Könnte ich daran interessiert sein, einen Gott anzubeten, der meine Frau deshalb anders behandelte, weil wir Möglichkeiten im Leben wahrnehmen konnten, die dem Müllarbeiter nicht zur Verfügung standen?«
Gebet wird für Bischof John Shelby Spong zur Aufforderung, mit der Quelle des Lebens, die tief in jedem Menschen sprudelt, in Verbindung zu treten. »Es ist etwas, was mich zur Gemeinschaft und zur Fürsorge für andere bewegt. Ich rede diese Gegenwart mit Du an, nicht weil sie ein personales Wesen ist, sondern weil sie mich fortgesetzt zu einem tieferen Verständnis meines Personseins zu rufen scheint.« Diese Worte beinhalten für mich die lebenslange Herausforderung, mein Gottesbild verwandeln zu lassen. Doch ich halte an einem personalen Gottesbild fest, weil ich meine Hoffnung auf Gerechtigkeit nie aufgeben werde und weil ich angeschaut werden möchte. Gott »nur« als Kraft zu sehen, ist mir zu wenig.
Ich beschäftige mich seit Jahrzehnten mit diesen Fragen und meine Sehnsucht führt mich zu einer personalen Christusbegegnung, im Leben und im Tode. Der Theologe Hans Küng spricht in seinen Erläuterungen zum Glaubensbekenntnis von einem vernünftigen Vertrauen: »Aber wenn ich somit weiß, dass Gott die allumgreifende, allesdurchwaltende, unendliche Wirklichkeit ist, die von meiner Endlichkeit nicht getrennt, aber unterschieden gedacht werden muss, dann kann ich erkennen, dass es nicht sinnlos ist, diese umfassende geistige

Wirklichkeit auch als ein Gegenüber draußen und in mir anzureden. Dann kann ich zu ihm, dem mich umfangenden Unendlichen, doch in Ehrfurcht »Du« sagen, ja, dann kann ich wieder – wie dies Menschen aller Kontinente in der vieltausendjährigen jüdisch-christlich-islamischen Tradition getan haben – beten: lobend und oft auch klagend, dankend, bittend und manchmal auch empört aufbegehrend.«

So sage ich mit dem Berner Dichterpfarrer Kurt Marti aus seinen »Leichenreden« aus, dass es manchen Herren so passen würde, wenn mit dem Tod alles beglichen sei und wenn sie in Ewigkeit Herren blieben im teuren Privatgrab ... Gerechtigkeit und Barmherzigkeit sind die beiden zentralen Worte der biblischen Botschaft. Diese Spannung gebe ich nicht auf: Wir sind nicht von Gott getrennt und erfahren jetzt schon Einheitsmomente, die uns zur Gerechtigkeit für alle bewegen, und zugleich spreche ich mit Sören Kierkegaard von einem »unendlichen qualitativen Unterschied« zwischen Gott und Mensch.

Schon in der Bibel finden wir persönliche und unpersönliche Bilder von Gott, damit wir je nach Lebenssituation eine Fülle von Ausdrucksformen finden können. Ich brauche verschiedene Gebetsformen: das bittende Gebet, in dem ich auch mit anderen all meine Gefühle ausdrücken kann, das dankende Gebet im Staunen über all die Wunder des Lebens und das schweigende Beten. Gebet ist für mich nicht mehr das Bemühen, Gott zu erreichen, sondern das Aufatmen, dass wir schon in ihm sind und leben (Apostelgeschichte 17,28).

Bei Fulbert Steffensky, dem Ehemann von Dorothee Sölle, leihe ich mir gerne eine der eindrücklichsten Um-

schreibungen von Gebet aus: »Das Gebet ist die Selbstmitteilung des Menschen an den Grund allen Lebens, an Gott. Diese Selbstmitteilung hat zwei Grundformen: das Einverständnis mit dem Leben und das Nicht-Einverständnis mit dem, was der Mensch sieht und erfährt. Gebete des Einverständnisses sind Lob, Preis und Dank ... Das Nicht-Einverständnis ist die andere große Form des Gebetes. Darunter fasse ich das Bittgebet, das Klagegebet und den Hader mit Gott. Ich vermute, dass nur der Leidenschaftliche klagen, revoltieren und hadern kann, der auch loben kann. Beide haben ein erotisches Verhältnis zum Leben zur Voraussetzung, und bei beiden ist nicht gleichgültig, was mit dem Leben geschieht. Ein Mensch muss fähig sein, etwas zu vermissen; nicht einverstanden zu sein mit den Zerstörungen des Lebens und mit der Schmach, die ihm angetan wird.«
Mystikerinnen und Mystiker bestärken als Querdenkerinnen und -denker zu einer kritischen Beweglichkeit, die den Weg durch die Wüste nicht scheut, die Frömmigkeitsformen hinterfragt, die um eine neue Sprache für das Ewige ringt, weil dieser Weg in die Freiheit führt, in der die Menschenrechte miteinander verwirklicht werden. Im Musical »Jesus Christ Superstar«, das Norman Jewison 1973 originell verfilmt hat, finde ich viele spannende Szenen, die meinen Glauben in Bewegung halten, damit er mir wirklich Halt schenkt. Die Auseinandersetzungen Jesu mit Judas und sein Ringen in Gethsemane eignen sich vortrefflich, um miteinander die Gottesbildfrage vertiefen zu können, weil wir Gott nicht besitzen, sondern uns alltäglich von ihm bewegen und berühren lassen.

Mystische Menschen suchen und vertiefen miteinander einen beweglichen Glauben, der die Angst vor Veränderung verliert.

Nur wer sich wandelt, bleibt sich treu. Sie entfalten ganzheitliche Ausdrucksformen, damit die Lebensfreude und die Lebensschreie mit Leib-Geist-Seele ausgedrückt werden können. Sie lassen sich innerlich und äußerlich bewegen zu einem Aufbruch, zu einer neuen Sprache, die die Herzen der Menschen berührt. Sie tanzen ihren Glauben, sie durchbrechen gut eingespielte Verhaltensmuster und suchen nach neuen sozialen Lebensformen, die Brot und Rosen für alle Menschen mit sich bringen. Sie finden vielschichtige Formen des Gebets, in denen das Gottesbild kritisch hinterfragt wird, weil Gott nicht zu haben ist, sondern uns zum Werden bewegt.

Du
bewegst mich zutiefst
durch deine liebende Gegenwart
die mich zu mir selbst führt

Du
bist der Urgrund allen Seins
erfahrbar im tanzenden Gebet
das zur Hoffnung bewegt

Du
berührst uns zuinnerst
zu einer befreienden Offenheit
die Angst in Vertrauen verwandelt

Du
schaust mich an
sprichst mich an
bewegst mich zur Gerechtigkeit

Du
bist der Beweggrund aller Hoffenden
die dich in allen Religionen suchen und
feiern
als tiefes Geheimnis der Liebe

9 Solidarisiere dich mit den Leidenden – entfalte dein Mitgefühl

Mystik des Schreis

Leidenschaftlich will ich mein Leben durchschreiten, meine Lebendigkeit spüren und meine Zerbrechlichkeit annehmen, meine Leichtigkeit genießen und meinen Schmerz ausdrücken. Meine Vielfalt der Gefühle will ich nicht überspielen, ich will sie wahr-nehmen, um sie besser lassen zu können. Ich will die Lebenskunst des Mitfühlens und Mitleidens entfalten, ohne mich darin zu verlieren. Ich will mitschreien mit Menschen in Not und mich zugleich schützen. Ich will in meinen Begegnungen mit der Widersprüchlichkeit des Lebens eine mitfühlende Nähe ausdrücken, die auch eine gesunde Distanz beinhaltet. So eine leidenschaftliche Lebensgrundhaltung ist nicht machbar, sie ist auch kein Zustand, sondern ein alltägliches Abenteuer. Dadurch erfahre ich wirklich ein Leben in Fülle, ein Leben erfüllt mit dem lachenden Segen Gottes und mit dem empörten Aufschrei über all die himmelschreiende Destruktivität, die Menschen und Schöpfung zerstört.
Dieses leidenschaftliche Verliebtsein in das Leben finde ich im Kultfilm »Harold und Maude« von dem amerikanischen Regisseur Hal Ashby, den ich mir schon ein Dutzend Mal angesehen habe. Ich bin nicht nur angerührt von den Songs von Cat Stevens, sondern auch von der 80-jährigen Maude – faszinierend gespielt von Ruth Gordon –, die den 18-jährigen Harold zu einem leidenschaftlichen Leben anstiftet. Maude lebt in einem alten Eisenbahnwagen, der voll ist von originellen Gegenständen und Kunststücken, die ihre Kreativität bezeugen. Sie scheut sich nicht, auch in ihrem Alter Modell zu stehen bei einem Künstler. Sie bringt absterbende Bäume aus der Stadt in den Wald zurück, obwohl das natürlich illegal ist. Ihr leidenschaftliches Dasein, ihr

Widerstand gegen den Vietnamkrieg lässt Harold einen neuen Geschmack am Leben finden. Ein Geschmack, der Lebensfreude und Leidensfähigkeit beinhaltet.
Die Option für ein erfülltes Leben, das in all seinen Dimensionen ausgekostet wird, begegnet mir auch im außerordentlichen deutschen Film »Sophie Scholl – Die letzten Tage« von Marc Rothemund. Julia Jentsch verkörpert die Lebens- und Widerstandskraft der jungen Sophie Scholl mit großer Intensität. Das Leben der Geschwister Scholl und ihres Freundeskreises kann wegweisend sein auf der Suche nach einem glücklichen Leben, dessen Sinn sich auch in der Gabe entfaltet, sein Leben hingeben zu können für Gerechtigkeit und Menschenwürde. Vorher schreit sie, weint sie, danach betet sie: »Mein Gott verwandle du diesen Boden in eine gute Erde, damit dein Samen nicht umsonst in sie falle, lasse wenigstens die Sehnsucht wachsen nach dir, ihrem Schöpfer, den sie so oft nicht mehr sehen will.« Sie begegnet noch ihrem Bruder Hans und dem Mitkämpfer Christian. Die drei umarmen sich fest und Sophie verabschiedet sich mit den Worten: »Die Sonne scheint noch.«
Diese innere Freiheit, mit der Sophie Scholl dem Schafott entgegentritt, berührt mich ganz tief. Sie erzählt von der mystischen Kraft, die sich in Schreikrämpfen ausdrückt und im ver-rückten Vertrauen, dass der Einsatz für die Menschlichkeit nicht vergebens war. Geerdete Mystik verordnet uns kein überforderndes Diktat, das uns in allen Lebenssituationen ruhig halten will. Mystische Menschen sind verwurzelt in einen Gott des Lebens, der uns bekräftigt, mitten in der Lebensbedrohung seine Nähe zu erfahren, auch im Ausdrücken aller

Gefühle. Mystische Menschen leben intensiv, sie spüren in höchster Intensität die Kraft der Ewigkeit, die auch die erdrückende Zerbrochenheit des Lebens erfahren lässt. Leidenschaftlich leben will ich, Leiden verhindern und überwinden und zugleich verinnerlichen, dass es keine Liebe ohne Leiden gibt.

Frag-würdige Passionsmystik: Angela da Foligno

Angela von Foligno (1248–1309) stammt aus einer wohlhabenden Familie im umbrischen Foligno. Bis zu ihrem 37. Lebensjahr lebt sie als angesehene und reiche Ehefrau und Mutter vieler Kinder. In der Mitte des Lebens wird sie aufgewühlt durch die Betrachtung des Gekreuzigten und durch die Armutsradikalität von Franz von Assisi. Sie tritt 1291 in den Dritten Orden der franziskanischen Gemeinschaft ein. Nach dem Tod ihrer Familienmitglieder, den sie ersehnt hat (!), um frei sein zu können für alle Menschen, verschenkt sie all ihre Güter und lebt in großer Armut und in radikaler Solidarität mit den Armen.
Ihr Ergriffensein vom gekreuzigten Christus drückt sich in mystischen Ekstasen aus, die voll von Botschaften und Visionen sind. Ihr Verwandter und Beichtvater Arnaldo schreibt all ihre inneren Erfahrungen auf. Sie sind gesammelt im »Buch von der Erfahrung wirklich Gläubiger«, kurz »Das Buch« genannt. Die Schwierigkeit der Niederschrift von intensiven Erfahrungen wird darin

sichtbar. Angela hat selber unter dieser Diskrepanz gelitten. Ihre Worte wurden auf ihre Rechtgläubigkeit hin überprüft. Der Mystikkenner Bernhard McGinn, Professor für Kirchengeschichte an der Universität Chicago, nennt »Das Buch« einen Spitzentext der franziskanischen Mystik. Die leidenschaftliche Identifizierung mit dem gekreuzigten Christus findet sich bei vielen Mystikerinnen. Der Kreuzweg mit all seinen grausamen Folterungen und mit seinem brutalen Tod am Kreuz ruft bei ihnen intensive Emotionen hervor. Sie begeben sich mit Leib und Seele in den biblischen Text hinein und erleben ihn so existenziell, wie wenn sie selber hautnah dabei gewesen wären. Da verwebt sich das eigene Leiden mit dem Leiden Jesu. Die eigenen Lebensschreie sind durchdrungen vom Schrei Jesu am Kreuz.
Im Bibliodrama, einer Methode, in der die Teilnehmenden sich identifizieren mit den Personen, Symbolen und Gegenständen eines biblischen Textes, geschieht dieses Aufgehen in biblischen Situationen, die keiner Extremsituation ausweichen. Beim Text zur Grablegung Jesu spielt jemand den Leichnam Jesu, jemand spielt das Leinentuch, jemand das Grab ... Eigene Leidens- und Grenzerfahrungen können so nochmals durchlebt werden. Zugleich sind sie geheimnisvoll aufgehoben im biblischen Text, der in seiner ursprünglichen Dramatik neu erlebt wird. In meiner sechsjährigen Ausbildung im Sozialtherapeutischen Rollenspiel habe ich ähnlich wie im Bibliodrama mich selbst besser kennengelernt und meine persönlichen Erfahrungen in biblischen Urerfahrungen wiederfinden können. Dieses intensive Spielen, das immer auch kritisch ausgewertet wird, lässt mich einen Zugang finden zur mittelalterlichen Passionsmystik,

die mich oft befremdet und innerlich abstößt. Das Verbindende sehe ich in der Sehnsucht, den Glauben ganzheitlich zu erleben und zu ertasten, das Trennende in der Nachahmung der Passion Jesu, die oft exzentrische Züge annimmt.

Bei der Mystikerin Angela von Foligno wird diese Spannung extrem sichtbar. An einem Karsamstag findet sich Angela »mit Christus zusammen im Grab. Zunächst bedeckt sie seine Brust mit Küssen, dann den Mund, dem ein wunderbarer Geruch entströmt ... Schließlich legt sie ihre Wange an die Wange Christi, und während dieser, den sie doch mit geschlossenen Augen und Lippen vor sich sieht, sie mit der Hand an sich drückt, offenbart er ihr, dass er sie schon vor seinem Begräbnis so umarmt gehalten habe«. Die evangelische Theologin und Psychologin Dagmar Müller deutet in ihrem spannenden Buch »Begleiterinnen auf dem Weg nach innen. 8 Wege mit mittelalterlichen Mystikerinnen« diese Stelle nebst Befremden als Herausforderung, dunkle Orte des Schreckens aufzusuchen, damit das Grauen in Liebe verwandelt werden kann. Nach ihr können wir von Angela von Foligno lernen, dem Leiden nicht auszuweichen und miteinander in dunkle Abgründe hinabzusteigen, um heilende Versöhnung zu erfahren.

Die Absolutheit der Aussagen von Angela lassen aufschrecken, sie müssen relativiert werden. Zugleich entdecke ich darin das Revolutionäre der Mystik, das zu einer Verwandlung des Gottesbildes und zu einem menschlicheren Kirchenbild führen kann. Der dreifaltige Gott wird nicht mehr allein durch Männer – die Amtskirche – vermittelt, sondern er spricht direkt zu ganz verschiedenen Menschen, auch zu Frauen! Frauen

finden dadurch auch einen direkten Zugang zu Gott. Sie beanspruchen wie Angela von Foligno die göttliche Autorität, die direkt zu ihnen spricht. Das ist das Innovative der Mystik, das bis heute für religiöse Institutionen bedrohlich wirkt. Das ist auch das Frag-würdige, denn mystische Menschen zweifeln selber an ihren inneren Bildern und hinterfragen sie. Sie suchen darum immer das Gespräch mit ihrer geistlichen Begleitung.
Der Professor für Kirchengeschichte in Tübingen, Ulrich Köpf, betont zu Recht, dass die Christusfrömmigkeit von Angela sich nicht auf den triumphierenden und richtenden Herrn der Welt bezieht, sondern auf den menschgewordenen Gott, der unser Leiden teilt. Die französische Schriftstellerin Simone de Beauvoir (1908–1986) nennt viele Mystikerinnen Narzisstinnen; auch Angela, weil Jesus ihr im Tal von Spoledo sagt, er liebe sie mehr als andere Frauen. Ich teile ihre Ansicht nicht. Denn ich sehe in diesen sprachgewaltigen Berichten von Mystikerinnen einen Auferstehungsakt. Sogenannte ungebildete Menschen werden zu sich selbst befreit, sie trauen ihrer Intuition, sie entdecken ihre einmalige Würde und entfalten ihr Selbstbewusstsein, sie stellen sich quer und sie bringen gängige Welt- und Gottesbilder durcheinander.
Natürlich geschieht unsere Gottessuche nicht in einem luftleeren Raum. Wir suchen Gott mit all unserer Sehnsucht, unserer Liebesbedürftigkeit und Liebesfähigkeit ebenso wie mit unseren destruktiven Charakterzügen und dunklen Seiten. Darum kann ich nicht genug betonen, dass wir eine mystische Frömmigkeit nicht eins zu eins übernehmen können. Sie kann krank machen und zu neurotischen Fehlformen des Glaubens führen. Den ge-

kreuzigten Christus müssen wir nicht nachahmen, sondern wir können sein Antlitz in all den schreienden Menschen erahnen, die auf unsere Solidarität warten. Es geschieht täglich zu viel Leid, als dass wir uns mit Selbstkasteiungen selber Schmerzen zufügen müssten, wie dies leider noch heute getan wird, zum Beispiel bei Mitgliedern des Opus Dei.

Die exzentrische Leidenspraxis vieler mystischer Menschen muss kritisch hinterfragt und abgelehnt werden. Höchst aktuell ist jedoch die Ermutigung zu einem ganzheitlichen Glauben, in dem ich aufschreien kann, wenn ich mit empörendem Leid und zerstörerischer Ungerechtigkeit konfrontiert bin. Angela von Foligno ermutigt zu einer leidenschaftlichen Macht der Ohnmächtigen, weil sie in allem die göttliche Macht der Liebe erahnt: »Die Augen meiner Seele wurden geöffnet und ich erblickte eine göttliche Fülle, in der ich die ganze Welt erfasste ... Da rief meine Seele in übergroßem Staunen: Diese Welt geht schwanger von Gott.«

Die Wirkungsgeschichte des Buches der italienischen Mystikerin ist immens, viele Druckausgaben und über halb Europa zerstreute Handschriften drücken die Wertschätzung für ihre leidenschaftliche Mystik aus. Auch evangelische Mystiker wie Johann Arndt und Gerhard Tersteegen nehmen sie auf. Sie erwähnen nicht das Abstoßende, sondern ihr tiefes Verwurzeltsein in den leidenden Christus.

Inneres Licht der Gewaltfreiheit: George Fox

George Fox (1624–1691) ist der Begründer der Quäker (Society of Friends – Gesellschaft der Freunde), die sich bis heute in Gewaltfreiheit für Frieden in Gerechtigkeit engagieren. Der ursprüngliche Spottname »Quäker« stammt vom englischen Wort »to quake« ab, was beben und zittern bedeutet. Es steht für ein inneres Ergriffensein, das Konsequenzen hat für ein ethisches Handeln aus der Kraft des Evangeliums.

George Fox wächst in einer einfachen Weberfamilie in Fenny, Drayton (Leicestershire, England) auf. Mit 19 Jahren treiben ihn seine seelische Unruhe und sein Suchen nach einem überzeugenden Glauben aus seiner Lehre als Schuhmachergeselle auf eine längere Wanderschaft, in der er nach Sinn tastet. Er fastet viel und verbringt in seiner Traurigkeit viele Nächte im Freien. Er sucht oft Rat und Trost bei Priestern, doch er findet sie da nicht. Seine Radikalität schreckt viele ab. Er entlarvt ein angepasstes, verbürgerlichtes Christsein. Seine Kirchenkritik ist schonungslos: »Ich litt zu dieser Zeit mehr, als sich mit Worten sagen lässt, denn ich musste in die Tiefe, und ich sah alle Religionen der Welt und die Menschen, die darin leben, und die Priester, die sie vertraten, und die wie eine Bande von Menschenfressern waren; sie fraßen die Menschen auf wie Brot und nagten das Fleisch von ihren Knochen.« Seine Worte sind auch kritisch zu betrachten, denn sie beinhalten viel Gewalt! Sein Misstrauen gegen »seine« anglikanische Kirche ist groß. Darum ist ihm ein demokratisches Christsein wichtig, weil der Geist lebendiger ist als der Buchstabe,

das gemeinsame Schweigen wichtiger als die Predigt, die Gleichheit aller Menschen entscheidender als die Hierarchie. Sein Weg ist geprägt durch ein mystisches Spontanerlebnis mit 22 Jahren, seine Vision des inneren Lichtes, die von der Gegenwart Gottes in allem erzählt. Diese innere Erfahrung hat George Fox ein Leben lang zum Kämpfer für ein gewaltfreies Christsein gemacht. Seine Vision vom inneren Licht erhellt sein ethisches Handeln. Christus wird ihm zum »inneren Lehrer«, der sein Engagement für die Abschaffung der Sklaverei stärkt. Das innere Licht erhellt seine Gewissensbildung, die ihn auch für die Gleichstellung der Frau kämpfen lässt. Er vertritt die revolutionäre Ansicht: »Gläubige Frauen, welche zum Glauben an die Wahrheit berufen sind und desselben köstlichen Glaubens teilhaftig gemacht sind wie die Männer, und Miterben desselben ewigen Evangeliums des Lebens und Heils, sollen gleicherweise in den Besitz und Stand der Ordnungen des Evangeliums kommen und somit Mitgehilfen der Männer werden bei den Neugestaltungen im Dienst der Wahrheit in den Angelegenheiten der Kirche.«
Fox lehnt ein Christentum als Institution und die Sakramente und Glaubensvermittlung durch Priester ab. Das lange Schweigen in den Gottesdiensten, die ohne priesterliche Leitung gefeiert werden, ist Ausdruck dieser Kirchensicht. Ein Schweigen, das zu einem christlichen Humanismus führt, der sich gegen das Feudalsystem, gegen Krieg und Armut engagiert. 1668 sind es schon 60.000, die sich lose zusammenschließen und wegen ihres leidenschaftlichen Einsatzes erbitterte Verfolgungen erleben. Die Mystik von George Fox zeigt deutlich auf, wie ein innerer Weg mitten in die gesellschaftspoli-

tischen Fragen führt. Sie lebt aus der Hoffnung, dass alle das innere Licht sehen können. Es wird sichtbar in der Abgeschiedenheit, wie Fox betont: »Sei still und vertreibe dein eigenes Denken, Forschen, Suchen, Wünschen, Vorstellen, und bleibe bei dem Grunde Gottes in dir. Dann wirst auch du fühlen, wie die Kraft Gottes in dir wirkt.«

Farbe bekennen: Dom Hélder Camara und Oscar Romero

Dom Hélder Camara und Oscar Romero, beides Erzbischöfe, sind für mich hoffnungsvolle Mystiker, die sich für die Erneuerung einer Kirche ein- und aussetzen, die glaubwürdig Partei ergreift für die Armen, Leidenden und Entrechteten. Ich bin dankbar, dass beide Bischöfe im dritten Band der hervorragenden Sammlung »Die Kirchenkritik der Mystiker. Prophetie als Gotteserfahrung« (hrsg. von Mariano Delgado und Gotthard Fuchs) als ermutigende und wegweisende Mystiker dargestellt werden.

Dom Hélder Camara (1909–1999) teilt sein Leben in drei Phasen. In den ersten fünfundzwanzig Jahren lebt er im Nordosten von Brasilien und vertritt politisch rechte Positionen. In der zweiten Phase zwischen 1936 und 1964 in Rio de Janeiro gelangt er zu einer kritischen Sicht der sozialen und kirchlichen Verhältnisse. Nach dem Staatsstreich der Militärs tritt er sein Amt als Erzbischof von Olinda und Recife an und stellt sich dem

Militärregime entgegen. Er steht lange Zeit unter Publikationsverbot und lebt mit Morddrohungen.
Der Schweizer Theologe Urs Eigenmann beschreibt ihn als Mann von historischer Bedeutung, der einen Weg zur Option für die Armen einschlägt und eine mystische Christusverbundenheit als spirituelle Quelle lebt. In seinen Nachtwachen schafft er Distanz zum Leben und er schreibt bewegende Gedichte, die auch als mitternächtliche Meditationen im genialen Buch »Mach aus mir einen Regenbogen« erschienen sind. Er bezeichnet sein nächtliches Beten als Geheimnis und Seele seines Lebens. Es lässt ihn über sich hinauswachsen und zu einer prophetischen Gestalt werden. Sein Eintauchen in den gekreuzigten und auferstandenen Christus bekräftigt ihn zum leidenschaftlichen Widerstand, weil wir aus Gott kein Kopfkissen und aus dem Gebet kein Federbett machen sollen. Seine Gedichte sind für mich von großer mystischer Tiefe und Weite. Dom Hélder Camara will ein »weißes Papier sein, das ganz leer ist und auf dem Gott schreibt«.
Er lebt eine Mystik mit offenen Augen, die die Auseinandersetzung mit der Kirchenleitung und der Staatsregierung nicht scheut. Sein Leben lang zeigt er auf, dass all unser Feiern in den Kirchen kein Selbstzweck ist, sondern schöpferische Kraft, die im unbequemen Einsatz für die leidenden Menschen spürbar werden muss. Dom Hélder Camara hört eines Tages, dass eine Kirche seiner Diözese ausgeraubt worden sei. Man hatte den Tabernakel aufgebrochen und die geweihten Hostien in den Ausguss geworfen. Betroffen vom Frevel äußerten die Gläubigen ihren Protest und verlangten vom Bischof eine Sühnemesse. Dom Hélder versteht ihren be-

rechtigten Wunsch durchaus. Zugleich fragt er sie: »Wenn ihr Zeugen seid, wie Menschen verhaftet, gefoltert, getötet werden, protestiert ihr dann auch? Verlangt ihr dann auch eine Sühnemesse? Diese Menschen sind doch die leidenden Glieder Christi, die man mit Füßen tritt. Sie sind der Leib Christi, den man verfolgt.«

Oscar Romero (1917–1980) hat wie viele Mystikerinnen und Mystiker eine tiefe Wandlung erfahren. Als Priester ist er lange blind für die politischen und strukturellen Gründe der Armut in El Salvador. Ein Land, in dem die Hälfte des bebaubaren Bodens 14 reichen Familien gehört. Seine Ernennung zum Erzbischof im Jahre 1977 ist für viele eine Enttäuschung. Am 12. März 1977 wird sein Freund, der Jesuitenpater Rutilio Grande, im Auftrag eines Großgrundbesitzers ermordet. Diese schreckliche Tat verwandelt Oscar Romero. Aus einem ängstlichen Bischof wird eine prophetische Gestalt, die in ihren Predigten die Götzen benennt, die die Würde der Menschen mit Füßen treten. Der Jesuit Martin Maier nennt seine Spiritualität eine »Mystik des gekreuzigten Volkes«.

Oscar Romero hebt in den himmelschreienden Menschenrechtsverletzungen die Gottesebenbildlichkeit des Menschen hervor: »Es gibt keinen Gegensatz zwischen dem Bild Gottes und dem Menschen. Wer einen Menschen foltert, wer einen Menschen beleidigt, der beleidigt das Bild Gottes«, lauten seine Kernsätze, die ihn dazu bewegen, den amerikanischen Präsidenten Jimmy Carter zu bitten, die amerikanische Militärhilfe in El Salvador einzustellen. Seine Parteinahme für die Armen bringt ihm auch viele Schwierigkeiten mit dem Vatikan. Wie viele Befreiungstheologen wird er angegriffen und diffamiert. Nachdem eine Untersuchungsbehörde aus Rom ihn besucht hatte, sagt er: »Wenn sie mich nicht wollen, wie ich bin, sollen sie mir doch das Erzbistum entziehen und mich zum Pfarrer in einer Pfarrei ernennen. Ich kann doch nicht deshalb meine Worte ändern, denn ich spreche, wie mein Gewissen es mir befiehlt.« Am 24. März 1980 wird er während der Eucharistiefeier, nach einer Predigt zum Weizenkorn, das in die Erde fallen muss, um Frucht zu bringen, brutal erschossen. Ein Verbrechen, das bis heute nicht aufgeklärt ist.

Die Spannungen zwischen Rom und der Befreiungstheologie halten an, wie die ungerechtfertigte Maßregelung des Jesuiten Jan Sobrino im Jahre 2007 zeigt. Bemerkenswert bleibt, dass Papst Johannes Paul II. 1983 entgegen den offiziellen Planungen bei seinem Besuch in El Salvador am Grab von Bischof Romero betete.

Die Option für die Armen gehört zum Zentrum des christlichen Glaubens. Darum sind die beiden Bischöfe für mich Hoffnungsträger, weil sie aus ihrer Christusverwurzelung heraus den Mut hatten, sich im Volk, in der Ortskirche zu verwurzeln. Von diesem klaren Standort der inneren Freiheit ist ein kritischer Dialog mit der Kirchenleitung in Rom zu führen. Dom Hélder Camara, Oscar Romero und auch der französische Bischof Jacques Gaillot bestärken mich zu dieser mystisch-politischen Kirche der Compassion, der Mitleidenschaftlichkeit. Dies gilt auch für Pedro Casaldaliga (geb. 1928), Bischof in Brasilien, und Erwin Kräutler (geb. 1939 im Vorarlberg), Indiobischof in Altamira, Brasilien, leuchtende Beispiele eines engagierten Christseins. Sie alle sind Verteidiger der Menschenrechte und führen dieses Engagement trotz vieler Morddrohungen der Großgrundbesitzer unermüdlich weiter. Bischof Pedro findet auch als Dichter Worte, die das Schweigen vor der Ungerechtigkeit durchbrechen. Diese mystischen Menschen leben aus einer inneren Kraft, die soziale Gerechtigkeit fördert.

Träume uns Gott: Dorothee Sölle

Dorothee Sölle (1929–2003) ist für mich die Mystikerin der Compassion. Sie hat mit ihrem ganzen Sein und Wirken gekämpft für eine sympathischere Welt, in der weder Menschen noch die Schöpfung ausgebeutet werden, und sie hat sich zugleich mit ihrer kraftvoll-poetischen Sprache gewehrt gegen die Illusion eines leidfreien Lebens, das uns echtes Glück verbaut. Ich verdanke Dorothee Sölle sehr viel. Ich habe alle ihre Bücher gelesen, mehr noch meditiert, hinterfragt und mit anderen diskutiert. Ihre beiden Bücher »Mystik und Widerstand« und »Mystik des Todes« prägen auch dieses Buch sehr. Ein Versprecher bei einem Vortrag sagt mehr als viele Worte: »Ich habe das Mystikbuch von Dorothee Sölle schon dreimal gelebt (!) ... gelesen, meine ich.«

Ich hatte das Glück, Dorothee Sölle freundschaftlich zu begegnen, der Austausch mit ihr nährt mich bis heute. Ihr kämpferisches politisches Engagement bewundere ich, obwohl ich nicht mit so scharfen Worten die Feinde des Lebens anklagen kann. Ihre Freundin, die Bischöfin Bärbel Wartenberg-Potter, erzählt von ihrem schöpfe-

rischen Zorn, der den Mächtigen des »military-industrial-complex« die Maske vom Gesicht reißt. Mit der Steinschleuder ihrer scharfen Worte legt sie los und bringt die Riesen, die Goliaths auf tönernen Füßen, ins Wanken. Die bleibende Bedeutung von Dorothee umschreibt die Bischöfin treffend: »In die Gottesfinsternis des 20. Jahrhunderts hat Dorothee Sölle theologisches Licht getragen. Ein durch Krieg und Mord beschädigtes Licht hat sie wieder zum Brennen gebracht und uns in der Zeit nach Auschwitz, nach dem ›Tode Gottes‹ geholfen, wieder Gott zu sagen, Gott zu meinen, Gott zu glauben. Sie hat dieses Licht in das persönliche Leben ungezählter Menschen gebracht. Sie hat in die Dunkelheit von Rüstungswahn, Weltarmut und Mitweltzerstörung klares Licht gebracht. Sie hat das Zwielicht, in das sich Kirche und Theologie oft ducken, aufgehellt. Sie hat uns Frauen ein Licht aufgesteckt und den sanften Schein schwesterlicher Solidarität verbreitet.«
Bei Dorothee Sölle wird sichtbar, wie der Glaube immer neu buchstabiert werden muss im Ringen um eine Sprache, die sadistische Gottesbilder entlarvt und die uns erinnert an jenen geheimnisvoll-nahen Gott des Lebens, der uns alltäglich träumt. Sie schöpft ihre Widerstandskraft aus der biblischen Tradition und nennt die Psalmen ihre Lebensmittel, die sie isst und trinkt, sie kaut auf ihnen herum und spuckt sie manchmal aus. Sie findet in den Mystikerinnen und Mystikern Verbündete, die uns erinnern, dass Gott Freundinnen und Freunde braucht. In einem persönlichen Brief schreibt sie mir: »Wir haben sicher so viele gemeinsame Freunde – wie Teresa von Avila und Juan de la Cruz – die mögen dich behüten! Wir sind alle ›members‹, wie ein anderer

Freund von mir sagt, niemand ist ein Nicht-Mitglied und der einzige Unterschied besteht darin, dass einige es noch nicht wissen!«
Dorothee bestärkt mich, uns alle zu erinnern und uns allen zuzumuten, Alltagsmystikerinnen und -mystiker zu sein. Diese Kraft taucht schon 1975 in ihrem Buch »Die Hinreise« auf. Es ist der Wunsch, ganz zu sein: »Die größte Vollkommenheit des Menschen ist sein größter Mangel: Gottes zu bedürfen – das heißt: Seine Bedürfnisse wachsen ständig nach, keine Erfüllung kann sie stillen. Dass wir ›Gottes‹ bedürfen, drückt diese unstillbare Sehnsucht aus. Der Schmerz um das noch ausstehende Reich Gottes ist zugleich der größte Reichtum des Menschen. Dieser Schmerz kann sich aber als ein das Ganze betreffender nicht anders als theologisch-politisch artikulieren.« Eine wunderbare Wegweisung auf einem mystischen Weg. Es bedeutet, leidenschaftlich Liebende zu sein, verwurzelt im Hier und Jetzt und bewegt von der Sehnsucht nach Gottes Traum einer gerechteren Welt. Es bedeutet, dem Leben zuliebe den Schmerz und den Tod zu integrieren, um in einer größeren Freiheit das Leben wählen zu können. Sich einzumischen, an das Unmögliche zu glauben, Lebensfreude auszukosten, Sand im Getriebe zu sein und sich zu erinnern, dass wir nie Einzelne sind, sondern immer Teil eines Ganzen.
In ihrem Mystikbuch nennt Dorothee Sölle drei Stationen auf einer mystischen Reise für heute: Staunen – Loslassen – Widerstehen. Alltäglich staunen über den wunderbaren Geschenkcharakter des Lebens, alltäglich einen einfachen Lebensstil einüben im Lassen von Besitz, Ego und Gewalt, alltäglich heilen und widerstehen

in Compassion (Mitleidenschaftlichkeit) für Gerechtigkeit. Eine geerdete Mystik, in der wir Gott loben, Gott vermissen, in Gott leben.

Mystik der offenen Augen

»Kampf und Kontemplation« heißen die beiden Grundhaltungen, die am Konzil der Jugend in Taizé ausgesprochen wurden. Kampf meint ein gewaltfreies Engagement für Frieden in Gerechtigkeit, Kontemplation meint ein schweigendes Eintauchen in die Gegenwart Gottes, um Kraft zu schöpfen. Beides brauche ich und ich will meine mystische Lebensgestaltung in dieser Grundspannung wagen, jeden Tag neu. In einer christlichen Mystik verwurzele ich mich in den gekreuzigten und auferstandenen Christus. Diese Verwurzelung führt mich in die Nähe der schreienden und entrechteten Menschen und sie lässt mich zugleich hoffnungsvoll das Leben mit Dankbarkeit und Freude feiern. Afrikanische und lateinamerikanische Menschen beeindrucken mich, weil sie trotz größter Not eine Lebendigkeit und Lebensfreude ausstrahlen, die vielen von uns abhandengekommen ist. Ich spreche darum gerne von einer leidenschaftlichen Gelassenheit, die uns zum inneren Ruheort führt, um noch bewusster, sensibler, kämpferisch-leidenschaftlicher mitgestalten zu können an einer anderen Welt der zärtlichen Gerechtigkeit, die jetzt möglich ist.
Der Theologe Johann Baptist Metz, der lange an der Universität Münster gelehrt hat, bestärkt mich zu einer

politischen Mystik, er schreibt: »... nicht im Sinne einer politischen Herrschaft, sondern – um es mit einer Metapher auszudrücken – als eine Mystik der offenen Augen bzw. geöffneten Augen. Nicht nur die Ohren (zum Hören), auch die Augen sind ein Organ der Gnade! Jesus ist nicht Buddha! Mit allem Respekt vor fernöstlicher Mystik und Spiritualität sei dies betont. Jesus lehrte keine steile Mystik der geschlossenen Augen, sondern eine Gottesmystik der gesteigerten Wahrnehmungsbereitschaft, eine Mystik der offenen Augen, die mehr und nicht weniger sieht, die vor allem unsichtbares, ungelegenes Leid sichtbar macht und – gelegen oder ungelegen – darauf aufmerksam macht und dafür einsteht, um des menschenfreundlichen Gottes willen.«

Dieser Spur will ich folgen. Ich finde sie schon im dritten Kapitel des biblischen Buches Exodus, in dem Gott sich offenbart als »Ich bin, der ich da bin, da sein werde« (3,14). Dieses Dasein, dieses Mitsein erzählt von einem heruntergekommenen Gott, der die Schreie wahrnimmt und die Menschen anstiftet zum Aufbruch in eine Welt, in der mehr Frieden in Gerechtigkeit möglich wird. Diesen sympathischen (dieses griechische Wort bedeutet »mit-leiden«) Gott können wir nach Jesus erkennen, wenn wir Nackte bekleiden, Hungernden zu essen geben, Gefangene besuchen. Im 25. Kapitel des Matthäusevangeliums wird offensichtlich, worauf wir uns ausrichten sollen, um glücklich werden zu können. Christus sagt: »Was ihr dem Geringsten meiner Brüder, Schwestern getan habt, das habt ihr mir getan.« (Mt 25, 40) Eine wirklich mystische Aussage! Schon im biblischen Text wird erzählt, dass viele gar nicht merken, dass ein ethisches Handeln mit Gott zu tun hat!

Darum müssen wir Gott nicht den Menschen bei-bringen, sondern ihn frei-legen und er-öffnen, in dem was schon gelebt und getan wird.

Leidenschaftlich Gott suchen

Der Jesuit Christoph Albrecht (geb. 1966) hat in seinem Buch »Den Unterdrückten eine Stimme geben« das Lebenszeugnis vom Jesuiten Luis Espinal (1932–1980) beschrieben, der in Bolivien brutal ermordet wurde, weil er unermüdlich für die Menschenrechte gekämpft hat. Da entdecke ich eine Mystik der Compassion, die die Würde eines jeden Menschen wachhält. Der Leitspruch des Ordensgründers Ignatius von Loyola (1491–1556) »Gott suchen und finden in allen Dingen« wird in seiner prophetischen und sozialpolitischen Dimension entfaltet, weil sich bei Luis Espinal wenige Aussagen finden, wie Gott ist, sondern er legt den Akzent auf das Tun Gottes: »Gott hat Partei ergriffen für die Armen, aber nicht weil Gott sich über das Elend der Armen freut, sondern weil Gott ihre Leiden kennt.« Diese Anerkennung führt zum Fördern der Menschenwürde: »Ein Mensch zählt nicht darum etwas, weil er etwas hat, sondern ganz einfach, weil er Person ist.«
Mystik und politisches Handeln zusammen, wie dies auch der holländische Dominikaner Edward Schillebeeckx (geb. 1914) immer wieder hervorhebt, weil der Gott Jesu sich mit den Armen identifiziert. Darum darf das Leiden nie verherrlicht und als gottgewollt verharmlost werden. In Jesus wird sichtbar, dass wir zum auf-

rechten Gang gerufen sind. Er fördert keine Opfertheologie, sondern eine Spiritualität der leidenschaftlichen Hingabe. Es ist höchste Zeit, dass in unseren Kirchen zutiefst problematische Aussagen wie Sühne und Opfer aufgehoben werden. Wir brauchen eine lebensdienliche Sprache, die uns befähigt, uns mit Leidenschaft ein- und auszusetzen.

Der Benediktinerpater Anselm Grün hat in seinem Buch »Erlösung. Ihre Bedeutung in unserem Leben« die vielfältigen Erlösungsvorstellungen im Neuen Testament freigelegt. Erlösung ist für ihn kein magisches Geschehen, das uns von der Verantwortung für ein gelingendes Leben befreit. Jesus er-löst uns von der Vorstellung, alles selber tun zu müssen und uns dauernd beweisen zu müssen. Er befreit uns von einem egoistischen Handeln, weil sich unser Glück im Teilen ereignet.

Schöpfungsspiritualität und Erlösungsspiritualität sind keine Gegensätze. Wir sollen voll Dankbarkeit die Schöpfung und das Leben lustvoll feiern können und zugleich unsere Brüchigkeit und Zerrissenheit integrieren, damit wir uns auch mit unserer eigenen Todesangst aussöhnen können. Dazu verwendet schon die Bibel vielfältige Deutungen, die in verschiedene kulturelle und religiöse Kontexte hinein übersetzt wurden. Diese Fülle tut gut, doch ich bin nicht einverstanden mit der Meinung, dass jedes Bild seine Berechtigung hat. Es mag seine Berechtigung gehabt haben, doch für mich ist das Kriterium des Lebensbejahenden entscheidend.

Diese Überzeugung beinhaltet für mich den Mut, die Sprache zu verändern. Das undifferenzierte Reden über »Opfer« kann ich nicht unterstützen. »Offerre« heißt im

Lateinischen »darbringen, etwas hinbringen«. Weil jedoch in unserem Sprachgebrauch das Wort »Opfer« zu sehr mit Gewalt in Verbindung gebracht wird und darum problematische Gottesbilder gefördert werden, muss ganz im ursprünglichen Sinn des Wortes von Hingabe gesprochen werden. Ein Teil der hierarchischen Kirche will ganz bewusst die Menschen in einer ungesunden Opferhaltung belassen, damit sie als unmündige Menschen den Machterhalt unterstützen. Eine mystische Spiritualität durch-bricht diese lebensfeindlichen Mechanismen, indem sie eine lebensdienliche Sprache fördert.

Wir brauchen eine leidenschaftliche Spiritualität, indem wir menschenunwürdige Strukturen bekämpfen. Leiden muss verhindert und überwunden werden. Zugleich ist uns aufgetragen zu verinnerlichen, dass es keine Liebe ohne Leiden gibt. Das leidenschaftliche Mitsein Jesu führt uns in diese Lebendigkeit, die sich verabschiedet von einem gekränkten Gott, der unsere Opfer als Besänftigung braucht. Er befähigt uns, unser Leben zu entfalten, damit wir es auch hingeben können für mehr Lebensqualität.

Leidenschaftliche Gelassenheit

Christliche Theologinnen zeigen uns auf, dass zentrale christliche Inhalte lebensbejahend gedeutet werden können. Die Theologinnen Doris Strahm und Regula Strobel haben in ihrem spannenden Buch »Vom Verlangen nach Heilwerden. Christologie in feministisch-theologischer Sicht« Re-Visionen gesammelt, die das Kreuz Jesu – ähnlich wie Befreiungstheologen – im Kontext des Eintretens für Gerechtigkeit und für gerechte Beziehungen sehen. Die Theologin Virginia Fabella von den Philippinen betont, dass das Heil eine ganzheitliche Befreiung sein müsse. Jesus ist der Befreier, der auch Frauen aus unterdrückten Strukturen befreit. »Er habe sich mit den Armen identifiziert und sich ihnen in ihren konkreten Bedürfnissen zugewandt. Seine Passion sei ein Akt der Solidarität.« Eine Solidarität, die ermutigt, sich aus der erdrückenden Opferrolle herauszulösen.

Das Kreuz ist auch ein altes Lebenssymbol, das es neu zu entdecken gilt. Ein Symbol für das Weltumfassende und für Ganzheit. Das Kreuz der Wirbelsäule ermöglicht das Aufrechtgehen und das Kreuz des Schultergürtels ein tatkräftiges Zupacken. Diese Aspekte entfaltet die Theologin, Germanistin und Sportlehrerin Hildegard Marcus (geb. 1926) in ihrem hervorragenden Buch »Spiritualität und Körper. Gestaltfinden durch Ursymbole«. Das Kreuz als Ursymbol ist ein Lebens-Symbol. Dastehen mit ausgebreiteten Armen ermöglicht uns den Gegensatz von Weltintegriertheit und personaler Eigenständigkeit zu vereinigen: »Bewusstes Leben ist immer universal, es ist Anteil am Göttlichen.«

So kann sich eine leidenschaftliche Gelassenheit entfalten. Ein Anteilnehmen an der kreativen Lebenslust und eine Solidarisierung im erschütternden Leid, das verwandelt werden muss. Die Psychotherapeutin und Theologin Ingrid Riedel beschreibt diese lebendige Spannung auch in ihrem wunderbaren Buch »Beseelte Orte« im Hinweis auf die irischen Hochkreuze: »Eine der genialsten Innovationen stellt aus meiner Sicht die symbolisch-gestalterische Verbindung des widerständigen Kreuzzeichens mit dem Kreiszeichen dar, die jedes irische Hochkreuz charakterisiert, eine Verknüpfung des Leidenszeichens mit dem Ganzheitszeichen des Kreises. Es geht diesem Christentum nicht primär um Passion, sondern um Erfüllung.«

Im Eintauchen in das Leben mit all seiner Kraft und Zerbrochenheit können wir Gott erfahren als Quelle des Lebens. »Gottespassion in Versunkenheit« nennt der Theologe Simon Peng-Keller (geb. 1969) seine Studie zur psychologischen Mystikforschung des Bremer Arztes Carl Albrecht (1902–1965), die er wie folgt zusammenfasst: »Eine als Teilhabe an der Passion Christi verstandene Gottespassion hat zwei sich scheinbar ausschließende, in einem christlichen Mystikverständnis jedoch zusammengehörige Momente zu verbinden: Zum mystischen Erleben gehört sowohl die ekstatische Glückserfahrung der Parusie Christi – der Bräutigam ist am Kommen, ja er ist schon da! – wie die Erfahrung seines Entschwindens, seines Ausstehens und der Agonie des Mit-ihm-gekreuzigt-Werdens.« Das Vereinigen dieser scheinbaren Gegensätze befreit mich zu einer Spiritualität der Unvollkommenheit. Sie erlöst von einem religiösen Leistungsdruck, der uns eine Dauererleuchtung vorgaukelt. Sie bestärkt zu einem mitfühlenden Unterwegssein mit allen Menschen, mit den Lachenden und den Weinenden. Sie verbindet mit der wunderbaren Schöpfung, ohne deren Unberechenbarkeit zu verdrängen.

Diese leidenschaftliche Menschwerdung hat der Religionspädagoge Ingo Baldermann (geb. 1929) in seinem Buch »Die Bibel – Buch meiner Sehnsucht. Wegbegleitung in dunklen und in hellen Tagen« beschrieben. Ein Buch, das mir tiefe Stunden des Glücks schenkt. Die Bibel ist für ihn ein »Buch der verzweifelten Fragen und einer ungeduldigen Sehnsucht«. Seine Worte befreien mich vom unmenschlichen Diktat, immer lächelnd im Leben stehen zu müssen. Eine er-lösende Zusage, die berührt und bewegt ist von einem leidenschaftlichen Gott, der nicht bedürfnislos und »der allem schlechthin Überlegene ist«, sondern liebend auf die Antwort der Menschen wartet. Eine tragfähige Verheißung, in der Segen und Vergebung ganz nahe beieinander sind, wie sich dies auch im Kreuz- und Auferstehungsweg Jesu verdichtet. Auch er spricht von seiner eigenen, großen, ungeduldigen Sehnsucht, die er teilt mit seiner Weggemeinschaft am »Tisch der Sehnsucht«, wie der Dichter Novalis das Abendmahl benennt. Ingo Baldermann hebt zu Recht hervor, dass wir verletzlicher werden, je stärker wir lieben. Auch die Geschwister Scholl und Abbé Pierre (1912–2007), der die Organisation Emmaus gegründet hat, die armen und obdachlosen Menschen hilft, bezeugen diese leidenschaftliche Liebe, die uns echte Gelassenheit erfahren lässt.

Mystische Menschen bleiben verwundbar. Sie verabschieden sich von Allmachtsfantasien und krank machenden Opferideologien. Sie erahnen die Menschwerdung Gottes in allen Lebensvollzügen, auch im Schreien nach Sinn, im Aushalten der dunklen Nacht der Seele, im sym-pathischen Mitsein. Sie suchen miteinander die Unterscheidung von vermeidbarem und unvermeidbarem Leiden. Sie bestärken einander, das Mögliche zu tun, um Leiden zu verhindern, und sie verinnerlichen, dass es keine echte Liebe ohne Leiden gibt.

Dich
leidenschaftlich suchen
mitten in der Intensität des Lebens
in der Spannung von Angst und Vertrauen

Du
nährst meine leidenschaftliche Hoffnung
damit ich mich nie gewöhne
an Ungerechtigkeiten
die unser Leben verdunkeln und behindern

Dich
als allerinnerste Lebenskraft erfahren
die Verbündete finden lässt
im Entwickeln unbequemer Friedens-
initiativen

Du
stiftest uns an zum achtsamen Klimaschutz
im Eintauchen in deinen heilenden
Lebensatem
der Leben in Fülle entfaltet

Dich
erahnen im mitfühlenden Dranbleiben
erfahren im mitleidenden Zusammenhalt
feiern im klagenden Aufschrei

Du
bewohnst uns mit deiner Liebeskraft
damit wir schmerzvolle Durststrecken
aushalten
damit wir deine Schönheit feiern

10 Entfalte deine Achtsamkeit – erfahre Sinn im Alltäglichen

Mystik des Alltags

Der französische Regisseur Claude Sautet (1924–2000) hat viele Filme mit der faszinierenden Schauspielerin Romy Schneider (1938–1982) gedreht, in denen er Menschen in ihrem Alltag mit größter Sorgfalt und Achtsamkeit porträtiert. Er begleitet sie mit einem wohlwollenden Blick, mit einer Aufmerksamkeit, die einlädt, die Tiefendimension im eigenen Alltag zu erkennen. 1970 entsteht sein wunderbarer Film »Die Dinge des Lebens«. Er erzählt die Geschichte eines Architekten, der durch einen Autounfall tödlich verletzt wird. Sein ganzes Leben sieht er vor seinen inneren Augen vorbeiziehen, die ihn erkennen lassen, dass sich echtes Glück in Freud und Leid ereignet. Der Film beginnt mit einer unscheinbar-eindrücklichen Szene, in der Helene (Romy Schneider) an der Schreibmaschine sitzt, liebevoll beobachtet vom Architekten Pierre (Michel Piccoli). Helene fragt ihn, wie sich die Worte »Geschichten erzählen, ohne zu lügen« und »verschönern« ins Französische übersetzen lassen. Pierre entscheidet sich für das Wort »affabuler«. Darin erkenne ich die Grundhaltung, unser Leben mit dem Erzählen von Geschichten aus dem Alltag zu verschönern und zu verzaubern.

Diese Spur findet sich auch in den vielschichtigen Filmen des deutschen Regisseurs Wim Wenders (geb. 1945), wie zum Beispiel im Film »Der Himmel über Berlin« (1987), der zu Recht mehrere Auszeichnungen erhalten hat. Darin beobachten die beiden Engel Damiel und Cassiel (gespielt von Bruno Ganz und Otto Sander) unsere Welt, vor allem die geteilte Stadt Berlin. Sie begleiten die Menschen, richten sie auf, sprechen ihnen Mut zu, ohne dass sie sich zu erkennen geben. Auf dieser Welt-Reise begegnet der Engel Damiel der Trapezkünstlerin Marion (Solveig Dommartin), in die er sich verliebt. Seine Sehnsucht nach Leidenschaft wächst, er gibt seine Unsterblichkeit auf mit den Worten: »Ich möchte nicht mehr ewig drüberschweben. Ich möchte ein Gewicht an mir spüren, das die Grenzenlosigkeit aufhebt und mich erdhaft macht.«

Diese geistige Erdhaftigkeit lässt sich in einer Mystik des Alltags entdecken, wenn wir nicht über den Dingen stehen wollen, sondern in allen Dingen des Lebens jene göttliche Gegenwart erahnen können, die uns beflügeln und verwurzeln kann. Es geht dabei um jenen Blick, der durch die Dinge schauen kann, der im Alltäglichen das Wunderbare sieht. Im Schließen der Augen entferne ich mich nicht von den anderen und der Schöpfung, sondern ich spüre die tiefere Verbundenheit mit allem. Die Trapezkünstlerin Marion findet für diese geerdete Innerlichkeit bewegende Worte: »Im Inneren der geschlossenen Augen noch einmal die Augen schließen. Dann leben sogar die Steine. Bei den Farben sein. Sehnsucht nach einer Welle von Liebe, die in mir emporsteigt, eine Lust zu lieben ...«

Dieser Film ist eine Liebeserklärung an die Menschheit, an die Liebe, die von der Kraft der Ewigkeit erzählt, die im Hier und Jetzt, auf dieser Welt erfahrbar ist. Von diesem mystischen Staunen über das Geschenk der Liebe mitten im Alltag erzählt Damiel am Ende des Films: »Ich bin zusammen. Sie hat mich heimgeholt und ich habe heimgefunden. Erst das Staunen über uns zwei, das Staunen über den Mann und die Frau hat mich zum Menschen gemacht. Ich weiß jetzt, was kein Engel weiß.«

Den Alltag heiligen: Benedikt von Nursia

»Betrachte alle Geräte und den ganzen Besitz des Klosters als heiliges Altargerät«, heißt es im 31. Kapitel der Regel des heiligen Benedikt (480–547). Damit wird die lebensfeindliche Trennung von Arbeit und Gebet aufgehoben, wozu uns eine klösterliche Kultur inspirieren kann. »Ora et labora – bete und arbeite« sind für Benedikt die beiden Grundaufgaben, die wir zu einem gelingenden Leben brauchen. Diese Heiligung des Alltags eröffnet sich uns, wenn wir uns den ganzen Tag hindurch an die Gegenwart Gottes erinnern, die all unser Sein und Tun grund-legend belebt.

Benedikt wird um 480 als Sohn einer wohlhabenden Familie geboren, wie auch seine Zwillingsschwester Scholastika, die ebenfalls als Heilige verehrt wird. Seine Sehnsucht nach Stille führt ihn immer wieder in die Einsamkeit, in der er bestärkt wird in einer klösterlichen Gemeinschaft zu leben. Bei der Konkretisierung seiner inneren Berufung erfährt er die Widerwärtigkeiten, die Menschen einander zufügen können. Intrigen und sogar der Versuch, ihn umzubringen, zwingen ihn zu verschiedenen Ortswechseln, bis er sich im Jahre 529 mit einigen Weggefährten in Montecassino niederlässt und dort 540 seine Regel schreibt, die ihn zum Vater des abendländischen Mönchtums werden lässt.

In den verschiedenen Bänden zur Geschichte der christlichen Mystik taucht er nicht auf, obwohl diese durch die Mönchstheologie indirekt durch Benedikt inspiriert ist. Dem Mystiker und Papst Gregor dem Großen (540–604) verdanken wir die einzige Quelle

für Benedikts Leben. Gregor I. hat als Mönch und Papst eine Verbindung zwischen dem aktiven und dem kontemplativen Leben aufgezeigt, die sich auch auf Benedikt beruft. Gregor der Große wird auch »Doktor der Sehnsucht«, weil für ihn die Sprache der Seele die Sehnsucht ist. Für ihn ist die Regel Benedikts so bemerkenswert wegen ihrer maßvollen und klugen Zurückhaltung. Dieses gesunde Maß gilt es auch heute in Arbeit und Freizeit zu entwickeln. Eine Lebenskunst, die höchst aktuell ist und auch von immer mehr Menschen in Führungspositionen gesucht wird, wie dies auch dank der Bücher des Benediktiners Anselm Grün aufgezeigt wird.
Benedikt fördert eine Spiritualität des Herzens, in der es keinen Gegensatz zwischen Arbeit und Gebet gibt: »Neige deines Herzens Ohr« und »die Weite des Herzens« sind jene Worte in seiner Regel, die zur Tiefe und Weite, zur Innerlichkeit und zum Engagement führen. Wir finden sie in den Biografien der Benediktinerinnen Hildegard von Bingen und Elisabeth von Schönau (1129–1164) und auch beim Benediktiner Henri Le Saux (1910–1973), den der Meditationslehrer Peter Wild in seinem interessanten Buch »Die äußeren Meister und der innere Meister« vorstellt, bei Willigis Jäger (geb. 1925), der die mystischen Spuren freilegt, und bei David Steindl-Rast (geb. 1926). Bruder David ermutigt zu einer Achtsamkeit des Herzens, um die »Welt in Dankbarkeit zu verbinden« (www.dankbarkeit.org). Eine Dankbarkeit, in der wir mit allen Sinnen ein menschenfreundlicheres Zusammensein fördern. Auch die Schweizer Benediktinerin und Mystikerin Silja Walter (geb. 1919) vertieft in ihrem geistlichen Tagebuch ihr

Arbeiten als Chance des Gesammeltseins. Es ist auch beim Beerenpflücken möglich: »Sammlung ist kein Zustand. Es ist ein ›Sich-dauernd-neu-Zusammenholen‹ an einen inneren Ort ... man sammelt dabei nicht nur die Beeren, sondern auch sich selbst.« So wird nach ihr ein Jubel des Alltags möglich, »ohne dass der Alltag seine Gewöhnlichkeit, seine Langeweile, seinen Ärger, seine Müdigkeit, seine Hetze verliert«.
Dahin führt mich meine Sehnsucht: zum inneren Ruheort, in dem auch das lebenslange Auf und Ab des Alltags gut aufgehoben ist. Eine benediktinische Mystik hält diese Spannung aufrecht, damit wir in der Nähe zu all den Menschen bleiben, die in der Mühsal der Arbeit das heilsame Wirken Gottes Tag für Tag neu suchen. Der Abt Stephan Schröer in der Benediktinerabtei Königsmünster sieht im Umgang mit den alltäglichen Dingen, wie ernst ihm die Suche nach Gott im Alltag ist. Für diesen Ernstfall des Glaubens brauchen wir Verbündete, um miteinander gerechtere Arbeitsbedingungen einzufordern und zu verwirklichen.

Alternatives Teilen: Margarita Colonna

Margarita Colonna (1255–1280) wird als Tochter einer der mächtigsten Familien Roms geboren. Ihre Eltern sterben früh, mit 12 Jahren ist sie Vollwaise. Ihre beiden Brüder, Johannes und Jakobus, sind den Historikern als Senator bzw. als Kardinal sehr bekannt. Ihr älterer Bruder Johannes will sie verheiraten und Jakobus bemüht

sich als Priester, sie für ein eheloses Leben zu gewinnen. Wie viele Mystikerinnen sucht Margarita selbstbewusst ihren ureigenen Weg zu Christus.
Margarita ist geprägt durch Franz von Assisi und so verlangt sie von ihren Brüdern ihre Mitgift, obwohl sie nicht heiraten will, damit sie das Geld unter den Armen und Kranken verteilen kann. In einer Zeit, in der die Kluft zwischen Arm und Reich immer größer wird, entwirft sie ungewohnte Formen der Solidarität. Ihre Verwurzelung in den leidenden Christus bewegt sie zu einem alternativen Verteilen der Güter. Sie gibt den Armen und Erwerbslosen nicht nur Almosen und Geschenke, sondern auch anonym unverzinsliche Darlehen, damit sie ihre Würde behalten können. Eine mystische Spiritualität hat viel mit unserem Umgang mit Geld zu tun. Sie beinhaltet auch strukturelle Veränderungen, die in einem persönlichen Bewusstseinswandel verwurzelt sind, indem wir alternative Banken unterstützen, die sich verpflichten, ethische Kriterien in den Geldanlagen zu berücksichtigen. Margarita gründete auch eine kleine, alternative Frauengemeinschaft, in der sich die Frauen nach franziskanischem Ideal eigenständig und unabhängig von kirchlichen Einschränkungen um kranke Menschen kümmern. In der Frauenmystik beeindruckt mich diese Widerstandskultur, in der Frauen ihre Gaben, ihre Kreativität und ihre Stimme einbringen, indem sie sich nicht lähmen lassen von ungerechten patriarchalen Strukturen. Diese Grundhaltung kann uns bis heute inspirieren in einer globalisierten Welt, in der Ohnmacht und Resignation uns fremdbestimmen wollen.
Beim Entwerfen einer mystischen Lebensgestaltung treffe ich eine klare Wahl, die lebensbejahend ist und

Menschen zum aufrechten Gang bestärkt. Ich hebe jene Spur hervor, die uns Menschen heute lebensdienlich ist und uns auch zu einem politischen Engagement bestärken kann. Ich lehne jene Frömmigkeitsformen in den mystischen Biografien ab, die für mich besonders im Umgang mit Krankheit und Leid sehr problematisch sind. Mystische Menschen sind wie wir alle Kinder ihrer Zeit. Sie leben nicht in einem luftleeren Raum, sondern sie sind geprägt und beeinflusst von den Gebetsformen und Gottesbildern ihrer Zeit. Dies kann ich wohl einordnen und sogar verstehen, doch ich muss für unsere Zeit einen anderen Umgang mit den Grenzsituationen des Lebens finden. Verbindend ist die gemeinsame Suche nach einer Sinnstiftung im Leiden, trennend ist für mich die Haltung, in der das Leiden als gottgewollt akzeptiert wird und im schlimmsten Fall eigens gesucht und gefördert wird.

Bei Margarita Colonna zeigt sich diese Spannung in ihren letzten Lebensjahren. Sie ist wegen einer Knochentuberkulose schwer krank, aus einer Wunde des Oberschenkels fließen Blut und Eiter. Ihre Brüder bitten sie, sich von einem bekannten jüdischen Arzt behandeln zu lassen. Sie weigert ist und verlangt von ihm die Bekehrung zum Christentum, was der Arzt ablehnt. So hält sie jahrelang große Schmerzen aus und identifiziert sich mit dem leidenden Christus. Eine lebensbejahende Leidensmystik beinhaltet für mich eine andere Grundhaltung: Wir müssen alles tun, um Leiden zu verhindern, und zugleich verinnerlichen, dass es kein Leben ohne Leiden und ohne Sterben gibt.

Dazu brauchen wir die Gabe der Unterscheidung, die wir auch in unserer Alltagsgestaltung einüben können.

Jene kluge Unterscheidung, in der wir auch in den aktuellen Arbeitssituationen unterscheiden lernen, was verändert und verbessert werden muss und was sich im Moment nicht ändern lässt. Diese Unterscheidungsgabe taucht in vielen mystischen Biografien leider zu wenig auf. Zugleich lassen sich viele unkonventionelle Entscheidungen finden, die vom Aufbruch ins Ungewohnte erzählen, und genau dies fasziniert und inspiriert mich.
Bei der Benediktinerin Elisabeth von Schönau (1129–1164), die viele Jahrhunderte bekannter war als Hildegard von Bingen, entdecke ich in ihren Visionen eine unglaubliche Kreativität, in der all ihre Erfahrungen zusammen mit den biblischen Texten verwoben werden. Doch ihr extremes Fasten und das Tragen eines Eisengürtels – völlig üblich zu ihrer Zeit – erschwert mir den Zugang zu ihren originellen Worten.
Auch bei Christine Ebner (1277–1356) findet sich das Außerordentliche. Sie tritt mit 12 Jahren ins Dominikanerinnen-Kloster Engenthal ein. Ihre leibfeindliche Askese ist so abstoßend, dass schon damals Kritiker sie warnen: Wie könne sie Gott weiterhin dienen, wenn sie sich selber »verderbe«? Zugleich beschreibt sie in einer Zeit, in der Männer sich fragten, ob die Frau eine Seele habe, wie Gott schon mit ihrer »Seele spielte, ehe sie je zu einem Menschen geboren wurde«. Zwei Gottesbilder lassen sich bei ihr erkennen. Einerseits das übernommene Bild des zornigen Richters und andererseits ihr persönliches Bild von einem Gott der Zuwendung und der Barmherzigkeit, der auch »wie eine Mutter« ist. Dieser Gott sucht nicht nur den Dialog mit den Menschen, sondern er ist als dreifaltiger Gott selbst Gespräch! We-

gen diesen kostbaren Schätzen lohnt es sich, auch viele befremdende Passagen zu lesen.

Bei Margareta Ebner (1291–1351), die im Dominikanerinnenkloster Medingen bei Dillingen lebt und dort begraben ist, fasziniert der freundschaftliche Kontakt zu Heinrich von Nördlingen (1310–1356). 56 Briefe von Heinrich an Margareta sind vorhanden. Er unterstützt als Priester Mystikerinnen und hat auch Kontakt zum Mystiker Johannes Tauler. Ihre tiefe Christusfrömmigkeit ermöglicht Margareta einen spirituellen Umgang mit ihrer jahrelangen Krankheit, die sie als Weg der Reinigung und Läuterung versteht. Leibfeindliche Aussagen stehen neben vielen Worten, die von einer großen inneren Freiheit zeugen. Keine Höllenangst quält sie, sondern sie lebt aus dem Vertrauen in einen Gott der Liebe. Ihr Selbstbewusstsein drückt sich auch in der Entscheidung aus, dem Kaiser Ludwig von Bayern die Treue zu halten, obwohl über ihn ein päpstlicher Bann verhängt wurde.

Mystische Menschen können uns zu einer bewussten Alltagsgestaltung bestärken. Sie beginnt im kritischen Umgang mit den vorgegebenen Meinungen und Strukturen. Sie entfaltet sich, wenn wir regelmäßig nach innen schauen, um klarer zu sehen, wo Leben behindert wird und wie es noch mehr gefördert werden kann.

Gott in allen Dingen finden: Ignatius von Loyola

Ich bin vor allem in einer längeren Schweigezeit in einem der Bildungshäuser der Schweizer Jesuiten, in Notre Dame de la Route in Fribourg, der Mystik von Ignatius von Loyola (1491–1556) begegnet. Sie ist mir zur Lebenshilfe geworden. In meinem Buch »Was die Stille erzählt« befinden sich meine Tagebuch-Meditationen, die ich in diesen 30-tägigen Exerzitien geschrieben habe. Das Wahrnehmen all meiner Gefühle und Stimmungen, meiner Hoffnung und meiner Zweifel verdichtet sich in meinen Gebeten. Denn ich bin durch die »Geistlichen Übungen« von Ignatius zu einer authentischen Standortbestimmung bestärkt worden.

Ignatius stammt aus dem baskischen Adel. Er wird Offizier beim Vizekönig von Spanien. Dort führt er ein ehrgeiziges und leichtes Leben. Am Pfingstmontag 1521 trifft ihn bei der Verteidigung der Festung Pamplona ein Schuss am Bein und dieses bricht. Dadurch bricht auch seine festgeplante Welt auseinander. Auf dem Krankenlager entdeckt er das Leben Jesu und vieler Heiliger. So auf sich selbst zurückgeworfen versucht er das Leben Jesu mit seinem eigenen Leben in Verbindung zu bringen. Er zieht sich als Einsiedler nach Manresa zurück und entdeckt, dass es gar nicht so einfach ist, auf seine innere Herzensstimme zu hören. Er erfährt die dunkle Nacht der Zweifel und das göttliche Licht, das er nun als Licht in allen Dingen suchen wird. Ignatius wird zum Pilger, der feinfühlig die inneren Regungen der Seele erkennt. Er begibt sich auf eine Pilgerreise ins Heilige Land, studiert in Barcelona, Salamanca und danach Philosophie und Theologie in Paris und Venedig, er findet Weggefährten, wird schließlich Priester. 1539 wagt er die Ordensgründung der »Gesellschaft Jesu«, der Jesuiten. All diese Erfahrungen fließen in sein berühmtes Exerzitienbuch ein.

Das Buch von den »Geistlichen Übungen« ist eine Einladung zur Standortbestimmung, die Betrachtung des ganzen Lebensweges Jesu von seiner Geburt bis zum Leiden, Sterben und Auferstehen und die Ermutigung zur Klugheit und Weite, die auch dank einer geistlichen Begleitung erfahrbar wird. Darin findet sich auch eine Offiziierssprache, die abschreckend sein kann. Wie in anderen mystischen Texten muss ich da hindurch, um die tiefere Grundhaltung herauszukristallisieren, die zum Leben führt.

Als hochbegabter, intelligenter Mann setzt Ignatius am Anfang der geistlichen Übungen klare Akzente zur ganzheitlichen Vertiefung eines persönlichen Glaubensweges, »denn nicht das Vielwissen sättigt und befriedigt die Seele, sondern das Verspüren und Verkosten der Dinge von innen her«. Beeindruckend ist für mich die Grundhaltung, in der ein geistlicher Begleiter anderen Menschen beistehen soll. Wenn jemand Trostlosigkeit erfährt, dann soll der Begleiter sich nicht »hart und rau gegen ihn benehmen, sondern mild und sanft, indem er ihm für das Kommende Mut und Kraft verleiht«. Diese Haltung hindert nicht daran, mit Klugheit zu erkennen, wie der Feind des Lebens sich »unter dem Schein des Guten« verstecken kann.

Die vielschichtigen und scharfsinnigen Fragestellungen, die Ignatius aufgeschrieben hat, können Menschen in einer Entscheidungssituation eine belebende Hilfe zur

Standortbestimmung sein, eine Hilfe, in Verantwortung und Freiheit zum eigenen Weg zu stehen. Dies wird umso mehr möglich, wenn auch heutige psychologische Erkenntnisse die tiefere Bedeutung der Exerzitienanweisungen ergänzen können. Eine Sicht, die sich in den kontemplativen Exerzitienanweisungen des Jesuiten Franz Jalic (geb. 1927) und bei der Einführung in die geistliche Begleitung vom Jesuiten Klemens Schaupp (geb. 1952) und bei vielen anderen findet. Die Weite und Tiefe, die sich im Alltag des Lebens zeigen wird, spricht mich an. Sie konkretisiert sich im mystischen Leben eines Alfred Delp (1970–1945), der hingerichtet wurde, weil er eine Stimme der Gerechtigkeit war, und im mystischen Engagement des ägyptischen Jesuiten Henri Boulad (geb. 1931), der Innerlichkeit und Einsatz für Notleidende verbindet. Ganz im Sinne von Ignatius von Loyola, der ermutigt »Gott in allen Dingen zu suchen, im Sprechen, Gehen, Sehen, Schmecken, Hören und Denken«.

Tiefendimension des Lebens: Gerhard Tersteegen

Die Gegenwart Gottes im Innern des Menschen, die uns die Tiefendimension des Lebens erfahren lässt, ist das zentrale Anliegen des evangelischen Mystikers Gerhard Tersteegen (1697–1769). Er ist in Moers am Niederrhein geboren. Von seiner Familie wissen wir wenig; sein Vater stirbt, als Gerhard sechs Jahre alt ist, und sei-

ne Mutter und Geschwister werden kaum erwähnt. Gerhard eignet sich eine gute Bildung mit hervorragenden Sprachkenntnissen an. In Mühlheim an der Ruhr betreibt er als Kaufmann ein eigenes Geschäft und erlernt später den Beruf des Leinenwebers und Seidenbandwebers. Er entdeckt die mittelalterliche Mystik und er liest die Predigten des Mystikers Johannes Tauler und »Die Nachfolge Christi« von Thomas von Kempen, die er dann später ins Deutsche übersetzt.
Bei Gerhard Tersteegen wird sichtbar, dass eine echte Mystik keine Berührungsängste hat zu anderen Konfessionen und Religionen. Seine ökumenische Offenheit erstaunt und ist wohltuend. Er bleibt nicht an seiner eigenen Konfession hängen, sondern lässt sich ermutigen von all den Menschen, die einen inneren Weg wagen. So beschreibt er in seinem Hauptwerk »Auserlesene Lebensbeschreibung Heiliger Seelen« 26 katholische Heilige, obwohl er ein überzeugter Protestant bleibt und wir auch in seinen »Geistlichen Brosamen« seine Auslegung der Bibel entdecken können. Er spricht mit Zurückhaltung von seinen eigenen mystischen Erfahrungen, die er mit 24 Jahren mitten im Alltag bei einer Fahrt in die Nachbarschaft erlebt hat: ein Aufleuchten von Christus in seinem Geiste.
Dieses tiefe Ergriffensein verdichtet sich 1724, indem er sein Leben »Christus verschreibt«. Ein Credo, das er mit seinem eigenen Blut schreibt. Eine Geste, die uns heute befremden kann, er drückt damit aus, dass er mit Herzblut im Leben stehen will. Seine Radikalität wird auch in seiner Ehelosigkeit und seinem strengen Lebensstil sichtbar, der sich auch in der außerordentlichen Gründung der »Pilgerhütte Olterbeck« zeigt. Dies ist ein Versuch, auch in der reformatorischen Kirche das monastische

Leben zu wagen, ein Aufleuchten der mystischen Spur, wie es ja glücklicherweise auch im 20. Jahrhundert in den evangelischen Kommunitäten wie den Schwestern von Grandchamp am Neuenburgersee, der ökumenischen Gemeinschaft in Taizé oder der Communität Casteller Ring, Schwanberg in Röddelsee, und vielen anderen evangelischen Gemeinschaften sichtbar wird.
Diese Spur scheint auch in vielen mystischen Motiven im evangelischen Liedmotiv auf, wie es beim evangelisch-lutherischen Theologen und Liederdichter Paul Gerhardt (1607–1676) und Johann Sebastian Bach (1685–1750) eindrücklich zu entdecken ist. Diese ganzheitliche Verinnerlichung findet sich auch in den Liedertexten von Gerhard Tersteegen. In seinem berühmten Lied »Gott ist gegenwärtig« finden sich zentrale Inhalte eines mystischen Weges:

Gott ist gegenwärtig ...
Gott ist in der Mitte, alles in uns schweige ...
Luft, die alles füllet, drin wir immer schweben,
aller Dinge Grund und Leben,
Meer ohne Grund und Ende, Wunder aller Wunder,
ich senk mich in dich hinunter.
Ich in dir, du in mir,
lass mich ganz verschwinden,
dich nur sehn und finden!

Im gemeinsamen Singen können wir mit Leib-Geist-Seele die tiefe Kraft dieser Worte erfahren; nicht ein für alle Mal, sondern immer wieder.

Schöpferisch-politische Achtsamkeit

»Politik fängt beim Zähneputzen an«, heißt einer meiner ersten Artikel, den ich vor dreißig Jahren geschrieben habe. Ich habe darin Jugendliche und uns alle motiviert, bewusster zu leben, weil wir die Politik nicht den Politikerinnen und den Politikern überlassen dürfen. Denn schon das griechische Wort polis, das »Stadt« bedeutet, zeigt unsere Verantwortung für das Ganze auf. Wie lange ich beim Zähneputzen das Wasser laufen lasse ist eine höchst politische Frage und wo ich einkaufe und wie ich mit der Verpackung umgehe auch. Lokal handeln und global denken heißt die Maxime. Das bedeutet für mich, dass niemand apolitisch sein kann. Wenn ich nichts sage und mich nicht informiere, dann tue ich doch etwas, ich sage nämlich Ja zum Bestehenden. Darum kann ich Mystik und Politik nicht trennen.
Der tiefere Zugang zu meiner Mitte, zum Grund meines Lebens lässt mir die tiefere Verbundenheit mit allem aufscheinen. Glaubwürdiges Handeln beginnt bei mir selber und es braucht Gruppen, in denen wirksam eine gerechtere Welt gefördert werden kann. Dies entwickelt der evangelische Theologe und Leiter der Fachstelle Männerarbeit Christoph Walser in Zürich zusammen mit anderen Männern in seinen Kursen »Timeout statt Burnout«, die zum Glück immer mehr Wirtschaftsleute wahrnehmen und besuchen.
»Nimm dir jeden Tag eine halbe Stunde Zeit zum Gebet, außer wenn du viel zu tun hast, dann nimm dir eine Stunde Zeit«, sagt humorvoll der Mystiker Franz von Sales (1567–1622), Bischof von Genf. Seine Betrachtungen über die Gottesliebe führen in den konkreten

Alltag, zum Innehalten: »Versetz dich aber vor allem in die Gegenwart Gottes«, heißt seine einfache Anregung, die durch ein Alltagsritual vertieft werden kann, damit ich nicht im Hamsterrad bleibe und gelebt werde durch viele Sachzwänge.
Dieses schweigende Verweilen findet sich als inneres Gebet bei der französischen Mystikerin Madame Guyon (1648–1717), die inspiriert ist von Miguel Molinos (1628–1696), der zu einer lebenslangen Haft verurteilt wird wegen seiner Ermutigungen zu einem inneren Weg. Ein Weg, der nichts mit passivem Abwarten zu tun hat, wie es so oft gedeutet wird. Es geht Madame Guyon, die vom bekannten geistlichen Begleiter François Fénelon (1651–1715) Unterstützung findet, um eine radikale innere Sammlung der Kräfte, damit wir freier im Leben und Arbeiten stehen und unabhängiger werden von der Meinung der anderen.

So vieles ist möglich

»Publik-Forum – Zeitung kritischer Christen« (www.publik-forum.de) ist mir auf diesem achtsamen Gerechtigkeitsweg eine große Unterstützung. Dossiers wie »Eine Welt für alle. Gerechte Wirtschaft – Kontrolle der Finanzmärkte – Global Marshall Plan. Es gibt Alternativen zur herrschenden Politik«, »Einfach die Welt verändern. 20 Schritte zu einer besseren Zukunft« und »Die Klima-Revolution. Jetzt ist Zeit zum Handeln«, die Chefredakteur Wolfgang Kessler in Zusammenarbeit mit vielen Organisationen herausgibt, strafen alle Skeptiker Lügen, die immer noch behaupten, dass wir nichts tun können, ebenso wie seine Bücher »Weltbeben. Auswege aus der Globalisierungsfalle« oder »Geld und Gewissen. Tue Gutes und verdiene daran« (zusammen mit Antje Schneeweiß). Mystische Menschen fördern miteinander eine Widerstandskraft, um beim Einkaufen, Arbeiten, Geldanlegen und Freizeitverhalten achtsamer und aufmerksamer im Leben zu stehen. Frère Roger von Taizé beschreibt dies in seiner Regel: »Du weißt, dass die gerechte Verteilung der Güter unter den Menschen eine Bedingung für den Weltfrieden ist ... Vereinfachen, um intensiv zu leben – darin findest du den Geschmack am Leben.« Eine sympathische Ermutigung, die ich auch in der empfehlenswerten Broschüre »Ganz. Schön. Anders. 11 Lebensentwürfe, die Mut machen« entdecke, die Christine Denz hervorragend für die Ökumenische Initiative Eine Welt (www.oeiew.de) zusammengestellt hat. Diese Broschüre, die ich am Evangelischen Kirchentag 2007 in Köln kennengelernt habe, enthält am Schluss eine Fülle von Informationen und Adressen, um sich auch lustvoll zu einem einfachen Lebensstil bewegen zu lassen.

In einer Mystik des Alltags gilt es zu entdecken, dass die Arbeit ein Mittel zum Leben ist und kein Lebenszweck. Diese Grundhaltung findet sich bei Charles de Foucauld, Karlfried Graf Dürckheim und Thich Nhat Hanh, buddhistischer Mönch und international engagierter Friedensaktivist.

Charles de Foucauld (1858–1916) ist als Priester, der in Algerien bei den Nomaden lebte, vom stillen, 30-jährigen Sein und Arbeiten Jesu in Nazareth inspiriert. Diese stille Präsenz am Arbeitsplatz führen die Mitglieder seiner Ordensgemeinschaften, die »Kleinen Schwestern

und Brüder Jesu« überzeugend weiter, wie dies auch in den Büchern von Carlo Carretto (1910–1988) lebensnah zu entdecken ist.
Karlfried Graf Dürckheim (1896–1988) hat als Diplomat, Psychotherapeut und Zen-Lehrer gemeinsam mit Maria Hippius in Rütte bei Todtmoos im Schwarzwald eine Existenzialpsychologische Bildungs- und Begegnungsstätte geschaffen. In seinem Buch »Der Alltag als Übung. Vom Weg zur Verwandlung« wird sichtbar, wie all unsere Arbeit und unsere Leibhaftigkeit uns reifen lässt, um durchlässig zu werden für das Göttliche.
Thich Nhat Hanh (geb. 1926) zeigt viele Schritte auf zu einem Weg des achtsamen Lebens, damit wir die Verabredung mit dem Leben weder vertagen noch verpassen. Sein Buch »Lebendiger Buddha, lebendiger Christus« beschreibt das Verbindende der Religionen, das lebensnot-wendig ist, um mitten im Alltag Frieden in Gerechtigkeit zu fördern.
Wir brauchen dringend eine Globalisierung der Gerechtigkeit, wie sie zum Beispiel im »Weltethos« des Schweizer Theologen Hans Küng aufgezeigt wird und im »Lassalle-Institut für Zen-Ethik-Leadership« im Jesuitenzentrum Bad Schönbrunn in der Nähe von Zug, Schweiz, das 1995 von Niklaus Brantschen und Pia Gyger gegründet wurde.
Der südkoreanische Filmemacher Kim Ki-duk hat mit atemberaubenden Bildern in seinem Film »Frühling, Sommer, Herbst, Winter ... und Frühling« (2003) diese Achtsamkeit im Alltag aufgezeigt. Eine Achtsamkeit, in der in unscheinbaren alltäglichen Gesten die großen Lebensthemen aufscheinen, die nicht theoretisch, sondern im konkreten Tun angegangen werden können.

Mystische Menschen erinnern uns, dass wir alle viel mehr sind als unsere Leistung, weil uns eine einmalige Würde bewohnt. Zugleich zeigen sie uns durch ihr Sein und Wirken, dass wir auch durch einen schöpferischen Arbeitsprozess wir selbst werden. Dazu brauchen wir einen gesunden Arbeitsrhythmus und Verbündete, um strukturelle Veränderungen für ein menschenwürdigeres Arbeiten zu fördern. Persönliche Achtsamkeit und solidarisches Handeln lassen sich nicht trennen: Gott als Grund des Lebens zu feiern heißt auch, seine Schöpfung zu bewahren und einen menschenwürdigen Arbeitsstil zu fördern.

Du
schenkst uns eine Fülle von schöpferischen
Gaben
die in unserem alltäglichen Arbeitsprozess
aufscheinen
in lustvoller Kreativität und solidarischer
Verantwortung

Du
stiftest uns an zu einer belebenden
Achtsamkeit
die in unserem dialogischen Handeln
einen gesunden Arbeitsrhythmus fördert

Du
lässt dich in allen Dingen finden
als verbindender Urgrund des Lebens
der alternative Gerechtigkeitswege schafft

Du
führst uns in die Tiefe des Lebens
in unsere schweigende Mitte
die uns zur Lebendigkeit aufrichtet

Du
bist gegenwärtig im Hier und Jetzt
erfahrbar im mitschöpferischen Dasein
für eine staunende Dankbarkeit

11 Lerne zu sterben – bleibe lebendig

Mystik des Todes

Ein berühmter Psychotherapeut wird durch den plötzlichen Unfalltod seines 18-jährigen Sohnes erschüttert. Alles wird zerbrechlich: seine Beziehung zu seiner Frau und seiner Tochter, seine Arbeit und vor allem seine Beziehung zu sich selbst. Mühsam muss er annehmen, dass all das, was er anderen an Hoffnung zusprechen kann, bei ihm im Moment nicht trägt. Seine Idealbilder von sich selber stehen auf dem Prüfstand. Ein intensives und schließlich befreiendes Hinabsteigen in den eigenen Abgrund steht an ...
Giovanni heißt der Psychotherapeut im italienischen Film »Das Zimmer meines Sohnes«, den Nanni Moretti 2001 gedreht hat und für den er zu Recht die Goldene Palme in Cannes erhalten hat. Dieser Film lässt meine Tränen fließen, weil Nanni Moretti (geb. 1953 in Bruneck, Südtirol) ganz nüchtern, tiefsinnig und mit größter Sensibilität einen Trauerprozess darstellt, in dem nichts ausgeklammert wird. Er selbst spielt die Hauptrolle mit größter Intensität, was ich mir nur erklären kann, weil er vorher an Krebs erkrankt ist und dabei durchlebt hat, was uralte griechische Lebensweisheit ist: »Nur der Arzt, der selbst verwundet ist, kann wirklich heilen.«
Noch einmal, ich will Nanni Moretti nicht vereinnahmen, doch ich entdecke ohne langes Suchen viele mystische Motive in diesem Film. Denn Mystikerinnen und Mystiker erzählen uns nicht nur vom Beflügeltsein, vom Himmel im Hier und Jetzt, sondern sie bestärken uns zu einer echten Lebendigkeit, wenn wir das Sterben ins eigene Leben integrieren. Wieder so ein Paradox: jeden Tag so zu leben, als ob es der letzte wäre, um intensiver das Leben zu erfahren und zu genießen.

Mystische Menschen sprechen vom »Ich-Tod« und manchmal sogar von der »Vernichtung der Seele«. Worte, die mich befremden und die ich nicht übernehmen kann. Was ich jedoch selber immer wieder erfahre: dass wir nur glücklich werden, wenn wir von unserem Ego zu unserem tieferen Selbst gelangen. Das bedeutet eben auch, Kontrolle aufzugeben, Hilfe anzunehmen, um nicht nur im Kopf, sondern mit Leib-Geist-Seele zu erfahren, dass auch in alltäglichen Ernüchterungen, in Enttäuschungen und in Grenzsituationen unser Leben neue Kraft erhalten kann. Ich will dies nicht mit abtötenden Worten wie »vernichten« umschreiben, sondern lebensbejahend, wie es Jesus tut: »Wenn das Weizenkorn nicht in die Erde fällt und stirbt, bringt es keine Frucht.« (Johannes 12,24)

Dieses Ringen gehört eben auch zu einem intensiven spirituellen Weg. Darum liebe ich die über fünfzig Filme des schwedischen Regisseurs Ingmar Bergman (1918–2007), die ich fast alle gesehen habe. Bergman zeigt in seinen Filmen, wie wir aus der Krise herauswachsen können. »Die Welt der Kindheit ist immer die unterste Schublade meiner Werkstatt gewesen«, sagt Bergman. Sein Aufwachsen in einem strengen protestantischen Pfarrhaus ist sein Trauma. Eindrucksvoll zeigen seine tiefenpsychologischen Bilder, wie im Annehmen eines alltäglichen Sterbeprozesses eine neue Lebendigkeit geweckt werden kann. Die Frage nach der Existenz Gottes, nach dem Sinn des Lebens, der Liebe und des Todes sind Kernthemen seiner Werke. Die Großaufnahmen der Gesichter, ihr existenzielles Suchen, das wunderbare Spiel mit Licht und Schatten lassen mich eintauchen in meine eigene innere Welt. In seinem berühmten Film

»Das siebente Siegel« (1957) spielt der Ritter Antonius Block mit dem Tod eine Partie Schach. Er will ihn dadurch um einen Aufschub seines Todes bitten in einer Zeit, in der die Pest die Menschen bedroht. Ingmar Bergman sagt zur Realisation dieses Meisterwerkes: »Ja, der Künstler steht immer am Rande der Katastrophe, er stößt immer an die Grenzen der großen Dinge. Immer. Ist es nicht so? Das ist sein Element, so wie das Wasser das Element des Fisches ist.«
Eine Aussage, die ich gut in Verbindung mit einer mystischen Lebensgestaltung bringen kann: an die Grenze der großen Dinge gehen, leidenschaftlich mit anderen Glück und Unglück, Leben und Tod verinnerlichen.

Zu Grunde gehen: Johannes Tauler

»Was weißt du denn vom Wesen deines Nächsten?«, fragt der Dominikanermönch Johannes Tauler (1300–1361). Das Wesentliche ist ihm wichtig im Leben, es hat mit unserem Wesen zu tun. Von seinem Leben wissen wir wenig, von seinem Wesen jedoch sehr viel. Er ist 1300 in Straßburg geboren in einem begüterten Elternhaus. Mit 15 Jahren tritt er in den Dominikanerorden ein, studiert in Köln, wo er auch von Meister Eckhart geprägt wird. Johannes Tauler beschreibt seinen Lehrer mit genialen Worten: »Er sprach aus der Ewigkeit und ihr versteht ihn nach der Zeit.«
Johannes Tauler vertieft die Mystik von Meister Eckhart in Eigenständigkeit weiter, ganz im Sinne des Philo-

sophen Friedrich Nietzsche, der sagte, dass man seinen Lehrer nicht ehrt, wenn man immer sein Schüler bleibt. In Straßburg ist Tauler ein beliebter und begabter Prediger und Seelsorger. Seine erfüllende Tätigkeit wird in der Mitte seines Lebens jäh unterbrochen, weil er auf sich selbst zurückgeworfen wird. Nach einer Predigt sagt ihm ein Gottesdienstteilnehmer, dass er nicht lebe, was er predige. Eine Realität, die ja alle Predigerinnen und Prediger betrifft! Johannes Tauler hätte gute Gründe gehabt, diesen Vorwurf zurückzuweisen, doch er erschüttert ihn und löst eine Art Midlife-Crisis aus. Diese Krise mit ihren quälenden dunklen Stunden wird sein Leben verwandeln und seine Mystik formen. Er verstummt und kann zwei Jahre lang nicht mehr predigen. Ein Sterbeprozess steht an. Er ist bereit hinabzusteigen, um die Worte von Kreuz und Auferstehung, die er so oft deutet, nachhaltig in sein Leben zu integrieren.
Wenn unsere Lebenspläne durch-kreuzt werden und erschüttert werden, dann holt uns die Angst ein, dass wir daran zugrunde gehen. Der Mystiker aus Straßburg geht dem tieferen Sinn dieser Aussage nach und erkennt darin die Herausforderung, dem Leben, den Ängsten und Verunsicherungen wirklich auf den Grund zu gehen. Dies ist für mich eine Mystik des Karsamstags, in der ich spüre, dass Altes nicht mehr trägt und Neues noch nicht in Sicht ist. Darin liegt die Einladung, hinabzusteigen in die eigenen Abgründe, weil auch Jesus hinabgestiegen ist in das Reich des Todes. Die anspruchsvollen und befreienden Worte von Johannes Tauler haben mich in einer großen Lebenskrise genährt. Sie erzählen von der Hoffnung, dass wir in den Grenzsituationen unseres Lebens, letztlich im Sterben, verwandelt werden

zu uns selbst, zu dem, was wir zutiefst sind: Abbild Gottes.
Johannes Tauler beschreibt uns Menschen mit treffenden Worten: »Wir sind unstete Wesen, ich und ihr, ihr und ich, beweglich und unbeständig.« Wegen dieser Befindlichkeit lohnt es sich, den Weg in die Tiefe, zum innersten Grund zu wagen. Ich begegne da meiner Zerrissenheit und dem Ruhe-Ort, wo ich sein darf, weil ich in Gott getragen bin. Dies ist keine statische Aussage, sondern die ver-rückte Hoffnung, dass »Christus ohne Unterlass in uns geboren wird«, wie es Johannes Tauler in seiner Weihnachtspredigt ausdrückt. Darum bestärkt auch er uns darin, festgefahrene Gottesbilder sterben zu lassen, und er hinterfragt eine Leistungsfrömmigkeit, die über Gott bestimmen will. Der Reformator Martin Luther (1483–1546) liebt darum seine Predigten und er erwähnt ihn in seiner »Römerbriefvorlesung«: »Über dieses Erleiden und Ertragen Gottes siehe bei Tauler nach, der vor den andern gerade diesen Stoff vortrefflich in deutscher Sprache ans Licht gehoben hat.« Diese mystische Spur von Martin Luther gilt es freizulegen, damit die Erneuerung eines mystisch-ökumenischen Christentums wachsen kann. Sie findet sich auch beim Genfer Reformator Jean Calvin, wie dies Professor Carl-A. Keller aus Lausanne herauskristallisiert.
Johannes Tauler zeigt glaubwürdige Wege auf, wie wir in unseren Krisen unsere Endlichkeit, unser Sterben verinnerlichen können, vertrauend, dass wir auch im Tode in Gott hineingeboren werden. Er bestärkt uns, nicht vor uns selbst davonzulaufen, weil das Reich Gottes inwendig in uns ist: »Kehr in dein Inneres, geh in dich und suche den Grund«, heißen seine Vertrauens-

worte, die ich nie genug wiederholen kann. Ich tue es auch, wenn ich im Neuen Tempel in Straßburg in der Nähe seiner Grabplatte verweile und eine tiefe Dankbarkeit spüre.

Entbildet werden: Heinrich Seuse

Der Schweizer Schriftsteller Max Frisch (1911–1991) schreibt in seinem Tagebuch, dass die Liebe aus jeglichem Bildnis befreit. Eine wunderbare Aussage, die uns aufträgt, festgemachte Bilder immer wieder loszulassen, damit die Liebe lebendig bleiben kann. Dieser schmerzlich-befreiende Prozess gehört auch zum Inhalt der Mystik von Heinrich Seuse (1295–1366). Der Dominikanermönch ist ein leidenschaftlicher Gottessucher, sensibel, feinfühlig und willensstark. Er wird in Konstanz geboren und stirbt in Ulm. Ein Leben lang sucht er Gott, vor allem auch in der schwerwiegenden Frage nach dem Leiden auf dieser Welt. Nach dem Schriftsteller Reinhold Schneider (1903–1958), der sich in seinem eindrücklichen Buch »Winter in Wien« ebenfalls dieser Leidensfrage stellt, gehört »sein Werk zum Krongut unserer Sprache; es hat wenig seinesgleichen an Innigkeit und Feuer, Herzlichkeit und Einfalt, Tiefsinn, Schönheit, umschmelzender Gewalt«.
Heinrich Seuse spricht offen von seinem »schreienden Herzen und seinen weinenden Augen«. Er ringt intensiv mit Gott, so, wie es auch der Alttestamentler Fridolin Stier (1902–1981) in seinen atemberaubenden Tage-

bucheinträgen »Vielleicht ist irgendwo Tag« tut. Der Mystiker Seuse erfährt schon in seiner Jugend die Zerbrechlichkeit des Lebens und bis zum Lebensende wird er mit widerwärtigen Angriffen seiner Mitmenschen konfrontiert. Darin bleibt er nicht in der Opferrolle stecken, sondern sucht sich einen Weg der leidenschaftlichen Gelassenheit. Eine Haltung, die er wie auch Johannes Tauler bei Meister Eckhart in Köln gelernt hat. Viele Menschen suchen ihn auf und erfahren ihn als mitfühlenden Seelsorger, weil er selbst durchlebt, was er anderen als Lebensweisheit mitgibt.

Seine Biografie hat eine besondere Entstehungsgeschichte, die klar aufzeigt, dass Mystikerinnen und Mystiker nicht immer die Einsamkeit gesucht und gelebt haben, sondern auch in einer klösterlichen Lebensform freundschaftliche Begleitung erfuhren. Die Zürcher Dominikanerin Elsbeth Stagel, die im Kloster Töß in der Nähe von Winterthur mit dem Seelsorger Seuse in einem intensiven Gespräch ist, schreibt nach seinen Besuchen auf, was zu seinem Leben gehört und was ihn tief bewegt. Als sie ihm später ihre Notizen zeigt, ist er zuerst außer sich, danach ergänzt er ihre Worte und fügt auch Stationen aus dem Leben von Schwester Elsbeth hinzu. Dieses spannende Gemeinschaftswerk ist ein schöner Ausdruck der Beziehungsfähigkeit, wie sie auch im freundschaftlichen Austausch von Franz und Klara aus Assisi, Franz von Sales und Jeanne von Chantal und Teresa von Avila und Pater Garcian bezeugt ist. Als zölibatäre Menschen freundschaftlich unterwegs zu sein, ist eine lebensnotwendige Gratwanderung, die Teresa von Avila treffend beschreibt: »Nicht alle Nonnen dürfen das!«

Die Biografie von Heinrich Seuse und Elsbeth Stagel ist nicht besonders an historischen Fakten interessiert, sondern viel mehr an inneren Bewegungen der Seele. Darin erfahren wir, wie Heinrich Seuse sich 16 Jahre lang grausam gequält hat mit Geißelungen, um dem leidenden Christus nahe zu sein: Er ritzt die Buchstaben IHS auf seine Brust, genau über dem Herzen. Es tut mir körperlich-seelisch weh, wenn ich solche Texte lese. Später distanziert er sich davon und taucht tiefer in eine Sinndeutung von menschlichem Leiden ein. Im Weisheitsbuch der hebräischen Bibel entdeckt er Sophia, Frau Weisheit. Mit ihr führt er einen intensiven Dialog, der in seinem bewegenden »Büchlein der ewigen Weisheit« zu entdecken ist. Seine poetische Sprachkraft erzählt vom unsagbaren inneren Erleuchtetsein, das er doch in wenigen Worten verdichten kann:

Ein gelassener Mensch muss
entbildet werden von der Kreatur,
gebildet werden mit Christus
und überbildet in die Gottheit.

Ich erkenne darin einen existenziellen Sterbeprozess, der uns lebendig werden lässt. Entbildet werden, indem ich alle Eindrücke und Idealbilder von mir »sterben« lasse.
Gebildet werden im Leerwerden, um die Christuskraft in mir zu erfahren, um immer christusähnlicher zu werden.
Überbildet werden im Erahnen, wie dieser Verwandlungsweg mich übersteigt, unfassbar nah bleibt ein Leben lang.

Der Sehnsucht folgen: Johannes vom Kreuz

In einer gesunden Spiritualität versuche ich auch im Schweren eine Sinndeutung zu finden, in der das Schwierige nicht einfach mit geknickter Haltung akzeptiert wird. Mit den zwei Worten »Widerstand und Ergebung« umschreibt Dietrich Bonhoeffer diese Gratwanderung. Diese aufrichtende Spannung wird auch im Leben des spanischen Mystikers Johannes vom Kreuz (1542–1591) sichtbar. Weil er sich mit Teresa von Avila für Reformen einsetzt, wird er im Karmelkloster von seinen eigenen Mitbrüdern in einem dunklen Loch gefangen gehalten. Eine unglaubliche Zumutung, die ihn einerseits Hymnen an die Nacht schreiben und zugleich beharrlich nach Fluchtmöglichkeiten Ausschau halten lässt. Der Durst nach Befreiung wird ihm zum einzigen Licht. Das aktive Wahrnehmen der Sehnsucht kann vieles verändern in unserem Leben. Eine spektakuläre Flucht aus Toledo gelingt dem begabten spirituellen Begleiter und Dichter. Er findet Zuflucht bei den Mitschwestern von Teresa, die ihn illegal verstecken, weil auch der Ungehorsam zu einem spirituellen Weg gehören kann. Die irische Sängerin Lorenna McKennitt hat das Gedicht »Die dunkle Nacht der Seele« von Johannes vom Kreuz (Juan de la Cruz) wunderbar vertont. Im Refrain singt sie mit ihrer kraftvoll-bezaubernden Stimme, wie die Nacht zur Begleiterin werden kann.

Juan ist ohne Zweifel der Mystiker, der mir am meisten bedeutet. In meinen beiden großen Lebenskrisen 1991 und 2001 habe ich sein ganzes Werk gelesen, meditiert und aktualisiert. Seine Mystik der dunklen Nacht der

Seele ist nicht einfach, viele leibfeindliche, dualistische Aspekte finden sich darin, wie es zu seiner Zeit eben üblich war. Doch wer die Geduld und den Durst hat, tiefer zu gehen, der findet darin eine echte Lebenshilfe mit erstaunlich vielen therapeutischen Aspekten. »Gott wohnt und wirkt wesentlich in jedem Menschen, sogar im größten Sünder«, schreibt der Mönch und Mystiker, weil er jedem Menschen Verwandlung zugesteht. Beeindruckend ist für mich, dass er zuerst in Gedichten den schmerzvollen Sterbe- und Auferstehungsprozess von uns Menschen im Hier und Jetzt beschreibt. Er wählt eine sprachliche Ebene, die nicht von intellektueller Ebene das Leben vertieft, sondern ganzheitlicher nach Sinn ringt.
Auf vielfachen Wunsch deutet er später seine Gedichte in seinem Buch »Aufstieg auf den Berg Karmel«. Er verwendet darin das gängige Stufenmodell, das schon der Abt des Klosters St. Katharina auf dem Sinai, Johannes Klimakus (um 575–650), aufgeschrieben hat und das inspiriert ist vom biblischen Traum Jakobs, der das Auf- und Absteigen der Engel auf einer Himmelsleiter sah.
Auch der Franziskaner Bonaventura (1217–1274) vertieft als großer Deuter von mystischen Wegen in seinem »Pilgerbuch der Seele zu Gott« die verschiedenen Stufen und Aspekte, die uns auf einem inneren Weg begegnen können. Dieses Reden von verschiedenen Stufen darf nicht statisch und leistungsorientiert verstanden werden. Vielmehr beschreibt es einen dynamischen Prozess mit all seiner Nähe und Distanz zur eigenen Mitte, wie es auch im Labyrinth von Chartres in aller Klarheit aufscheint. Dies gilt auch für die Liebe zu uns selbst, zu anderen und zu Gott. Johannes vom Kreuz spricht von »zehn Stufen auf der Treppe der

Liebe«, die auch inspiriert sind vom biblischen Hohelied der Liebe:

1. Ich bin krank vor Liebe. Ich begnüge mich nicht mehr mit dem Gewohnten und suche nach mehr Tiefe und mehr Lebensqualität.
2. »Ich muss aufstehen und werde den suchen, den meine Seele liebt« (Hohelied 3,2) – ich suche Gott, den Geliebten, ohne Unterlass in allen Dingen.
3. Ich tue viel Gutes und erahne doch, dass es sehr wenig ist. Ich zweifle an mir und hoffe, dass ich über mich selbst hinauswachsen kann.
4. Ich versuche einfach da zu sein, ohne Trost und Ansprüche zu haben. Ich löse mich von mir selbst und ich lasse mich noch tiefer zur Gottesliebe entflammen.
5. Ich spüre viel Ungeduld und ich bin in meiner Sehnsucht enttäuscht. Ich halte erst recht Ausschau nach dem tieferen Grund meines Seins.
6. Ich bin leichtfüßig, angerührt und beflügelt. Ich bin gestärkt in meinem Vertrauen, geliebt zu sein, so, wie ich bin.
7. »Die Liebe glaubt alles, hofft alles und kann alles« (1 Korinther 13,7) – ich werde wagemutig und lasse mich wirklich ein auf die Liebe. Ich gebe die Kontrolle auf und vertraue mich dem Liebesfluss an.
8. »Ich habe gefunden, den mein Herz und meine Seele lieben ...« (Hohelied 3,4) Ich erfahre Momente des Erfülltseins, der tiefen Einheit mit Gott und mit allem, nicht als ein dauernder Zustand, sondern als ein Suchen, Finden und Loslassen.
9. »Ich entbrenne in zärtlicher Liebe«, die ich nicht mehr in Worten ausdrücken kann. Das Wesentliche bleibt ganz nah und zugleich unsagbar fern.

10. »Der Mensch gleicht sich Gott völlig an aufgrund der klaren Schau Gottes, die der Mensch unmittelbar besitzt ...« – ich bin Gott ähnlich, ich gehe auf in einem größeren Ganzen. Raum und Zeit sind wie aufgehoben.

Diese Fülle von Bewegungen hilft mir, die verschiedenen Stimmungen und Erfahrungen in meiner Sehnsucht nach Liebe besser zu verstehen. Ganz im Sinne des Dichters Rainer Maria Rilke, der von einem Leben in wachsenden Ringen spricht. Ein Leben, in dem wir Helles und Dunkles, Leichtes und Schweres, Leben und Sterben integrieren, um wirklich lebendig zu sein.

Dem Glaubenszweifel nicht ausweichen: Thérèse von Lisieux

In unserer brüchigen und oft sinnentleerten Welt wächst die Sehnsucht nach Orientierung, nach Licht und Ganzsein. Gott sei Dank! Echtes Ganzsein erfahren wir allerdings nur im Annehmen unserer Zerbrechlichkeit und Verwundbarkeit. Diese uralte Menschheitserfahrung zeigt sich uns im Leben und in der Wirkungsgeschichte von Thérèse von Lisieux (1873–1897), die sehr jung an Tuberkulose im Karmeliterinnenkloster Lisieux stirbt. Ihre fröhliche Leichtigkeit und ihr spontanes Beten berührt viele Menschen. Auch die französische Chansonsängerin Edith Piaf (1915–1963) verehrt sie ihr ganzes Leben lang. Thérèse will nicht die steile Leiter der Vollkommenheit emporsteigen, sondern den direkten Fahrstuhl zum Himmel nehmen. »Der kleine Weg« wird später ihre Spiritualität genannt, der es auch nicht an Radikalität fehlt. Sie will keine »halbe Heilige« sein und fühlt sich »zum Priester berufen«. Diese befreiende Frömmigkeit brauchen wir dringend, um den lachenden Segen Gottes in unserem Alltag zu erkennen. Ein Lächeln kann unser Leben verwandeln. Wenn wir allerdings dauernd lächeln müssen, dann verlieren wir an Lebensqualität.

Nach dem schmerzvollen Tod von Thérèse wollen ihre beiden leiblichen Schwestern, die auch Nonnen im selben Karmel sind, das wunderbare Lächeln von Thérèse festhalten. Fotoaufnahmen von ihrem gequälten Gesicht werden retuschiert, damit sie als lächelnde Nonne weltweit bekannt wird. Welch eine Anmaßung angesichts der Glaubensnächte und der äußeren und inneren Schreie nach Sinn. In ihrer grausamen Erkrankung mit Hustenanfällen, Fieberattacken und grässlichen Erstickungsanfällen lebt die temperamentvolle junge Frau einen »Trotzdemglauben«, wie es Christian Feldmann in seiner hervorragenden Biografie beschreibt. Im Ringen in ihrer Gottesfinsternis kommt sie mir ganz nahe, weil auch diese Dimension zu unserem Leben gehören darf.

Thérèse ruft aus »Ich kann nicht mehr beten« – »Ich habe doch erst so wenig geliebt« – »Ich möchte gar nicht schildern, wie schwarz die Nacht meiner Seele ist« – »Wenn Sie wüssten, in welche Finsternis ich versunken bin! Ich glaube nicht an das ewige Leben. Mir scheint, dass es nach diesem sterblichen Leben nichts mehr gibt. Alles ist für mich verschwunden. Es bleibt mir nichts mehr als die Liebe«. Diese schreienden Worte sind mir

Lebenshilfe, um lebendig im Sterben zu bleiben. Da sind wir mitten im mystischen Paradox, in dem die Hoffnung lebt und doch der Aufschrei angesichts des Todes nicht beschönigt wird. Gängige Glaubensvorstellungen kommen ins Wanken und trotzdem bleibt das Wesentliche, die Liebe. Auch bei Mutter Teresa von Kalkutta sind nun Gott sei Dank zehn Jahre nach ihrem Tode jene erschütternden Glaubenszweifel veröffentlicht worden, die ihr großes Lebenswerk noch glaubwürdiger erscheinen lassen.
Thérèse bestärkt uns, alle Gefühle wahrzunehmen und auszusprechen, damit wir wirklich Mensch werden können und Gottes Menschwerdung sich auch in uns ereignet. Eine leidenschaftliche Gottesliebe bewohnt sie, wie wir sie sich auch im Leben und in den Texten einer anderen jungen Karmeliterin finden: Elisabeth de la Trinité (von der Dreifaltigkeit), die 1880 geboren wird und mit 26 Jahren im Karmel von Dijon stirbt.
Diese Lebendigkeit im Schweren zeigt sich auch in der Vertiefung von biblischen Texten durch die »kleine Thérèse«, wie sie liebevoll in Verbindung mit der »großen« Teresa von Avila genannt wird. Den schlafenden, schweigenden Jesus in der Geschichte vom Sturm auf dem See (Markus 4,35–41) deutet sie hinein in ihren existenziellen Ernstfall des Glaubens:
»Jesus schläft, er schlummert in meinem kleinen Nachen. Die Menschen lassen ihn selten ungestört in ihrer Seele schlafen. Jesus ist so müde, sich immer zu verausgaben und entgegenzukommen, dass er gern die Ruhepause benützt, die ich ihm anbiete. Er wird vermutlich nicht vor meiner großen Einkehr in der Ewigkeit erwachen; aber das betrübt mich nicht, es bereitet mir im

Gegenteil höchste Freude.« Thérèse erzählt von einem bedürftigen Gott, der auch uns braucht. Sie will nicht immer etwas von ihm, sondern gönnt ihm Ruhe, in der Hoffnung, dass er in der Ewigkeit erwacht. Genial! Beides findet sich bei ihr, dieses tiefe Vertrauen und ebenso Abgründe des Zweifels. Sie drückt es poetisch aus mit den Worten, dass es nach ihrem Tod »sein wird wie ein Regen von Rosen«.

Auch Hildegard Knef (1925–2002) singt: »Für mich soll's rote Rosen regnen, mir sollten sämtliche Wunder begegnen ...« Der Jesuit Karl Rahner, der den frommen Kitsch rund um Thérèse entsetzlich fand, schreibt: »Es gibt auch schwarze Rosen. Solche mögen weiter fallen in die Nacht des Sterbens, schwarze Rosen einer Hoffnung, die unhörbar und fast ununterscheidbar in solche Nächte fallen.« Dieses authentische, hoffnungsvolle Ringen findet sich auch im letzten Buch der französischen Schriftstellerin Christiane Singer (1943–2007), die in der Nähe von Wien gewohnt hat. Tagebuchfragmente, die ab dem 1. September 2006 entstehen, als ihr der Arzt mitteilt, dass sie noch sechs Monate zu leben habe. Christiane Singer beschreibt ihre grausamen Schmerzen und mitten darin das Erahnen jener verrückten Hoffnung, dass »Christus sie bewohnt wie das Fließen eines Brunnens«.

Nach Sinn tasten: Marie Noël

Marie Noël (1883–1967) lebt bis zu ihrem Tod in der kleinbürgerlichen Welt ihrer französischen Geburtsstadt Auxerre. Sie führt ein äußerlich unscheinbares Leben, mit einer karitativen Aufgabe in der Pfarrei, etwa der Unterstützung verlassener Kinder aus zerrütteten Familien. Nach außen schien sie angepasst, doch ihre Tagebuchaufzeichnungen, die in einem Zeitraum von 40 Jahren aufgeschrieben sind – erschienen unter dem Titel »Erfahrungen mit Gott« – lassen uns eine feinfühlige Lyrikerin und kritische Frau entdecken, die ihr Leben, ihr Ringen und Hoffen mit bewegenden Bildern verdichtet. Sie tastet nach Sinn im Leiden und sie erahnt das Begleitetsein durch Gott, den sie ein Leben lang leidenschaftlich sucht. Sie bestärkt uns wie jede Mystikerin, den eigenen Erfahrungen zu trauen und zu verinnerlichen, dass wir Gott nie haben können: »Gott, oh Gott! Unendliche Enttäuschung. Der, über den wir nachdenken und den wir dennoch nicht kennen. Der, den wir mit all unseren Kräften lieben und der uns dennoch niemals umarmt. Der, der uns auf ewig anzieht und sich uns dennoch auf ewig entzieht. Gott! Mein Gott, den ich so sehr gesucht habe, wo bist du an diesem Abend?«
Wohltuend ist die Befreiung und die Weite, die sich durch Marie Noëls inneren Weg eröffnet. Mit viel Selbstironie und mit ihrem Aufbruch aus einer engen religiösen Welt wird sie mir zur Weggefährtin, die zur Unvollkommenheit ermutigt. 1934 schreibt sie: »Ich habe keine Lust vollkommen zu sein, wie ein vollkommener Mensch vollkommen ist. Ich habe keine Lust,

dieses Polizeigewissen in mir zu pflegen, das auf allen Wegen lauert, um die vorbeigekommene Sünde zu ergreifen.«

Ihre lyrischen Texte wurden von der Académie Française geehrt. Ihre Tagebuchnotizen sind ein bewegendes Zeugnis, dass wir durch Krisen hindurch immer mehr zu uns selbst entlassen werden. Marie Noël erinnert uns auch, dass wir oft erst im Nachhinein erkennen, wie sich ein geheimnisvoller Hoffnungsfaden trotz vieler Widersprüchlichkeiten durch unser Leben zieht:

»Und wenn ich mich heute umdrehe, um zurückzuschauen, sehe ich mein Werk in all meinen traurigen Jahren, in all meinen geduldig getragenen Dunkelheiten und in all meinem täglichen Elend, umgeben von meinen Mängeln, behindert durch meine Schwäche, verhindert durch tausend Hemmnisse, oh mein Gott, und bis zum Ende werde ich immer wie eine Gebrechliche den göttlichen Weg an eurer Hand gegangen sein.«

Die Kunst des Sterbens

»Hätten unsere Augen keine Tränen, hätte unsere Seele keinen Regenbogen«, heißt ein indianisches Sprichwort, das ich gerne weitererzähle. Unser Leben wird beziehungsreicher und farbiger, wenn wir miteinander die Kunst des Sterbens einüben im jetzigen Augenblick.

Mystische Menschen fragen nämlich auch, ob es ein Leben vor dem Tode gibt. Sie gehen in diesem Leben an die Grenzen, sie wagen Außerordentliches, weil ihre Sehnsucht nach der Ewigkeit unendlich ist. Leben und

Sterben gehören zusammen, denn in beidem können wir erfahren, dass die Liebe stärker ist als der Tod. Der Apostel Paulus spricht in seiner Taufspiritualität vom Sterben und Auferstehen mit Christus (Römer 6). Getauft sein heißt, ein Leben lang und auch im Tode in dieses Geheimnis hineinzuwachsen. Im Begleiten von Sterbenden und Menschen in Trauer erlebe ich intensivstes Leben. So viele kleinliche Alltagssorgen werden relativiert, weil das Wesentliche uns Fenster und Türen öffnet zur Ewigkeit.

Die Jüdin und Widerstandskämpferin Etty Hillesum (1914–1943) , die in Auschwitz-Birkenau ermordet wurde, kann in ihren atemberaubenden Tagebucheinträgen in paradoxen Worten von dieser Intensität schreiben, die sich uns angesichts des Todes zeigen kann: »Ich bin schon tausend Tode in tausend Konzentrationslagern gestorben. Ich weiß über alles Bescheid und neue Nachrichten beunruhigen mich nicht mehr. Auf eine oder andere Art ist mir das alles bewusst. Und doch finde ich das Leben schön und sinnvoll. Jede einzelne Minute.« Wie kann sie solche Worte schreiben? Bei ihr findet sich auch eine überzeugende Umschreibung von Mystik: »Mystik muss auf kristallklarer Ehrlichkeit beruhen. Nachdem man zuvor Dinge bis zur nackten Realität durchforscht hat.«

Eine mystische Lebensgestaltung bestärkt uns, dem Leben mit seiner Schönheit und Brutalität in die Augen zu schauen, dazu gehört auch der Tod. Da wird Spiritualität als Beziehungsgeschehen erfahren, wie dies die Ärztin und Theologin Monika Renz eindrücklich in ihrer Sammlung »Grenzerfahrung Gott. Spirituelle Erfahrung in Leid und Krankheit« beschreibt. Von 251 betreuten

Patientinnen und Patienten machten 135 tief greifende mystische Erfahrungen, die sie in fünf Erfahrungsweisen aufteilt: Einheitserfahrungen, Gegenüber-Erfahrungen, Väterlich-mütterliche Gotteserfahrungen, Gott des Inmitten und Gott der Energie. Die Lebenskraft in diesen Sterbeprozessen mit einer Fülle von Gefühlen wie Trauer, Wut, Vertrauen, Empörung, Annahme lässt aufhorchen. Auferstehung wird schon im Hier und Jetzt erfahren. Loslassen wird zum Lebensziel, das uns dem Einssein mit allem näherbringt, wie dies der Franziskanerpater Richard Rohr (geb. 1943) als Ziel aller Religionen anzeigt: »Das wahre Ziel aller Religionen ist es, uns an jenen Ort zurückzuführen, wo alles eins ist, wo wir zur Urerfahrung der Einheit zurückfinden: zur Erfahrung der Einheit mit uns selber, zur Erfahrung radikaler Einheit mit der ganzen Menschheit und deshalb zur Erfahrung der Einheit mit Gott. Religion hat keinen anderen Zweck als diese Reise zu ermöglichen.«

Diese Reise beginnt mit der Geburt und sie vollendet sich im Tode. Wenn im christlichen Credo von der »Auferstehung des Fleisches« die Rede ist, dann verstehe ich es im Sinne dieses Einsseins mit allem, das sich auch nicht durch den Tod trennen lässt. Dazu gehört auch die Überzeugung von einer Leib-Geist-Seele-Einheit. Sie verweist mich intuitiv auf diese Hoffnung, dass unser ganzes Leben, unsere Freude, unsere Tränen, unsere Küsse, unser Engagement im Tod für immer gut aufgehoben sind. Der evangelische Mystiker Friedrich Christoph Oetinger (1702–1782) sagt: »Alle Wege Gottes enden in der Leiblichkeit.« An den menschgewordenen Gott zu glauben, heißt mit allen Sinnen lieben und glauben in alle Ewigkeit. Der Theologe Jürgen Moltmann

(geb. 1926) spricht überzeugend von der »Auferstehung des gelebten Lebens«, weil wir identisch sind mit dem erfahrenen und gelebten Leib. Dieser Leib ist von der Liebe bewohnt und diese Kraft der Liebe ist ewig.
Auch in dieser Auferstehungshoffnung muss das Christentum sich nicht überheblich abgrenzen von anderen religiösen Erfahrungen, sondern es kann befreiend das Verbindende erkennen. Dem Theologen und Psychotherapeuten Eugen Drewermann (geb. 1940) gelingt es in poetisch-wissenschaftlich-mystischer Sprache, diese Verbindung aufzuzeigen, zum Beispiel in seinem Buch »Ich steige hinab in die Barke der Sonne. Meditationen zu Tod und Auferstehung«. Schon im Alten Ägypten findet sich die Vorstellung, dass unser Leben nach dem Tod weitergeht. Darum darf die Auferstehungshoffnung nicht als christliches Sondergut gesehen werden, sondern ist »als menschheitlich« zu sehen.
Diese verbindende Offenheit befreit zu einem Credo, das unser Vertrauen in die Ewigkeit stärkt. Denn nach Eugen Drewermann lehrte uns Jesus, »dass Gott uns nicht Formen der Sehnsucht und Hoffnung ins Herz gelegt hat, die nicht in Wahrheit auch stimmen. Wir können den Auferstandenen nur sehen, weil wir sein Bild in uns tragen, und er begegnet uns nur als ›außerhalb‹ von uns, weil er zutiefst in uns lebt. Aber lebte er nicht in uns, entspräche den ›Bildern‹ des ewigen Lebens nicht eine Wirklichkeit, die an sich bei Gott besteht, und es ist in alle Ewigkeit die Person und das Wesen dieses Jesus von Nazareth, deren Güte und Sanftmut unsere Seele so sehr verzaubert und anregt, dass sie all diese Bilder des Lebens in uns zu finden und festzuhalten vermag, die uns auf immer bezeugen: Es gibt keinen Tod.«

Eine mystische Spiritualität ist darum für mich eine Herzensspiritualität, in der ich beherzt meinen inneren Bildern traue. Ich weiß nicht, wie wir weiterleben nach dem Tode. Ich will es auch gar nicht wissen, mir genügt die Sehnsucht und die Lebenserfahrung, die mir immer wieder aufzeigt, wie mir nichts genommen werden kann von all dem, was ich erlebe, und wie mich dies ganz tief verbindet mit allem, in diesem Augen-Blick und in alle Ewigkeit.

Tod als Neugeburt

Ich weiß nicht, wie mein Sterbeprozess sein wird. Doch mir ist das Bild des Sterbens als Geburtsprozess eine echte Lebenshilfe. Im Leben und Sterben werden wir in Gott hineingeboren. Der Geburtsprozess klammert den Schmerz nicht aus und die Enge des Geburtskanals zum Leben auch nicht. Er ist das Hoffnungsbild, dass wir zum gelebten Leben gerufen sind und dass die Liebe die Kraft ist, die uns dazu berührt.

Von all den vielen Büchern, die zum Leben nach dem Tode geschrieben wurden, überzeugt mich immer noch das kleine Buch »Erlöstes Dasein« von Ladislaus Boros (1927–1981), das er 1965 geschrieben hat. Darin werden auch die Bilder von Fegefeuer, Hölle und Gericht existenziell gedeutet. Der Tod ist als Ursprung des Lebens der endgültige Akt der Selbstfindung, da kann ich mir nichts mehr vormachen, muss nichts mehr überspielen, sondern kann ganz ich selbst sein. Dies kann auch schmerzvoll und »läuternd« sein, wie wir es schon in unseren Beziehungen hier erleben. Zu sich zu stehen, sich liebend anschauen zu lassen in aller Begrenztheit und Angenommensein und Vergebung zu erfahren, kann schmerzvoll und befreiend zugleich sein. Bangen und Schmerz gehören zu einer Geburt, dazu brauche ich keinen strafenden, richtenden Gott. Im Sterben komme ich nicht darum herum, mich auf die Liebe auszurichten, dies allein zählt. Hölle wäre die Entscheidung gegen die Liebe, die Selbstverdammung. Ich wünsche sie keinem Menschen.

Barmherzigkeit und Gerechtigkeit gründen in einer echten Liebe: mir und anderen gerecht werden und auf ein weites Herz der Liebe hoffen. Ladislaus Boros schreibt: »Erst indem wir uns loslassen, uns von uns selbst befreien, werden wir wirklich ›wir selbst‹. Im Himmel wird nun die ganze Person zur Hingabe, zur Selbstloslösung, zum ›Sich-in-Gott-hinein-Vergessen‹ ... Tod ist also Geburt. Der Mensch geht in seinem Tod in eine gänzlich christusdurchsichtige Welt ein. Der kosmische Christus umfängt ihn ganz.« Diese Hoffnung nährt mein Vertrauen in ein Leben vor und nach dem Tode.

Im Film »Das Zimmer meines Sohnes« erfährt Giovanni durch den Tod seines Sohnes eine Neugeburt. Er wird durch harte Verunsicherungen und Schmerzen gewandelt zum aufrechten Gang, der ihm ermöglicht, dem Leben wieder zuzulächeln.

Mystische Menschen üben miteinander die Kunst des Sterbens ein, um intensiver leben zu können. Sie erkennen in den vielen alltäglichen Sterbeprozessen, die sich durch Enttäuschungen und Ernüchterungen zeigen, eine Chance, um echtes Loslassen einüben zu können. Ein Loslassen, das sich zuerst einlässt auf die ganze Palette des Lebens, auf seine hellen und dunklen Farben. Ein Loslassen, das hilft die Egoebene zu verlassen, um zum wahren Selbst zu gelangen.
Mystische Menschen eröffnen Klage- und Trauerräume, damit intensive Beziehungen sich vertiefen können und das Wesentliche des Lebens neu auftaucht angesichts des Todes. Sie vertrauen, dass sie im Leben und im Sterben in Gott hineingeboren werden.

Du
ereignest dich im Verinnerlichen
der geheimnisvollen Lebensweisheit
auch im Sterben lebendiger zu werden

Du
führst uns zusammen zum Klagen und
Weinen
damit wir intensivstes Leben in Fülle
erfahren
das unser Urvertrauen wachsen lässt

Du
bleibst unbegreiflich nah
schreist mit uns im Leiden
brauchst uns zum aufrichtenden Dasein

Du
bist mit uns in unserer Verlorenheit
hältst unsere Empörung im Abschieds-
schmerz aus
stiftest uns an die Tränen fließen zu lassen

Du
öffnest uns den Blick für die Ewigkeit
damit wir glücklicher im Augen-Blick leben
bestärkt in der Kraft der Liebe

Du
vollendest unser vielfältiges Leben
gebierst dich in uns im Sterbeprozess
damit alles aufgehoben ist in dir

12 Lass dich zur Liebe verwandeln

Mystik der Liebe

»Die fabelhafte Welt der Amélie« (2001) ist ein Film, den ich nicht oft genug anschauen kann. Ich höre mir auch gerne die Filmmusik an, habe mir das Buch mit den Drehbuchnotizen gekauft und ich besuche in Paris in Montmartre die Orte, an denen der Film gedreht wurde. Was geschieht mit mir? Was verzaubert mich?
Es ist die Lebendigkeit, die spritzigen Ideen und die originelle Liebe zum Detail. Es ist die leichtfüßige Tiefsinnigkeit, die das Wunderbare unseres Lebens freilegt. Die junge Amélie vertraut, dass sie aus ihrer Isolation befreit wird zur Liebe, um lieben zu können und sich lieben zu lassen. Sie wartet nicht ab, sondern bestärkt vorerst andere, sich nicht abzufinden mit Ohnmacht und lebensfeindlichen Mustern. Das Glück ist ein Geschenk, doch es liegt an uns, einander Fenster und Türen zum Glück zu eröffnen. Ein Motiv, das der französische Regisseur Jean-Pierre Jeunet im Film »Mathilde – Eine große Liebe« (2004), den er ebenfalls mit der bezaubernden Schauspielerin Audrey Tautou gedreht hat, weiter vertieft.
Beide Filme erzählen von der großen Kraft der Liebe, die sich nicht beirren lässt durch viele scheinbar unüberwindbare Widerstände und die unermüdlich neue Wege sucht, um den Geliebten zu finden. Wege, die manchmal ein Leben lang nur für kurze Momente gefunden werden können. Von dieser harten Erfahrung erzählt auch das Meisterwerk »Brokeback Mountain« (2005) des taiwanischen Regisseurs Ang Lee. Das Blockiertsein der Liebe zweier Cowboys wird mit betörend-bedrückenden Bildern ausgedrückt. Die eindrücklichen Landschaftsbilder sind ein Spiegel der inneren Seelenlandschaft, in der die Sehnsucht nach dem Geliebten

unauslöschlich ist, obwohl sie wegen der lebensfeindlichen Normen der Gesellschaft nicht gelebt werden kann.
Diese lebensnahe Form der Hingabe an die Liebe, die uns alle bewohnt, und die Schwierigkeit, sie ganzheitlich leben zu können, erkenne ich auch in vielen mystischen Biografien. Frauen und Männer werden berührt vom Geheimnis der Liebe und sie lassen sich verwandeln zur Verheißung, die sie immer schon in sich tragen: zum Abbild Gottes. Sie weichen ihrer Angst, geliebt zu werden, nicht mehr aus, sondern suchen nach ihren tieferen Gründen, die sich durch Enttäuschungen und Verletzungen verfestigt haben können. Sie vertrauen ihren inneren heilenden Kräften, die durch die Begegnung mit anderen Menschen und mit dem göttlichen Grund geweckt werden können. Der Mystiker und Trappistenmönch Thomas Merton (1910–1968) beschreibt diesen Urwunsch mit wenigen Worten: »Mein einziger Wunsch ist, mich selbst vollständig dem Geschehen dieser unendlichen Liebe hinzugeben, die Gott ist, die mich heimlich in Ihn selbst umwandeln möchte, im Dunkel, in Einfachheit, in einer Art und Weise, die nichts Dramatisches in sich hat, und unendlich über jeder Art Sensationellem und Erstaunlichen ist, mit Ausdruck und Macht.«
Genau dieser unspektakuläre und doch tief greifende Wandlungsprozess rührt mich an in einer mystischen Lebensgestaltung. Ich halte mich nicht auf bei außerordentlichen Phänomenen, die sich auch zeigen können, und ich suche sie auch nicht. Ich lasse mich finden im ganz gewöhnlichen Alltagsgeschehen, im staunenden Dasein, in beharrlicher Konfliktfähigkeit, in befreiender

Versöhnung, in erotischer Hingabe, im Eintauchen in den Fluss der Liebe, der mein ganzes Sein verwandeln kann. Der Dalai Lama erwähnt auch den Mut zur Hingabe als wichtiges Tor zur Liebe: »Für spirituelle Praxis sind jene Menschen bestens geeignet, die nicht nur intellektuell begabt, sondern auch weise sind und über einen ausgeprägten Glauben und eine Fähigkeit zur uneingeschränkten Hingabe verfügen.«
Diese Hingabe ist möglich, sie geschieht nicht durch verkrampfte Anstrengungen, sondern durch all die Momente, in denen wir uns vom Leben mit all seinen Höhen und Tiefen bewegen lassen. Amélie Poulain zeigt mir, wie kreativ-sinnlich, humor- und anspruchsvoll dieser Weg sein kann. Er lohnt sich!

Berührt von der allumfassenden Liebe Gottes: Hadewijch von Antwerpen

»Unter den Menschen habe ich in allen tätigen Diensten gelebt. Und dabei haben sie mich in all ihren Nöten mit willfähriger Tatbereitschaft befunden. In allem habe ich ihnen zur Seite gestanden. Seit mich Gott zum ersten Mal mit seiner allumfassenden Liebe berührte, fühlte ich eines jeden Menschen Not, so, wie sie wirklich war«, schreibt die Mystikerin Hadewijch von Antwerpen (13. Jahrhundert). Ihre Herkunft und ihr Leben sind unbekannt. Sie ist eine der bedeutendsten Mystikerinnen des Mittelalters und hat sehr wahrscheinlich ihre Schriften an Beginen gerichtet.

Beginen sind selbstbewusste Frauen, die in einer religiösen und sozialen Aufbruchsbewegung ihren Platz eingenommen haben in einer patriarchal-hierarchischen Welt. Drei bis vier Prozent der Bevölkerung – etwa eine Million Frauen – haben sich in Beginenhöfen, in Wohngemeinschaften zusammengefunden, um ihre mystische Begabung in Gebet und als »Sozialarbeiterinnen« zu pflegen.

Bei Hadewijch zeigt sich, dass eine mystische Lebensgestaltung nebst einer tiefen Gottessuche und -sehnsucht immer auch ein kritisches Potenzial und soziales Engagement enthält. Die allumfassende Liebe Gottes führt mitten in die Konflikte, die Schönheit und die Fragwürdigkeit des Lebens. Diese Spannung miteinander auszuhalten, zu deuten und zu feiern, lässt Gott als Grund der Hoffnung erfahren. Die Erfahrung des Angerührtseins durch die Liebe Gottes erfüllt sie und lässt sie zugleich ein »verwundetes Herz« erfahren, weil durch die Liebe eine intensive Nähe spürbar wird, die auch die Ferne beinhaltet. Hadewijch übte einen großen Einfluss auf den holländischen Mystiker Jan van Ruusbroec (1293–1381) aus. Ihr Visionenbuch muss um 1240 zusammengestellt worden sein. Darin entfaltet sie sprachgewandt einen Weg der Herzensliebe, auf dem alle Dimensionen der Liebe zur Sprache kommen, die uns auch inspirieren können im Gestalten von mitmenschlichen Beziehungen. Es geht ihr um eine reife Liebe, den sie als Verwandlungsprozess in poetischen Bildern beschreibt, inspiriert von den Minnesängern:

O teure Natur, edle Minne,
wann machst du meine Natur so schön,
dass sie deiner Natur entsprechen kann?
Denn ich möchte ganz dir entsprechen,
wäre alles, was in mir anders ist, dein,
so wäre alles, was dein ist, mein.
Und ich würde in deinem Feuer verbrennen.

Das Umgewandeltwerden im Feuer der Minne, der Liebe, ist die große Sehnsucht mystischer Menschen. Es sind jene Momente des Einsseins, die Hadewijch in wenigen Worten zusammenfasst: »Denn das ist die vollkommenste Bewährung: zu wachsen, um Gott mit Gott zu sein.« Diese Hoffnung wird in immer neuen Worten beschrieben, auch bei den Mystikern Hugo und Richard von St. Viktor in Paris (12. Jahrhundert) und Wilhelm von St. Thierry (1085–1148), die ich in meinem Buch »Verwundet bin ich und aufgehoben. Für eine Spiritualität der Unvollkommenheit« vorgestellt habe. Die Begine Hadewijch lässt sich inspirieren von diesen Mystikern, die Gott als Beziehungsgeschehen erfahren, als »innere Umarmungen der Liebe«, wie es Hugo von St. Viktor nennt. Lieben können heißt, sich dem Himmel zu öffnen, um standfester in sich auf der Erde stehen zu können: »Aufzusteigen zu Gott heißt, sich in sich zu kehren, und nicht nur das In-sich-Gehen, sondern auch in unaussprechlicher Weise durch sich in die inneren Tiefen überzugehen«, schreibt Hugo.
Gottesliebe, Nächsten- und Selbstliebe dürfen nicht mehr voneinander getrennt werden. Ein christlich-mystischer Weg wächst in diese Einheitsmomente hinein, die nicht zu haben sind, sondern immer im Werden, ein

Leben lang. Der Franziskanerbruder David von Augsburg (um 1210–1272) beschreibt diese Einheitserfahrung aus Liebe mit bewegenden Worten: »Dort wird die Seele so mit Gott vereint, dass sie ist, was Gott ist, obwohl sie doch Gott nicht ist. Doch ist sie ein Herz, ein Wille, eine Liebe, ein Geist mit Gott, nicht nur infolge der Einung, durch die sie jetzt nichts anderes will, als was Gott will, sondern sie kann nicht mehr anders wollen als Gott.«
Durch all die Jahrhunderte, in denen immer auch die Brüchigkeit des Lebens mit all seinen Naturkatastrophen und mit der Bösartigkeit der Menschen aufscheint, halten Mystikerinnen und Mystiker an ihrem Urvertrauen fest, dass der Mensch aus Liebe geschaffen ist und alltäglich zur Liebe verwandelt werden kann. Der Mystiker Maurice Zundel (1897–1975), der in Neuchâtel und Lausanne gelebt hat, sagt zukunftsweisend: »Es hat Göttliches in der Liebe, man muss es entdecken. Ich glaube nicht an Gott, ich lebe ihn!«

Liebe differenziert: Pierre Teilhard de Chardin

Der Jesuit, Naturwissenschaftler und Mystiker Pierre Teilhard de Chardin stirbt am Ostersonntag, dem 10. April 1955 in New York. Die Auferstehungskraft durchzieht sein ganzes Werk, das in seinem Ausdruck der »Amorisation« jene Hoffnung ausspricht, dass die Liebe Christi die Schöpfung und den Kosmos immer mehr durchdringen wird. Mit großer Genialität nimmt er die Zerreißprobe des denkenden Menschen ernst und zeigt ihm aufgrund seiner jahrzehntelangen Forschungen als Geologe, Biologe und in der Paläontologie (Lehre des urzeitlichen Lebens), dass Evolution und Glaube sich nicht ausschließen müssen. Bei Pierre Teilhard de Chardin (1881–1955) wird sichtbar, was eine christlich-mystische Lebensgestaltung beinhalten kann:

- Die Welt und die Menschheit von innen her, von Christus her anzuschauen und sie dank und in seiner Liebe zu durchatmen, zu durchdenken und zu durchlieben.
- Aufbruch ins Ungewohnte: Große und strapaziöse Reisen nach Ägypten, China, Japan, Süd- und Nordamerika, Afrika und eine unermüdliche, leidenschaftliche Forschungsarbeit konkretisieren das Vertrauen, Gott in allen Dingen zu finden.
- Eine neue Sprache zu entwerfen, die orthodoxe Glaubensaussagen neu buchstabiert angesichts der neueren Erkenntnisse der Naturwissenschaften. Sein Text »Messe über die Welt – Messe sur le monde« ist eine Perle moderner Mystik. Als mystischer Priester bleibt er nicht an äußerlichen Formen hängen, sondern wagt sich in eine »kosmische Kommunion« hinein, die der Liebe Gottes, die sich in der Menschwerdung ereignet, eine universell-kosmische Dimension zutraut.
- Ein Leiden an der Kirche, ein Kämpfen zwischen den Polen von »Widerstand und Ergebung«. Er akzeptiert, dass seine Bücher nicht gedruckt werden dürfen, und trotzdem schreibt er weiter, was ihn zutiefst bewegt.

- Er wagt auch als zölibatär lebender Ordensmann freundschaftliche Beziehungen. Seine Briefe an Frauen, seine heimliche Liebe zu Lucile Swan sowie seine »Hymne an das Ewig Weibliche« zeugen von der notwendigen Integration der erotischen Lebenskraft.

Pierre Teilhard de Chardin wagt einen großen Entwurf, der vom Vertrauen in die Globalisierung der Liebe lebt. Viele seiner naturwissenschaftlichen Erkenntnisse erscheinen heute in einem anderen Licht und seine begeistert-optimistische Sicht der Entwicklung kann viele kritische Fragen aufwerfen. Doch es bleibt der große Verdienst von Pierre Teilhard de Chardin, dass er den fragenden, zweifelnden Menschen ernst nimmt und aufzeigt, dass gerade aus einer mystischen Glaubenshaltung eine andere Theologie möglich ist. Diese offene Haltung bringt ihm zu Lebzeiten viele Schwierigkeiten ein, die meisten seiner Bücher dürfen nicht gedruckt werden. Als gehorsamer Ordensmann akzeptiert er dies, auch seine lebenslange Verbannung. Sein Exil in China verletzt ihn schwer. Trotzdem und erst recht hält er angesichts dieser durch-kreuzten Lebenspläne nach der Auferstehungskraft Ausschau, die er auch durch Depressionen hindurch erfahren darf.
Als er 1947 einen Herzinfarkt erleidet, schreibt er: »Es bedarf der ganzen Gelassenheit meines Glaubens, um das, was mir an sich wirklich das Herz bricht, anzunehmen und zu versuchen, es in ein konstruktives Element zu verwandeln.« Es sind Worte, die mich tief berühren und mir Lebenshilfe sind. Darin findet sich die schmerzvolle Ungerechtigkeit, dass Theologinnen und Theologen, die aus einem tiefen inneren Ringen heraus das We-

sentliche in neuen Worten ausdrücken, ausgegrenzt werden und jene, die die offiziellen Texte verwenden, die aber die Menschen nicht berühren, Anerkennung finden. In seinem Buch »Das göttliche Milieu« begegnen wir einem tiefgläubigen Menschen, kritisch im Leben und im Glauben. Er begegnet anderen Religionen mit Respekt, obwohl er alles »in Christus« sieht. Im Blick auf Buddhismus, Hinduismus, Konfuzius und Laotse kann er schreiben: »Es gibt außerhalb der Kirche eine unermessliche Menge an Güte und Schönheit, die sich zweifellos nur in Christus vollenden wird.« Die Probleme der Menschheit bewegen ihn mehr als die Bekehrung der Chinesen zum Christentum. Diese offene Spiritualität, die das Verbindende sucht, findet sich ja auch bei anderen Priestern wie Hugo M. Enomiya-Lassalle oder Niklaus Brantschen, der in seinem Buch »Auf dem Weg des Zen. Als Christ Buddhist« schreibt: »Gott sucht mich in allen Dingen«, was der indische Priester Raimon Panikkar, der Gastprofessor an über 100 Universitäten ist, vertieft in den tiefsinnigen Worten: »Gott bringt sich zur Erfahrung in mir.« Diese Erfahrung Gottes benennt Pierre Teilhard de Chardin wie viele Mystiker als ein Werden und Sterben: »Der Begeisterung, sich selbst zu verwirklichen, folgt das Verlangen, in einem anderen zu sterben.« Sterben heißt für ihn Einswerden, Aufgehen in einem größeren Ganzen:

Mit dem »Werden« eins zu sein, das ist meine Lieblingsformel geworden, die Formel meines Lebens ... Es macht den Wert und das Glück des Lebens aus, in etwas Größerem aufzugehen, als man selbst ist.

Diese existenzielle Dimension vertieft Pierre Teilhard de Chardin in der kosmischen Dimension, die nebst der naturwissenschaftlichen Erkenntnis der Evolution inspiriert ist von dem Bibelvers aus der Offenbarung des Johannes 1,8, wo Christus sagt: »Ich bin das Alpha und das Omega.« Alles vollendet sich im Omega, in der Liebe, und die Liebe differenziert. Der christliche Aspekt seiner Mystik wird hier offensichtlich: »Damit mein Ich sich mitteilen kann, muss es in der Hingabe seines Selbst dennoch bestehen bleiben ... es gelangt immer mehr zu sich selbst und unterscheidet sich daher umso mehr von den anderen, je mehr es sich in Omega den anderen nähert ...«
Diese personale Selbstwerdung im Einswerden berührt mich zutiefst in der christlichen Mystik, sie unterscheidet sich vom Bild, dass die Welle das Meer ist. Der große Mystikkenner und Jesuit Josef Sudbrack (geb. 1925) nennt dies eine »engagierte Gelassenheit ... weil Gott im innersten Wesen ein Liebender ist, und der gott-bezogene Mensch daher von der Liebe bewegt sein muss«. Inspiriert von Teilhard de Chardin heißt dies für Josef Sudbrack, dass die »Mystik als Gipfel des betenden Seins vor Gott ebenso im Tätigsein wie in der ekstatischen Gotteserfahrung lebt«. Eine Sicht, die die Malerin Maria Hafner in ihren Bildern zu den Texten »Herz der Materie« von Teilhard de Chardin einen Austausch zwischen Geringem und Machtvollem, Endlichem und Ewigem und Himmel und Erde nennt. Es ist ein Vertrauen in die Christusgeburt in uns, die uns Anteil nehmen lässt am Werden Gottes im Kosmos, wie die Heilpädagogin und Psychologin Pia Gyger den Prozess umschreibt, den Teilhard de Chardin »Christo-

genese« nennt. Ein Prozess, der uns zurückwirft auf uns selbst, auf unsere Liebesfähigkeit, an der wir arbeiten sollen, obwohl sie nicht machbar ist, sondern uns als größte Gabe des Lebens geschenkt wird, nicht für immer, sondern jeden Tag neu.

Für eine menschenfreundlichere Kirche kämpfen

Anfang Juli 2007. Einmal mehr spüre ich großes Befremden und Empörung beim Lesen eines Dokumentes aus dem Vatikan. Das erneute Festhalten an der Lehrmeinung, dass die römisch-katholische Kirche die einzig wahre Kirche ist, finde ich furchtbar. Erdrückend ist auch, wie Bischöfe weltweit dieses Dokument schönreden, weil sie es nicht wagen, sich der römischen Kurie entgegenzustellen. Eine Notwendigkeit, die wir schon im Neuen Testament entdecken können, das erzählt, wie Paulus dem Petrus entgegengetreten ist (Galater 2,11).

Eine enge, abgrenzende Sicht der römisch-katholischen Kirche habe ich noch nie geteilt. Schon als Kind konnte ich nicht glauben, dass evangelische Christinnen und Christen schlechtere Menschen seien. Dank dem Aufbruch durch das Zweite Vatikanische Konzil, das Papst Johannes XXIII. einberufen hat, gebe ich die Hoffnung auf den Frühling einer Kirche nicht auf, die Machtansprüche aufgibt und wirklich den Menschen dient. Der von mir sehr geschätzte Kapuziner Walbert Bühlmann (1916–2007) beschreibt Papst Johannes XXIII. als einen

Mann, der sich mit spürbarer Sympathie unter die Menschen mischte und die Welt umarmte, weil er sie akzeptierte. Statt auf solch eine erfrischende Offenheit stoßen wir heute leider auf eine zunehmende Verengung der Kirche.

Ich verdanke meiner katholischen Tradition viel und ich leide zugleich sehr an dieser Kirche. Darum suche und finde ich Verbündete, die für eine offenere, zärtlichere und gerechtere Kirche kämpfen. Ich finde sie in klösterlichen Gemeinschaften, die sich ein- und aussetzen für einen lebensnahen Glauben, in Pfarreien und Kirchengemeinden, die sich wehren für das Wesentliche, in der ökumenischen Zeitung »aufbruch. Zeitung für Religion und Gesellschaft« (www.aufbruch.ch) und in den originell-ökumenischen City-Kirchen, die neue Formen für das Unsagbare suchen. »Wir sind Kirche« (www.wir-sind-kirche.de) und der Verein »Tagsatzung« im Bistum Basel (www.tagsatzung.ch) gehören zu den vielzähligen Reformbewegungen, die sich auch für eine glaubwürdige Ökumene einsetzen. Professor Hans Küng (geb. 1928) schreibt mir aus dem Herzen in seinem Grußwort zum 10-jährigen Bestehen von »Wir sind Kirche«: »Gerade in einer Zeit, da in Rom wie im Episkopat aller Reformwille erloschen scheint, ist es notwendig, dass die internationale Bewegung ›Wir sind Kirche‹ die Reformanliegen ungezählter Katholikinnen und Katholiken auf der ganzen Welt, deren Stimme nicht gehört wird, wachhält. Seien Sie sich stets bewusst, dass Sie mit Ihren zentralen Forderungen das Evangelium Jesu Christi selber hinter sich haben.«

Dieser hoffnungserweckenden Perspektive folge ich und fühle mich unterstützt durch viele Mystikerinnen

und Mystiker, die mich bestärken, nicht in der Opferrolle zu bleiben, sondern eine gesunde Oppositionsspiritualität zu entfalten. Die Zukunft des Christentums wird mystisch-ökumenisch sein. Für diese Hoffnung setze ich mich ein und aus, für ein Unterwegssein als Volk Gottes in Geborgenheit und Freiheit. Diese Grundhaltung findet sich in einem eindrücklichen Lied des Holländers Huub Osterhuis (geb. 1933), das inspiriert ist von einem Vers aus dem biblischen Buch Deuteronomium 32,11: »Getragen auf Adlers Flügeln, bis ich fliegen kann aus eigener Kraft.«
Die gegenseitige eucharistische Gastfreundschaft wird uns stärken zu dieser freiheitlichen Kraft, weil wir die Gegenwart des inneren Christus feiern, der spürbar wird in einer geschwisterlichen Gemeinschaft, die Frauen und Männer ihre einmalige Würde erfahren lässt. Das innere Wort, der innere und kosmische Christus wird die notwendigen Strukturen und Leitungsaufgaben, die jede Gemeinschaft braucht, immer wieder durch seine Liebe erneuern, damit immer mehr Menschen in einer zerrissenen Welt Hoffnung schöpfen können. Im gemeinsamen Mahl werden wir vom Tod der Resignation zum Leben, zur Liebe erweckt. Die Gegenwart des gekreuzigten und auferstandenen Wegbegleiters nährt uns an Leib-Geist-Seele für den Aufbruch, der sich auch in einem sozialpolitischen Engagement konkretisiert, damit allen Menschen Brot und Rosen zuteil werden.
Auch die römisch-katholische Kirche besitzt die Wahrheit nicht. Traditionalist zu sein heißt für mich, die gesamte Tradition ernst zu nehmen, um miteinander in der Verschiedenheit die Treue zum Evangelium zu su-

chen, die sich in den Herausforderungen durch die Zeichen der Zeit glaubwürdig erweisen will. Dabei geht es weder um Beliebigkeit noch um Quoten von Meinungsumfragen, sondern um das ehrliche Eingestehen, dass die Kirche sich immer wieder reformiert hat, auch in Auseinandersetzungen mit der Philosophie. Die Geschichte der Klöster zeigt, wie demokratische Formen sich sehr gut mit der Radikalität des Christseins verbinden lassen. Äbtissinnen und Äbte, Priorinnen und Prioren werden demokratisch gewählt für eine gewisse Zeit. Darum gibt es keinen Grund, warum nicht auch Bischöfe – hoffentlich bald auch Bischöfinnen in der römisch-katholischen Kirche – von Vertreterinnen und Vertretern der Ortskirche gewählt werden sollten. Wir brauchen eine geschwisterliche Kirche, in der auch ein Dienst an der Einheit akzeptiert wird, der befreit ist von der zentralistischen Machtfülle Roms. Miteinander eintauchen in die Wirklichkeit des inneren Christus führt in die eigene Tiefe und in eine Weite, die auch im Dialog mit anderen Religionen respektvoll und bescheiden bleibt.

Existenziell-mystisches Gottesdienstfeiern

Der Alttestamentler Herbert Haag (1915–2001) und der Grazer Neutestamentler Peter Trummer (geb. 1941) haben verantwortungsvoll und kompetent aufgezeigt, wie vielfältig das Mahl mit dem Auferstandenen über die Jahrhunderte gefeiert wurde und dass der Handlungsspielraum viel größer ist, als uns eine ängstliche Hierarchie glauben machen will. Peter Trummer eröffnet in seinen anregenden Büchern »... dass sie alle eins seien« und »Das ist mein Leib« neue Perspektiven, indem er aufzeigt, wie in den Hauskirchen gefeiert wurde und wie die frühchristlichen Bilder für sich sprechen. Die frühchristliche Eucharistie ist vor allem von der wunderbaren Speisung, vom Brotwunder (Markus 6,30–44), inspiriert, bei dem der gemeinsame Mahlcharakter, das Teilen im Vordergrund steht. Darin verdichtet sich auch biblisch das Bild einer wesentlichen Veränderung in Form einer zweiten, inneren Geburt, die sich uns im Feiern der Gegenwart des Auferstandenen schenkt. Dieses mystische Ereignis braucht eine existenzielle Sprache, die biblische Worte neu in unser Herz hineinspricht. Eine erfahrungsbezogene Religiosität ist gefragt, wie dies auch der Professor für Religionspädagogik Hubertus Halbfas (geb. 1932) in seiner großartigen Darstellung des Christentums einbringt: »Versteht man Mystik nach der Definition des Thomas von Aquin als cognitio Dei experimentalis – ›Erkenntnis Gottes auf dem Weg eigener Erfahrung‹ –, so liegt darin eine Ausrichtung, welche die christliche Religiosität nicht in der Bereitschaft aufgehen sieht, zu glauben, was die Kirche zu glauben vorschreibt, sondern zu einer personalen Reife zu kommen, welche die traditionelle Religiosität auf die eigenen Erfahrungen bezieht.«

Im Feiern des Abendmahls und der Eucharistie können wir hineinwachsen in die Christuskraft, die uns alle bewohnt. In der Erinnerung und der Vergegenwärtigung des Letzten Abendmahles können wir erahnen, was uns wirklich glücklich werden lässt: sterben und werden. In

den urmenschlichen Gesten des Brotbrechens und im Herumreichen des Weinbechers können wir leibhaftig erfahren, was uns wirklich nährt an Leib-Geist-Seele. Jesus verdichtet in der Geste des Brotbrechens die Lebensweisheit, dass wir auch in unserer Zerbrochenheit zutiefst geliebt und angenommen sind. Diese Verheißung lässt unser Ich auf-brechen, damit wir über uns selbst hinauswachsen können, auch in der Bereitschaft, uns für unsere Ideale hinzugeben und aufzugeben, für eine Lebensqualität, die vielen zugute kommt. Im Herumreichen des Bechers mit Wein – eine betende Geste aus der ursprünglichen jüdischen Pessachfeier – vertieft Jesus sein ganzes Leben, das er mit Herzblut gelebt hat, im Schönen und im Schweren. Er er-löst uns von der Einseitigkeit des Habenwollens und führt uns zu jener tiefen Seinsebene, die aus Liebe, eben mit Leib und Seele, sich hingeben kann für die Versöhnung unter den Menschen und für die Versöhnung mit der ganzen Schöpfung.
Je existenzieller wir in vielfältigen Formen wie Agape, Abendmahl, Eucharistie das Christusgeheimnis, die Menschwerdung Gottes feiern, umso intensiver werden wir spüren, dass wir damit gemeint sind und dass wir unser ganzes Leben gut unterbringen können in den versöhnenden Gesten Jesu, die uns ganzheitlich die bedingungslose Liebe Gottes erleben lassen. Viele theologische Diskussionen erübrigen sich, weil ganz unterschiedliche Menschen miteinander erleben, dass sie nicht nur den Leib Christi empfangen, sondern Leib Christi sind, wie dies der Mystiker Augustinus schon ausgedrückt hat. Viele trennende Kirchenkonstitutionen lösen sich auf im tiefen Gottvertrauen, dass sich in den

Abendmahlsgesten eine Hoffnung für die ganze Welt ausdrückt, die zum Teilen bewegt. Eine Hoffnung, die der Apostel Paulus mit den Worten ausdrückt: »nicht mehr ich lebe, sondern Christus lebt in mir« (Galater 2,20). Unser Verstand wird diese heilenden Worte nie ganz erfassen. Im mitvollziehenden Feiern erreichen wir eine tiefere Ebene, eine mystische Ebene, die uns leibhaftig erleben lässt, dass wir im Hier und Jetzt diese Verwandlung in den Auferstandenen erfahren können. Eine aufrichtende Verwandlung, die uns immer auch mit-leidend und mit-schreiend werden lässt, mit all den Menschen und mit Mutter Erde, die heute gekreuzigt werden und die heute zu neuem Leben erweckt werden, auch durch unser mitfühlendes Engagement.
Kreuz und Auferstehung zu feiern lässt mich sinnstiftend erfahren, wie ich im Augenblick glücklich aufgehoben bin in jener göttlichen Dimension, die sich mir in meinem Tod ganz eröffnen wird.
Kreuz und Auferstehung feiern ist mir eine Lebenshilfe, in der ich all meine dunklen Seiten und Stunden im Kreuz- und Auferstehungsweg Jesu verwurzeln kann, um vertrauend einem neuen Morgen entgegengehen zu können.
In dieser christlichen Haltung werde ich mit anderen für eine ökumenische Kirche kämpfen, die lebt aus dem Urvertrauen, dass wir alltäglich zur Liebe verwandelt werden, um immer christusförmiger zu werden. Ein Urvertrauen, das nicht statisch festhält an Worten, sondern dynamisch sich in die biblischen Worte hineinbegibt, weil der Geist Jesu zu dieser inneren Freiheit im Umgang mit dem Wort und der Tradition bestärkt.

Der Jesuit Pierre Teilhard de Chardin ermutigt mich mit seiner engagierten Gelassenheit zu diesem Weg. Als er aus Rom wieder ein Schreibverbot erhält, erklärt er in einem Brief, wie er mit durch-kreuzten Plänen umgeht und welcher Glaube ihn beharrlich dranbleiben lässt an seiner Hoffnung, dass Schöpfung und Kosmos immer mehr von der liebenden Christuskraft durchdrungen werden. Mit seinen Worten lasse ich mein Plädoyer für ein mystisches Christsein ausklingen:
»Bitte glauben Sie mir: Das Christentum ist etwas viel Größeres als diese Kleinkariertheiten. Wie ich Ihnen schon in meinem Brief sagte, ist die Zeit gekommen, sich zwischen einer statischen und einer sich bewegenden Menschheit zu entscheiden und zu wählen. Ich werde auf mein Leben stolz sein, wenn ich es bis zur letzten Minute als einen Beweis meines Glaubens und eines Vertrauens in eine konvergierende Bewegung des Universums benutzen kann.«

Mystische Menschen lassen sich alltäglich zur Liebe verwandeln. Sie verinnerlichen den Kreuz- und Auferstehungsweg Jesu als Grund-Weg, der ihnen lösend und erlösend aufzeigt, was sie wirklich zu einem glücklichen Menschsein brauchen: Freiheit und Geborgenheit in Liebe.
Mystische Menschen gestalten mit an der ständigen Erneuerung der kirchlichen Gemeinschaft, die sich für Reformen einsetzt im anspruchsvollen Loslassen von alten Formen, um dem Wesentlichen treu zu bleiben. Im Feiern der urmenschlichen Gesten des Letzten Abendmahles erkennen sie die mystisch-existenzielle Vertiefung von Freud und Leid, Verlorenheit und Aufgehobensein, von Verzweiflung und Urvertrauen. Sie glauben miteinander an die unglaubliche Verheißung, immer christusförmiger zu werden im liebenden Dasein in Wohlwollen und Konfliktfähigkeit, in Barmherzigkeit und Gerechtigkeit.

Du
verwandelst uns zur Liebe
im mühsam-befreienden Aufbruch
aus dem lähmenden Gefängnis der Angst

Du
bist unser innerer Weg
der uns durch unsere Abgründe
zu einer befreienden Liebe bewegt

Du
bist unsere innere Wahrheit
die uns wahrnehmen lässt
wie du uns wirklich gemeint hast

Du
bist unsere innere Auferstehung
die sich ereignet im Freilegen
deiner göttlichen Gegenwart in allem

Du
bestärkst uns zur Einheit
im Aufgeben von Machtstrukturen
die deiner Botschaft widersprechen

Du
lebst in uns als Christuskraft
die aufrichtet zur Lebendigkeit
in Freiheit und Geborgenheit

Geborgen und frei

»Cinema Paradiso« heißt der Film des italienischen Regisseurs Giuseppe Tornatore, den ich nach der Fertigstellung des Manuskriptes in der Cinemathèque in Lausanne wieder gesehen habe. Ein Film der großen Gefühle, der in die Geschichte eines sizilianischen Dorfes einführt, mit seinem Kino von den 40er-Jahren bis in die heutige Zeit.

Ein Film, der sehr gut zum Abschluss meiner vierjährigen Arbeit an diesem Buch passt. Eine Arbeit, die geprägt ist von meiner Leidenschaft zum Schreiben, zur Mystik, zum Film, und von vielen Momenten des ringenden Zweifelns. Ein Film über die Geschichte des kleinen Toto, der von Alfredo, dem Filmvorführer des Dorfkinos, in die Leidenschaft für die Filme eingeführt wird, die auch für die Liebe zum Leben mit all seinen vielfältigen Seiten steht.

Großes Gefühlskino mit intensiver Musik von Ennio Morricone, die manchmal den Druck auf die Tränendrüse verstärkt, wie mir die kritische Seite meines Verstandes zuflüstert. Zugleich bin ich angerührt in meinem befreienden Lachen, das durch pointierte Witze entsteht, und in bewegenden Tränen, die dank tiefsinniger Dialoge fließen. Dialoge, die zentrale Lebensthemen wie Freundschaft, Verwurzelung, Konfliktfähigkeit und gegenseitige Unterstützung beinhalten.

Toto kehrt nach dreißig Jahren in sein Heimatdorf zurück, um an der Beerdigung von Alfredo teilzunehmen. Es wird sichtbar, wie viel er ihm verdankt, weil er ihn zur Eigenständigkeit bestärkt hat. Seine alte sizilianische Mutter sagt ihrem Sohn Toto, dass sie in all den Jahren immer gewusst habe, dass es gut sei, was er tue. Zugleich fügt sie hinzu, dass sie wohl wahrgenommen habe bei ihren Telefonaten, dass immer wieder eine andere Frau den Hörer abnehme. Trotzdem werde sie nicht aufhören zu vertrauen, dass er die große Liebe finden werde. Eine berührend-befreiende Szene, die mich erinnert an einen kraftvollen Satz, den mir mein Vater ins Leben mitgegeben hat. Als ich 16 Jahre alt war, hatte er für mich eine Lehrstelle gesucht und ich teilte ihm drei Wochen vor Beginn mit, dass ich sie nicht antreten werde, weil ich in Neuchâtel die Mittelschule besuchen wollte. Zur Anmeldung brauchte ich allerdings seine Unterschrift. Nach intensiven Diskussionen mit der ganzen Familie gab er sie mir mit den Worten: »Ich bin nicht mit deiner Entscheidung einverstanden, doch ich will dir nicht im Wege stehen!«

Konkreter kann ich nicht ausdrücken, was ich in den Kapiteln dieses Buches als mystische Lebensgestaltung hervorhebe: Aufgehobensein in der Verschiedenheit, Geborgensein in Freiheit.

Liste erwähnter Filme

Diese Filme sind im deutschsprachigen Raum als DVD erhältlich.

Alexis Sorbas (1964) von Michael Cacoyannis
Amarcord (1973) von Frederico Fellini
Anatevka (1971) von Norman Jewison
Billy Elliot (2000) von Stephen Daldry
Brokeback Mountain (2005) von Ang Lee
Broken Silence (1996) von Wolfgang Panzer
Cinema Paradiso (1988) von Giuseppe Tornatore
Dekalog – Zehn Filme (1988/89) von Krzysztof Kieslowski
Die Dinge des Lebens (1969) von Claude Sautet
Drei Farben: Blau (1993) von Krzysztof Kieslowski
Das Erste Evangelium – Matthäus (1964) von Pier Paolo Pasolini
Die fabelhafte Welt der Amélie (2001) von Jean-Pierre Jeunet
Frühling, Sommer, Herbst, Winter und ... Frühling (2003) von Kim Ki-Duk
Die große Stille (2005) von Philip Gröning
Harald und Maude (1971) von Hal Ashby
Der Himmel über Berlin (1967) von Wim Wenders
Höhenfeuer (1985) von Fredi M. Murer
Die Höhle des gelben Hundes (2005) von Byambasuren Davaa
Il Postino – Der Postmann (1994) von Michael Radford
Jesus Christ Superstar (1973) von Norman Jewison
Just a Kiss (2005) von Ken Loach
Das Leben ist schön (1997) von Roberto Benigni
Die Liebenden vom Pont-Neuf (1991) von Léos Carax
Machuca, mein Freund (2004) von Andrès Wood
Mathilde – Eine große Liebe (2004) von Jean-Pierre Jeunet
Mikrokosmos – Das Volk der Gräser (1996) von Claude Nuridsany und Marie Pérennou

Der neunte Tag (2005) von Volker Schlöndorff
Nomaden der Lüfte – Das Geheimnis der Zugvögel (2001) von Jacques Perrin
Der Pianist (2003) von Roman Polanski
Das Piano (1993) von Jane Campion
Die Reise der Pinguine (2005) von Luc Jacquet
Rhythm is it! (2004) von Thomas Grube und Sanchez Lansch
Rivers and Tides (2001) von Thomas Riedelsheimer
Rosenstraße (2003) von Margarethe von Trotta
Das siebente Siegel (1957) von Ingmar Bergman
Smoke (1995) von Wayne Wang und Paul Auster
Sophie Scholl – Die letzten Tage (2005) von Marc Rothemund
Whale Rider (2002) von Niki Caro
Wie im Himmel (2004) von Kay Pollack
Das Zimmer meines Sohnes (2001) von Nanni Moretti
Das zweite Leben der Veronika (1991) von Krzysztof Kieslowski

Eindrückliche Filme aus Afrika, Asien und Südamerika wie El viaje – Die Reise (1992), Warum Bodi-Dharma in den Orient aufbrach (1989), Beijing Bicycle (2002) und Urga (1991) sind als DVD erhältlich bei: www.trigone-film.org.

Empfehlenswerte Einführungsbücher zur Mystik

Dinzelbacher, Peter: Wörterbuch der Mystik. Stuttgart ^{2}1998.

Gosebrink, Hildegard: Das Geheimnis schauen. Grundkurs christliche Mystik. München 2007.

Grün, Anselm; Riedl, Gerhard: Mystik und Eros. Münsterschwarzach 1993.

Jäger, Willigis: Die Welle ist das Meer. Mystische Spiritualität. Freiburg im Breisgau 2000.
Küstenmacher, Marion; Louis, Hildegard: Mystik für Kinder. Kreative Anregungen und Übungen. München 2004.
Leppin, Volker: Die christliche Mystik. München 2007.
Nigg, Walter: Das mystische Dreigestirn. Meister Eckhart, Heinrich Seuse, Johannes Tauler. Zürich 1990.
Meister der Spiritualität: Verschiedene Biografien von Franz von Assisi, Meister Eckhart, Oscar Romero, Rumi, Teresa von Avila und anderen finden sich in der Taschenbuchreihe Herder Spektrum Freiburg im Breisgau.
Schellenberger, Bernardin: Auf den Wegen der Sehnsucht. Zum spirituellen Leben heute. Freiburg im Breisgau 2004.
Schimmel, Annemarie: Wie universal ist Mystik? Die Seelenreise in den großen Religionen der Welt. Freiburg im Breisgau 1996.
Sölle, Dorothee: Mystik und Widerstand. Du stilles Geschrei. München 2000.
Stutz, Pierre: Licht in dunkelster Nacht. Vier Briefe an bekannte Mystiker. Münsterschwarzach ^{3}2003.
–: Verwundet bin ich und aufgehoben. Für eine Spiritualität der Unvollkommenheit. München ^{5}2008.
Unger, Helga: Die Beginen. Eine Geschichte von Aufbruch und Unterdrückung der Frauen. Freiburg im Breisgau 2005.
Wehr, Gerhard: Der Stimme der Mystik lauschen. Weisheit für jeden Tag des Jahres. München 2005.
–: Europäische Mystik. Eine Einführung. Wiesbaden 2005.
Wendel, Saskia: Christliche Mystik. Eine Einführung. Kevelaer 2004.
Zink, Jörg: Dornen können Rosen tragen. Mystik – die Zukunft des Christentums. Stuttgart 2002.

Verwendete Literatur

Abbé Pierre: Le sourire d'un ange. Cestas 2005.

Albrecht, Christoph: Den Unterdrückten eine Stimme geben. Das Lebenszeugnis von P. Luis Espinal SJ – Impulse für eine prophetische Kirche in einer ökonomisch globalisierten Apartheidgesellschaft. Luzern 2005.

Alt, Franz: Der ökologische Jesus. Vertrauen in die Schöpfung. München 2003.

Anand, Margot: Tantra oder Die Kunst der sexuellen Ekstase. München ^{12}1995.

Andrießen, Hermann: Der Sehnsucht in mir einen Namen geben. Lebensweg und Spiritualität. Mainz 1993.

Antonius der Große: Stern in der Wüste. Ausgewählt, übersetzt und vorgestellt von Hans Hannakam. Freiburg im Breisgau 1999.

Angelus Silesius: Der Himmel ist in dir. Von der Seelenlust mystischer Frömmigkeit. Eingeleitet und herausgegeben von Manfred Baumotte. Zürich und Düsseldorf 1997.

Arnold, Fritz: Befreiungstherapie Mystik. Gotteserfahrung in einer Welt der »Gottesfinsternis«. Regensburg 1991.

Aronson, Martin (Hrsg.): Jesus und Lao-Tse. Eine Botschaft zwei Stimmen. Parallele Aussagen der zwei großen Weisheitslehrer der Menschheit. Mit einer Einführung von David Steindl-Rast. München 2002.

Aurelius Augustinus: Aufstieg zu Gott. Herausgegeben von Ladislaus Boros. Olten 1982.

–: Bekenntnisse. München 1982.

Ausländer, Rose: Im Atemhaus wohnen. Gedichte. Frankfurt am Main 1981.

–: Hinter allen Worten. Gedichte. Frankfurt am Main 1992.

–: Mutterland. Einverständnis. Gedichte. Frankfurt am Main 1982.

Bachmann, Ingeborg: Sämtliche Gedichte. München ^{2}2004.

Bail, Ulrike; Crüsemann, Frank u.a. (Hrsg.): Bibel in gerechter Sprache. Gütersloh 2006.

Baldermann, Ingo: Die Bibel – Buch meiner Sehnsucht. Wegbegleitung in dunklen und in hellen Tagen. München 2007.
Bhagavadgita. Das Lied der Gottheit. Stuttgart 2000.
Beierwaltes, Werner; von Balthasar, Hans Urs; Haas, Alois M.: Grundfragen der Mystik. Einsiedeln 1974.
Benedikt von Nursia: Worte der Weisung. Die Regel des heiligen Benedikt als Einführung ins geistliche Leben. Herausgegeben von Emmanuel Jungclaussen. Mit einer Einführung von Christian Feldmann. Freiburg im Breisgau 1999.
Bergman, Ingmar. In Selbstzeugnissen und Bilddokumenten dargestellt von Eckhard Weise. Reinbek bei Hamburg ^{2}1997.
Berk, Tjeu van den: Aufbruch zur Mystik. Den Reichtum spirituellen Lebens entdecken. Gütersloh 2004.
Bernhard von Clairvaux. Herausgegeben, eingeleitet und übersetzt von Bernardin Schellenberger. Olten 1983.
Berrigan, Daniel: Zehn Gebote für den langen Marsch zum Frieden. Mit einer Einleitung von Fulbert Steffensky. Stuttgart 1981.
Betz, Otto: Hildegard von Bingen. Gestalt und Werk. Mit einem Beitrag von Felicitas Betz. München 1996.
Beyer, Dorothee: Simone Weil. Philosophin – Gewerkschafterin – Mystikerin. Mainz 1994.
Biser, Eugen: Der Lebensweg Jesu. Eine Meditation. Düsseldorf 2007.
–: Die Entdeckung des Christentums. Der alte Glaube und das neue Jahrtausend. Freiburg im Breisgau 2000.
Blum, Katharina: Juliette Binoche. Die unnahbare Schöne. München 1995.
Boehme, Katja: Madeleine Delbrêl. Die andere Heilige. Freiburg im Breisgau 2004.
Boesch, Josua: Morgendämmerung. Tagebuch einer Wandlung. Oberegg 1995.

Boff, Leonardo: Kleine Sakramentenlehre. Düsseldorf ^{12}1992.

–; Frei, Betto: Mystik der Strasse. Düsseldorf 1998.

Böhme, Jakob: Aurora oder Morgenröte im Aufgang. Herausgegeben von Gerhard Wehr. Frankfurt am Main und Leipzig 1992.

–: In Selbstzeugnissen und Bilddokumenten dargestellt von Gerhard Wehr. Reinbek bei Hamburg ^{8}2002.

Böhme, Wolfgang: Zu dir hin. Über mystische Lebenserfahrung von Meister Eckhart bis Paul Celan. Frankfurt am Main 1990.

Böll, Heinrich: Ansichten eines Clowns. München ^{2}1967.

Bölts, Johann: Qigong-Heilung mit Energie. Eine alte chinesische Gesundheitsmethode. Freiburg im Breisgau ^{6}2004.

Bonhoeffer, Dietrich: Widerstand und Ergebung. Briefe und Aufzeichnungen aus der Haft. Herausgegeben von Eberhard Bethge. Gütersloh ^{10}1978.

Borchert, Wolfgang: Draußen vor der Tür und ausgewählte Erzählungen. Mit einem Nachwort von Heinrich Böll. Hamburg ^{26}1972.

Boros, Ladislaus: Erlöstes Dasein. Theologische Betrachtungen. Mainz 1965.

Brantschen, Niklaus: Auf dem Weg des Zen. Als Christ Buddhist. München ^{4}2007.

–: Vom Vorteil, gut zu sein. Mehr Tugend – weniger Moral. Mit einem Vorwort von Roger de Weck. München ^{3}2006.

Braun, Helmut: »Ich bin fünftausend Jahre jung«. Rose Ausländer. Zu ihrer Biografie. Stuttgart 1999.

Brecht, Bertolt: Die Gedichte in einem Band. Frankfurt am Main ^{9}1997.

Brück, Michael von: Wie können wir leben? Religion und Spiritualität in einer Welt ohne Maß. München 2002.

Bruners, Wilhelm: Wie Jesus Glauben lernte. Freiburg im Breisgau 1988.

Buber, Martin: Die Erzählungen der Chassidim. Zürich ^{12}1996.

–: Die Schrift. Die hebräische Bibel. Das Alte Testament – Verdeutscht von Martin Buber gemeinsam mit Franz Rosenzweig. Vier Bände. Heidelberg 1985.
–: Ich und Du: Heidelberg [11]1983.
Bühlmann, Walbert: Die Überraschungen meines Lebens. Graz/Wien/Köln 1994.
–: Johannes XXIII. Der schmerzliche Weg eines Papstes. Mainz 1996.
Bürger, Peter: Das Lied der Liebe kennt viele Melodien. Eine befreite Sicht homosexueller Liebe. Frankfurt am Main 2001.
Camara, Helder: Mach aus mir einen Regenbogen. Mitternächtliche Meditationen. Zürich 1981.
Camus, Albert: Die Pest. Reinbek bei Hamburg [71]2004.
Canacakis, Jorgos: Ich sehe deine Tränen. Trauern, klagen, leben können. Mit einem Vorwort von Kristine Schneider. Stuttgart [7]1992.
Caterina von Siena. Herausgegeben, eingeleitet und übersetzt von Louise Gnädinger. Olten 1983.
Cardenal, Ernesto: Das Buch von der Liebe. Mit einem Vorwort von Thomas Merton. Wuppertal 2004.
–: Gebet für Marilyn Monroe und andere Gedichte. Wuppertal 1972.
–: Meditation und Widerstand. Dokumentarische Texte und neue Gedichte. Gütersloh 1977.
–: Niemand ist mir so nahe. Gedichte von Liebe und Sehnsucht. Wuppertal 2005.
–: Zyklus der Sterne. Wuppertal 2006.
Carretto, Carlo: Lettres du désert. Paris 1966.
Celan, Paul: Gesammelte Werke. 3 Bände. Frankfurt am Main 1986.
Chittister, Joan: Unter der Asche ein heimliches Feuer. Spiritueller Aufbruch heute. Mit einem Vorwort von Benedikta Hintersberger OP und Stefanie Aurelia Spendel OP. München 2000.

Clévenot, Michel: Die Geschichte des Christentums in 12 Bänden. Luzern 1987–1999.

Cornuz, Michel: Le ciel est en toi. Introduction à la mystique chrétienne. Préface de Jean-Pierre Jossua. Genève 2001.

Dahlke, Ruediger: Krankheit als Sprache der Seele. Be-Deutung und Chance der Krankheitsbilder. München [7]1997.

Dalai Lama: Tag für Tag zur Mitte finden. Lesebuch durch das Jahr. Freiburg im Breisgau [5]2004.

Delbrêl, Madeleine: Der kleine Mönch. Freiburg im Breisgau 2004.

–: Der kleine Mönch im Alltag. Freiburg im Breisgau 2005.

–: Gott einen Ort sichern. Texte – Gedichte – Gebete. Herausgegeben von Annette Schleinzer. Kevelaer 2007.

Delgado, Mariano; Fuchs, Gotthard (Hrsg.): Die Kirchenkritik der Mystiker. Prophetie aus Gotteserfahrung. Band I: Mittelalter. Unter Mitarbeit von David Neuhold. Fribourg und Stuttgart 2004.

–: Band II: Frühe Neuzeit. Fribourg und Stuttgart 2005.

–: Band III: Von der Aufklärung bis zur Gegenwart. Fribourg und Stuttgart 2005.

Dienberg, Thomas: Loslassen. Die christliche Lebenskunst. Stuttgart 2005.

Dinzelbacher, Peter: Christliche Mystik im Abendland. Paderborn 1994.

–: Wörterbuch der Mystik. Stuttgart [2]1998.

Dionysius Areopagita: Ich schaute Gott im Schweigen. Mystische Texte der Gotteserfahrung. Übersetzt und für die Meditation erschlossen von Volkmar Keil. Freiburg im Breisgau 1985.

Dobhan, Ulrich; Körner, Reinhard: Johannes vom Kreuz. Die Biografie. Freiburg im Breisgau 1992.

Dodel, Franz: Weisung aus der Stille. Sitzen und Schweigen mit den Wüstenvätern. Zürich und Düsseldorf 1998.

Domin, Hilde: Gesammelte Gedichte. Frankfurt am Main [3]1987.

Dominikus. Herausgegeben und eingeleitet von Vladimir J. Koudelka. Olten 1983.
Donzé, Marc: La pauvreté comme don de soi. Essais sur Maurice Zundel. Paris et Saint-Maurice 1997.
Dörig, Bruno: Lebenskunst oder vom achtsamen Umgang mit sich, mit anderen und der Natur. München 1998.
Drewermann, Eugen: Ich steige hinab in die Barke der Sonne. Meditationen zu Tod und Auferstehung. Düsseldorf und Zürich [7]2001.
–: Taten der Liebe. Meditationen über die Wunder Jesu. Herausgegeben von Bernd Marz. Freiburg im Breisgau [6]2004.
Dürckheim, Karlfried Graf von: Der Alltag als Übung. Bern [10]2004.
Dürr, Hans-Peter; Oesterreicher, Marianne: Wir erleben mehr, als wir begreifen. Quantenphysik und Lebensfragen. Freiburg im Breisgau 2001.
Dyckhoff, Peter: Bete ruhig. Betrachtung und Ruhegebet. München 2005.
Ebner, Margareta. Herausgegeben von Friedrich Zoepfl. Medingen [2]2003.
Eck, Suzanne: Initiation à Jean Tauler. Paris 1994.
–: »Jetez-vous en Dieu«. Initiation à Maître Eckhart. Paris 2000.
Eggimann, Ernst: Meditationen mit offenen Augen. München 1974.
Egner-Walter, Ute: Das innere Gebet der Madame Guyon. Schriften zur Kontemplation 6. Münsterschwarzach 1989.
Ehlert, Stefan: Wangari Maathai – Mutter der Bäume. Die erste afrikanische Friedensnobelpreisträgerin. Mit einem Vorwort von Klaus Töpfer. Freiburg im Breisgau 2004.
Eigenmann, Urs: Das Reich Gottes und seine Gerechtigkeit für die Erde. Die andere Vision vom Leben. Luzern 1998.
Enomiya-Lassalle, Hugo M.: Meditation als Weg der Gotteserfahrung. Mainz [2]1986.
Ernst, Stephan; Klimek, Nicolaus (Hrsg.): Grundkurs christ-

liche Spiritualität. Werkbuch für Schule, Gemeinde und Erwachsenenbildung. Kevelaer 2004.
Eurich, Claus: Die Kraft der Sehnsucht. Kontemplation und ökologisches Engagement. München 1996.
Eusterschulte, Anne: Giordano Bruno. Eine Einführung. Junius Wiesbaden 2004.
Faulde, Cornelia: Wenn frühe Wunden schmerzen. Glaube auf dem Weg zur Traumaheilung. Mainz 2002.
Feldmann, Christian: Hildegard von Bingen. Nonne und Genie. Freiburg im Breisgau 1991.
–: Henri Nouwen. Glaube heißt Sehnsucht. Freiburg im Breisgau 2006.
–: Thérèse von Lisieux. Die schwarze Nacht des Glaubens. Freiburg im Breisgau 1997.
Fellini, Frederico. In Selbstzeugnissen und Bilddokumenten dargestellt von Michael Töteberg. Reinbek bei Hamburg 1989.
Fischer, Helmut: Die Welt der Ikonen. Das religiöse Bild in der Ostkirche und in der Bildkunst des Westens. Frankfurt am Main ^{3}2005.
Foucauld, Charles de: Immer den letzten Platz. Notizen aus den Einkehrtagen in Nazareth (5.–15. November 1897). München 1975.
Fox, Matthew: Der große Segen. Umarmt von der Schöpfung. München 1991.
–: Vision vom Kosmischen Christus. Aufbruch ins dritte Jahrtausend. München 1991.
Frank, Anne: Das Tagebuch der Anne Frank. Frankfurt am Main 1985.
Frankl, Viktor E.: ... trotzdem Ja zum Leben sagen. Ein Psychologe erlebt das Konzentrationslager. München ^{24}2004.
Franz von Assisi. Herausgegeben, übersetzt und eingeleitet von Elisabeth Hug und Anton Rotzetter. Olten 1983.
–: Der Sonnengesang. Kalligraphien von Frank Missant. Bern und München 2002.

–: Geliebte Armut. Texte vom und über den Poverello. Ausgewählt und eingeleitet von Gertrude und Thomas Sartory. Freiburg im Breisgau 1997.
–: Legenden und Laude. Herausgegeben, eingeleitet und übersetzt von Otto Karrer. Zürich [6]1975.
Franz von Sales: Im Seelengrund ruht aller Streit. Betrachtungen über die Gottesliebe. Mit einer Einleitung von Walter Nigg, herausgegeben von Manfred Baumotte. Düsseldorf und Zürich 2001.
Freeman, Laurence: Jesus – der Lehrer in Dir. Mit einem Vorwort des Dalai Lama. München 2005.
Frère Roger, Taizé: Die Quellen von Taizé. Gott will, dass wir glücklich sind. Freiburg im Breisgau 2004.
Fried, Erich: Befreiung von der Flucht. Gedichte und Gegengedichte. Frankfurt am Main [2]1984.
–: Die Freiheit den Mund aufzumachen. Frankfurt am Main 1991.
Frielingsdorf, Karl: Aggression stiftet Beziehung. Wie aus destruktiven Kräften lebensfördernde werden können. Main 1999.
Frisch, Max: Andorra. Frankfurt am Main [65]2007.
–: Tagebuch 1946–1949. Frankfurt am Main 1995.
Frör, Hans: Ich will von Gott erzählen wie von einem Menschen, den ich liebe. Gütersloh [13]2003.
Fromm, Erich: Die Kunst des Liebens. Frankfurt am Main [60]2003.
–: Haben oder Sein. Die seelischen Grundlagen einer neuen Gesellschaft. Stuttgart [6]1997.
Früh-welkende Blumen. Aztekische Gesänge, ausgewählt, übersetzt und eingeleitet von Günter Lanczkowski. Freiburg im Breisgau 1983.
Fuchs, Gotthard (Hrsg.): Die dunkle Nacht der Sinne. Leiderfahrung und christliche Mystik. Mit Beiträgen von Alois M. Haas, Otto Langer, Margot Schmidt und Michael Schneider. Düsseldorf 1989.
–: »... in ihren Armen das Gewicht der Welt«. Mystik und

Verantwortung: Madeleine Delbrêl. Frankfurt am Main 1995.
Fuchs, Ottmar: Heilen und befreien. Der Dienst am Nächsten als Ernstfall von Kirche und Pastoral. Düsseldorf 1990.
Funke, Dieter: Der halbierte Gott. Die Folgen der Spaltung und die Sehnsucht nach Ganzheit. München 1993.
Gaillot, Jacques: Was für mich zählt, ist der Mensch. Freiburg im Breisgau 1990.
Galli, Johannes: Entdecke den Clown in dir. Heitere Gelassenheit finden. Freiburg im Breisgau 2000.
Gandhi, Mahatma: Handeln aus dem Geist. Ausgewählt und eingeleitet von Gertrude und Thomas Sartory. Freiburg im Breisgau 1977.
Gebser, Jean: Ursprung und Gegenwart. München 1983.
Geißler, Heiner: Was würde Jesus heute sagen? Die politische Botschaft des Evangeliums. Reinbek bei Hamburg ^{4}2005.
Gertrud die Große: Gesandte der göttlichen Liebe. Nach der Ausgabe der Benediktiner von Solesmes, übersetzt von Johannes Weissbrot. Freiburg im Breisgau 2001.
Gibran, Kahlil: Der Prophet. Wegweiser zu einem sinnvollen Leben. Olten ^{26}1991.
Gnädinger, Louise: Deutsche Mystik. Hildegard von Bingen, Mechthild von Magdeburg, Meister Eckhart, Johannes Tauler, Rulman Merswin, Heinrich von Nördlingen, Margaretha Ebner, Heinrich Seuse, Christine Ebner, Lieder. Zürich 1998.
Gröbli, Roland: Die Sehnsucht nach dem »einig Wesen«. Leben und Lehre des Bruder Klaus von Flüe. Luzern 2006.
Grün, Anselm: Erlösung. Ihre Bedeutung in unserem Leben. Stuttgart 2004.
–: Lebensmitte als geistliche Aufgabe. Münsterschwarzach 1980.
–: Träume auf dem geistlichen Weg. Münsterschwarzach 1989.
–: Verwandlung. Eine vergessene Dimension geistlichen Lebens. Mainz ^{3}1994.

–; Dufner, Meinrad: Spiritualität von unten. Münsterschwarzach 1994.
–; Riedl, Gerhard: Mystik und Eros. Münsterschwarzach 1993.
Guardini, Romano: Die Annahme seiner selbst. Den Menschen erkennt nur, wer von Gott weiß. Mainz [5]1997.
Gutiérrez, Gustavo: Aus der eigenen Quelle trinken. Spiritualität der Befreiung. München und Mainz 1986.
Gyger, Pia: Maria – Tochter der Erde, Königin des Alls. Vision der neuen Schöpfung. München 2002.
–: Hört die Stimme des Herzens. Werdet Priesterinnen und Priester der kosmischen Wandlung. Mit einem Vorwort von Ervin Laszlo. München 2006.
Haag, Herbert: Worauf es ankommt. Wollte Jesus eine Zwei-Stände-Kirche? Freiburg im Breisgau 1997.
–; Elliger, Katharina: Stört die Liebe nicht. Die Diskriminierung der Sexualität – ein Verrat an der Bibel. Olten 1989.
Haas, Alois M.: Mystik als Aussage. Erfahrungs-, Denk- und Redeformen christlicher Mystik. Frankfurt am Main 1996.
Hafner, Maria: Vierzehn Stationen der Kraft. Meditationen am Kreuzweg. Luzern 2004.
–: Nichts als das Ganze. Bilder und Texte zu »Herz der Materie« von Pierre Teilhard de Chardin. Luzern 2005.
Halbfas, Hubertus: Der Sprung in den Brunnen. Düsseldorf 1996.
–: Das Christentum. Düsseldorf 2004.
Hammarskjöld, Dag: Zeichen am Weg. Das spirituelle Tagebuch des UN-Generalsekretärs. Überarbeitete Neuausgabe mit einem Vorwort von Dr. Manuel Fröhlich. München 2005.
Hartlieb, Gabriele; Quarch, Christoph; Schellenberger Bernardin (Hrsg.): Spirituell leben. 111 Inspirationen von Achtsamkeit bis Zufall. Freiburg im Breisgau 2002.
Haslinger, Herbert: Sich selbst entdecken – Gott erfahren. Für eine mystagogische Praxis kirchlicher Jugendarbeit. Mainz 1991.
Hazrat Inayat Khan: Vom Glück der Harmonie. Ausgewählt,

übersetzt und eingeleitet von Karima Sen Gupta. Freiburg im Breisgau 1979.
Heidegger Martin: Was ist Metaphysik? Frankfurt am Main [15]1998.
Hell, Daniel: Die Sprache der Seele verstehen. Die Wüstenväter als Therapeuten. Freiburg im Breisgau 2002.
–: Leben als Geschenk und Antwort. Weisheiten der Wüstenväter. Freiburg im Breisgau 2005.
Hense, Elisabeth; Plattig, Michael (Hrsg.): Dich suchen Tag und Nacht. Mystik in der Tradition des Karmel. Mainz 2001.
Herzog, Werner. Reihe Film 22. München und Wien 1979.
Hesse, Hermann: Der Steppenwolf. Frankfurt am Main [41]1974.
–: Siddharta. Eine indische Dichtung. Frankfurt am Main 1969.
Heyward, Carter: Und sie rührte sein Kleid an. Eine feministische Theologie der Beziehung. Mit einer Einleitung von Dorothee Sölle. Stuttgart [4]1992.
Hildegard von Bingen. Herausgegeben und eingeleitet von Heinrich Schipperges. Olten 1983.
–: Scivias – Wisse die Wege. Eine Schau von Gott und Mensch in Schöpfung und Zeit. Freiburg im Breisgau 1992.
Hillesum, Etty: Das denkende Herz. Die Tagebücher von Etty Hillesum 1941–1943. Herausgegeben und eingeleitet von J. G. Gaarlandt. Reinbek bei Hamburg [6]1998.
Hoering, Patrik C.: Meine Vision leben. Geistliche Übungen mit Niklaus von Flüe. München 2004.
Hoerni-Jung, Helene: Vom inneren Menschen. Ikonen des göttlichen Sohnes. München 1995.
Hofmann, Gertrud; Krebber, Werner: Die Beginen. Geschichte und Gegenwart. Kevelaer 2004.
Holl, Adolf: Mystik für Anfänger. Stuttgart 2003.
Holzbach, Alexander: Vinzenz Pallotti. Ein Lebensbild. Friedberg 1999.

Ignatius von Loyola: Gott suchen in allen Dingen. Herausgegeben von Josef Stierli. Olten 1983.
–: Geistliche Übungen. Übertragung und Erklärung von Adolf Haas. Freiburg im Breisgau [10]1966.
Imbach, Josef: Der Glaube an die Macht und die Macht des Glaubens. Woran die Kirche heute krankt. Düsseldorf 2005.
Jäger, Willigis: Die Welle ist das Meer. Mystische Spiritualität. Herausgegeben von Christoph Quarch. Freiburg im Breisgau 2000.
–: Suche nach dem Sinn des Lebens. Bewusstseinswandel durch den Weg nach innen. Petersberg 1991.
Jalics, Franz: Kontemplative Exerzitien. Eine Einführung in die kontemplative Lebenshaltung und in das Jesusgebet. Würzburg 1994.
James, William: Die Vielfalt religiöser Erfahrung. Eine Studie über die menschliche Natur. Mit einem Vorwort von Peter Sloterdijk. Frankfurt am Main [2]2003.
Jaschke, Helmut: Jesus der Mystiker. Mainz 2000.
–: Heilende Berührungen. Körpertherapeutische Aspekte des Wirkens Jesu. Mainz 2004.
Jenelten, Thomas: Den Schatten umarmen. Gedichte. Chabley [2]1996.
Jörns, Klaus-Peter: Notwendige Abschiede. Auf dem Weg zu einem glaubwürdigen Christentum. Gütersloh 2004.
Johannes Paul II.: Laborem exercens. Über die menschliche Arbeit. Dritte Enzyklika von Papst Johannes Paul II. Aschaffenburg 1981.
Johannes vom Kreuz. Herausgegeben, eingeleitet und übersetzt von Johannes Boldt. Olten 1983.
–: Die dunkle Nacht. Vollständige Neuübersetzung. Freiburg im Breisgau 1995.
–: Worte von Licht und Liebe. Briefe und kleinere Schriften. Vollständige Neuübertragung. Freiburg im Breisgau 1996.
–: Der geistliche Gesang. Vollständige Neuübertragung. Freiburg im Breisgau 1997.

–: Aufstieg auf den Berg Karmel. Vollständige Neuübersetzung. Freiburg im Breisgau 1999.
–: Die lebendige Liebesflamme. Vollständige Neuübersetzung. Freiburg im Breisgau 2000.
Juchli, Liliane: Bilder einer Depression. Leben mit den Kräften der Tiefe. Stuttgart [2]1993.
Jung, Carl Gustav: Die Beziehung zwischen dem Ich und dem Unbewussten. München [6]1998.
–: In Selbstzeugnissen und Bilddokumenten dargestellt von Gerhard Wehr. Reinbek bei Hamburg [20]2003.
Jungclaussen, Emmanuel: Aufrichtige Erzählungen eines russischen Pilgers. Die vollständige Ausgabe. Freiburg im Breisgau [11]2004.
- Schellenbaum, Peter: Religion hat Zukunft. Für eine Spiritualität, die dem Menschen gut tut. Im Gespräch mit Ingeborg Szöllösi. München 2005.
Kaiser, Annette: Der Weg hat keinen Namen. Leben und Vision einer Sufi-Lehrerin. Berlin 2002.
Kast, Verena: Trauern. Phasen und Chancen des psychischen Prozesses. Stuttgart [12]1991.
–: Abschied von der Opferrolle. Das eigene Leben leben. Freiburg im Breisgau 1998.
Kaléko, Mascha: In meinen Träumen läutet es Sturm. München [19]1999.
Keel, Othmar: Die Welt der altorientalischen Bildsymbolik und das Alte Testament. Am Beispiel der Psalmen. Zürich und Neukirchen-Vluyn [3]1980.
–; Schroer, Silvia: Schöpfung. Biblische Theologien im Kontext altorientalischer Religionen. Göttingen und Freiburg/ Schweiz 2002.
Keller, Carl-A.: Calvin Mystique. Au coeur de la pensée du Réformateur, Genève 2001.
Kempen, Thomas von: Das Buch der Nachfolge Christi. Völlig neu bearbeitet von Hubert Schiel. Mit einer Einführung von Christian Feldmann. Freiburg im Breisgau 1999.

Kessler, Wolfgang: Weltbeben. Auswege aus der Globalisierungsfalle. Oberursel 2004.
Keul, Hildegund: Mechthild von Magdeburg. Poetin – Begine – Mystikerin. Freiburg im Breisgau 2007.
Keune, Jacqueline: Als ob das Eine das Ganze wär. Erfahrungen, Episoden, Einsichten. Luzern 2001.
Kierkegaard, Sören: Die Krankheit zum Tode. Der Hohepriester – der Zöllner – die Sünderin. Gütersloh 1978.
–: Einübung im Christentum und anderes. München 1977.
–: In Selbstzeugnissen und Dokumenten dargestellt von Peter P. Rohde. Hamburg [13]1977.
Kieslowski, Krzysztof; Piesiewicz, Krzysztof: Dekalog. Zehn Geschichten für zehn Filme. Berlin 1997.
Kieslowski, Krzysztof: Le Cinéma et moi. Edition établie par Margot Carlier. Lausanne 2006.
King, Martin Luther: Testament der Hoffnung. Letzte Reden, Aufsätze und Predigten. Gütersloh [5]1983.
Kloster Arenberg: Der Wohlfühlgarten Gottes. Mit allen Sinnen zu neuer Vitalität. Reinbek bei Hamburg 2007.
Krishnas Flöte. Religiöse Liebeslyrik aus Indien. Gesammelt, übersetzt und eingeleitet von Martin Kämpchen. Freiburg im Breisgau 1979.
Kuchinke, Norbert: Missa Mystica. Spiritualität und Kunst in Russland. Stuttgart 2003.
Kühlwein, Klaus: Schöpfung ohne Sinn? Gott und das Leid. Düsseldorf 2003.
Küng, Hans: Credo. Das Apostolische Glaubensbekenntnis – Zeitgenossen erklärt. München [4]2003.
–: Weltethos für Weltpolitik und Weltwirtschaft. München 2000.
Kuster, Niklaus: Franziskus. Meister der Spiritualität. Freiburg im Breisgau 2002.
Luther, Martin King: Testament der Hoffnung. Letzte Reden, Aufsätze und Predigten. Gütersloh [5]1983.
Küstenmacher, Marion; Louis, Hildegard: Mystik für Kinder. Kreative Anregungen und Übungen. München 2004.

Lady Julian of Norwich: Offenbarungen von göttlicher Liebe. Einsiedeln und Trier [2]1988.
Lafrance, Jean: Apprendre à prier avec Soeur Elisbeth de la Trinité. Paris [7]1996.
Langer, Georg M.: Neun Tore. Das Geheimnis der Chassidim. München-Planegg 1959.
Langer, Otto: Christliche Mystik im Mittelalter. Mystik und Rationalisierung – Stationen eines Konflikts. Darmstadt 2004.
Lapide, Pinchas: Ist die Bibel richtig übersetzt? Band 1 und 2. Gütersloh 2004.
Lapide, Ruth; Flemmer Walter: Kennen Sie Adam, den Schwächling? Ungewöhnliche Einblicke in die Bibel. Stuttgart 2003.
Lao Tse: Tao Te King. Zürich 1985.
Lax, Robert: Mit Robert Lax die Träume fangen. Herausgegeben von Steve Theodore Georgiou. Freiburg im Breisgau 2006.
Leicht, Irene: Marguerite Porète. Eine Frau lebt, schreibt und stirbt für die Freiheit. München 2001.
Lengsfeld, Peter (Hrsg.): Mystik – Spiritualität der Zukunft. Erfahrung des Ewigen. P. Willigis Jäger OSB zum 80. Geburtstag. Freiburg im Breisgau 2005.
Leppin, Volker: Die christliche Mystik. München 2007.
Lorenz, Erika: Auf der Jakobsleiter. Der mystische Weg des Johannes vom Kreuz. Freiburg im Breisgau 1991.
–: Ein Pfad im Wegelosen. Teresa von Avila – Erfahrungsberichte und innere Biografie. Freiburg im Breisgau 1986.
–: Licht der Nacht. Johannes vom Kreuz erzählt sein Leben. Freiburg im Breisgau 1990.
–: Lockruf des Hirten. Teresa von Avila erzählt ihr Leben. München 1999.
–: Praxis der Kontemplation. Die Weisung der klassischen Mystik. München 1994.
–: Weg in die Weite. Die drei Leben der Teresa von Avila. Freiburg im Breisgau 2003.
Lotosblumen im Sumpf. Überlieferung der wunderbar gü-

tigen Menschen. Aus dem japanischen Jodo-Shin-Buddhismus von Claudia Lenel. Freiburg im Breisgau 1983.
Lozano, José Jiménez: Kastilien. Eine spirituelle Reise durch das Herz Spaniens. Freiburg/Schweiz und Stuttgart 2005.
Ludin, Walter; Friedling-Binaepfel, Monique: Franziskus für Ungläubige. Bolligen 2005.
Lukas, Elisabeth: Spirituelle Psychologie. München 1998.
Lull, Ramon: Vom Freund und dem Geliebten. Die Kunst der Kontemplation. Eingeleitet und herausgegeben von Manfred Baumotte. Zürich und Düsseldorf 1998.
Luther, Martin: An den christlichen Adel deutscher Nation. Von der Freiheit eines Christenmenschen. Sendbrief vom Dolmetschen. Stuttgart 2004.
Luxemburg, Rosa. In Selbstzeugnissen und Bilddokumenten dargestellt von Helmut Hirsch. Reinbek bei Hamburg [20]1998.
Luz, Ulrich; Michaels, Axel: Jesus oder Buddha. Leben und Lehre im Vergleich. München 2002.
Maier, Martin: Oscar Romero. Meister der Spiritualität. Freiburg im Breisgau 2001.
Marcus, Hildegard: Spiritualität und Körper. Gestaltfinden durch Ursymbole. Leipzig 1998.
–: Baum und Mensch. Lebenssymbole zwischen Natur, Gestalt und Geist. Leipzig 2004.
Margalit, Avishai: Ethik der Erinnerung. Max-Horkheimer-Vorlesung. Frankfurt am Main 2000.
Marion, Jim: Der Weg zum Christus-Bewusstsein. Eine Landkarte für spirituelles Wachstum in die Tiefe der Seele. Petersberg 2003.
Marti, Kurt: Lachen. Weinen. Lieben. Ermutigungen zum Leben. Stuttgart 1985.
–: Leichenreden. Mit einem Vorwort von Peter Bichsel. München 2004.
–: Von der Weltleidenschaft Gottes. Denkskizzen. Stuttgart 1998.
Marti, Lorenz: Wie schnürt ein Mystiker seine Schuhe? Die

großen Fragen und der tägliche Kleinkram. Freiburg im Breisgau 2004.
–: Wer hat dir den Weg gezeigt? Ein Hund! Mystik an der Leine des Alltäglichen. Freiburg im Breisgau 2007.
Martig, Charles; Karrer, Leo (Hrsg.): Traumwelten. Der filmische Blick nach innen. Marburg 2003.
Martini, Carlo M.: Auch die Seele kennt Tag und Nacht. Reflexionen für Zeiten innerer Prüfung. München 2005.
Massa, Willi: Der Weg des Schweigens. Christliches Zen. Vom Autor der »Wolke des Nichtwissens«. Kevelaer 1974.
–: (Hrsg.): Kontemplative Meditation. Die Wolke des Nichtwissens. Einführung und Text. Geleitwort von P. Dr. Enomiya-Lassalle SJ. Mainz [6]1983.
McGinn, Bernhard: Die Mystik im Abendland. Band 1: Ursprünge. Freiburg im Breisgau 1994.
–: Band 2: Entfaltung. Freiburg im Breisgau 1996.
–: Band 3: Blüte. Freiburg im Breisgau 1999.
Mechthild von Hackeborn: Das Buch vom strömenden Lob. Auswahl, Übersetzung und Einführung von Hans Urs von Balthasar, Freiburg im Breisgau 2001.
Mechthild von Magdeburg: Das fließende Licht der Gottheit. Zweite, neu bearbeitete Übersetzung mit Einführung und Kommentar von Margot Schmidt. Stuttgart-Bad Cannstatt 1995.
–: »Ich tanze, wenn du mich führst«. Ein Höhepunkt deutscher Mystik. Ausgewählt, übersetzt und eingeleitet von Margot Schmidt, Freiburg im Breisgau 2001.
Meister Eckhart: Deutsche Predigten und Traktate. Herausgegeben und übersetzt von Josef Quint. Zürich 1979.
–: Meister Eckhart. Herausgegeben, eingeleitet und zum Teil übersetzt von Dietmar Mieth, Olten 1983.
–: Meister Eckhart mit Selbstzeugnissen und Bilddokumenten dargestellt von Gerhard Wehr. Reinbek bei Hamburg [4]1997.
–: Meister Eckhart und sein Kloster. Freiburg im Breisgau 2003.

Mello, Anthony de: Meditieren mit Leib und Seele. Neue Wege der Gotteserfahrung. Kevelaer [7]1994.
Mercier, Pascal: Nachtzug nach Lissabon. München 2006.
Merton, Thomas: Der Berg der sieben Stufen. Die Autobiografie eines engagierten Christen. Zürich [8]1990.
–: Freiheit in seinem Geist. Mit einer Einführung und ausgewählt von Wunibald Müller. Mainz 2000.
–: Meditationen eines Einsiedlers. Über den Sinn von Meditation und Einsamkeit. München 1989.
–: Verheißungen der Stille. Luzern 1951.
–: Wie der Mond stirbt. Das letzte Tagebuch von Thomas Merton. Herausgegeben und übertragen von Heinz G. Schmidt. Wuppertal 1976.
Metz, Johann Baptist; Peters, Tiemo Rainer: Gottespassion. Zur Ordensexistenz heute. Freiburg im Breisgau 1991.
–: Zeit der Orden? Zur Mystik und Politik der Nachfolge. Freiburg im Breisgau 1977.
Merz, Vreni: Übungen zur Achtsamkeit. Mit Kindern auf dem Weg zum Zen. Mit einem Vorwort von Niklaus Brantschen. München 2002.
Meterikon. Die Weisheiten der Wüstenmütter. Herausgegeben und übersetzt von Martirij Bagin und Andreas-Abraham Thiermeyer. Augsburg 2004.
Miller, Henry: Das Lächeln am Fuße der Leiter. Frankfurt am Main 1977.
Möller, Hans-Georg: Laozi (Lao-tse). Meister der Spiritualität. Freiburg im Breisgau 2003.
Molinos, Miguel de: Gott spricht zur Seele. Auszüge aus der Geistlichen Wegweisung. Übertragen und eingeführt von Peter Dyckhoff. Leutesdorf 2001.
Moltmann-Wendel, Elisabeth; Moltmann, Jürgen: Leidenschaft für Gott. Worauf es uns ankommt. Freiburg im Breisgau 2006.
Monbourquette, Jean: Finde deinen Platz im Leben. Der inneren Bestimmung folgen. Freiburg im Breisgau 2003.

–: Umarme deinen Schatten. Negative Energien in positive verwandeln. Freiburg im Breisgau 2001.
Morgenroth, Matthias: Heiligabend-Religion. Von unserer Sehnsucht nach Weihnachten. München 2003.
Mosès, Stéphane: L'éros et la loi. Lectures bibliques. Paris 1999.
Müller, Dagmar: Begleiterin auf dem Weg nach innen. 8 Wege mit mittelalterlichen Mystikerinnen. Mainz 2002.
Müller, Wunibald: Auf der Suche nach der verlorenen Seele. Mainz 1999.
–: Ekstase. Sexualität und Spiritualität. Mainz 1992.
–: Hörst du das Lachen der Schmetterlinge. Münsterschwarzach 2002.
–: Intimität. Vom Reichtum ganzheitlicher Begegnung. Mainz 1989.
–: Küssen ist beten. Sexualität als Quelle der Spiritualität. Mainz 2003.
–: Trau deiner Seele. Mainz 2001.
Müntnich, Benedikt: Ein weites Herz gewinnen. Geistlich leben nach der Regel des heiligen Benedikt. Mainz 2004.
Münzebrock, Elisabeth: Teresa von Avila. Meister der Spiritualität. Freiburg im Breisgau 2004.
Neruda, Pablo: Letzte Gedichte. München 1993.
Neu, Erwin: Aus Sternenstaub. Die Reise zum Ursprung des Menschen. München 1997.
Nigg, Walter: Das mystische Dreigestirn. Meister Eckhart. Heinrich Seuse. Johannes Tauler. Zürich 1990.
–: Heimliche Weisheit. Mystisches Leben in der evangelischen Christenheit. Zürich und München ^{2}1989.
–: Teresa von Avila. Eine leidenschaftliche Seele. Zürich 1996.
Niklaus von Flüe. Erleuchtete Nacht. Holzschnitte zu seinen Visionen von Alois Spichtig mit Texten von Margrit Spichtig. Freiburg im Breisgau 1981.
Noël, Marie: Erfahrungen mit Gott. Mainz 2005.

Nomura, Yushi; Nouwen, Henri J.M.: Weisheit aus der Wüste. Freiburg im Breisgau 2002.

Nouwen, Henri J.M.: Ich höre die Stille. Sieben Monate im Trappistenkloster. Freiburg im Breisgau ^{6}1978.

–: Springen. Das Wagnis von Nähe. Ein Porträt von Wunibald Müller. Münsterschwarzach 2002.

Obermüller, Klara: Ganz nah und weit weg. Fragen an Dorothee, die Frau des Niklaus von Flüe. Luzern und Stuttgart 1982.

O'Donohue, John: Anam Cara. Das Buch der keltischen Weisheit. München 1997.

Oesterreicher, Marianne (Hrsg.): Dann lebt man anders ... 22 Gespräche über Zeit und Ewigkeit. Freiburg im Breisgau 2003.

Oliver, Roger W. (Hrsg.): Ingmar Bergman. Der Film, das Theater, die Bücher. Rom 1999.

Osuna, Francisco de: ABC des kontemplativen Betens. Herausgegeben von Erika Lorenz. Freiburg im Breisgau ^{3}1994.

Pasolini, Pier, Paolo: Reihe Film 12. München und Wien 1977.

–: In Selbstzeugnissen und Bilddokumenten dargestellt von Otto Schweitzer. Reinbek bei Hamburg ^{2}1991.

Panikkar, Raimon: Das Göttliche in Allem. Der Kern spiritueller Erfahrung. Freiburg im Breisgau 2000.

Pascal, Blaise: Pensées. Paris 1950.

Paul VI.: Evangelii Nuntiandi. Apostolisches Schreiben herausgegeben vom Sekretariat der Deutschen Bischofskonferenz, Bonn 1975.

Peng, Simon: Charisma und Amt bei Symeon dem Neuen Theologen. Unveröffentliche Lizenziatsarbeit der Theol. Fakultät der Universität Freiburg (Schweiz) 1996.

–: auferstehungsleicht. Der ikonografische Weg von Josua Boesch. Oberegg 1999.

Peng-Keller, Simon: Gottespassion in Versunkenheit. Die psychologische Mystikforschung Carl Albrechts aus theologischer Perspektive. Würzburg 2003.

–; Schmucki, Albert: Aufbruchsfreude und Geistesgegenwart. Gestalten einer erneuerten christlichen Spiritualität. Zürich 2007.

Petuchowski, Jakob J.; Thoma, Clemens: Lexikon der jüdisch-christlichen Begegnung. Freiburg im Breisgau 1989.

Plaskow, Judith: Und wieder stehen wir am Sinai. Eine jüdisch-feministische Theologie. Luzern 1992.

Platon: Das Gastmahl oder Von der Liebe. Stuttgart 1979.

Poeplau, Wolfgang: Den Weg der Meister gehen. Jesus und Buddha als Lebensbegleiter. München 2006.

Porète, Margareta: Der Spiegel der einfachen Seelen. Wege der Frauenmystik. Mit einem Nachwort und Anmerkungen von Louise Gnädinger. Zürich und München 1987.

Quarch, Christoph: Stille hinter allen Worten. Gebete, die das Herz öffnen. Mit einem Vorwort von Willigis Jäger. München 2005.

–: Die Erotik des Betens. Eine mystische Gebetsschule mit Mechthild von Magdeburg und Rumi. München 2007.

–: Eros und Harmonie. Eine Philosophie der Glückseligkeit. Freiburg im Breisgau 2006.

–: Hartlieb, Gabriele: Eine Mystik, viele Stimmen. Leben aus der Spiritualität des Herzens. Freiburg im Breisgau 2004.

Rahner, Hugo: Symbole der Kirche. Die Ekklesiologie der Väter. Salzburg 1964.

Rahner, Karl: Alltägliche Dinge. Theologische Meditationen. Einsiedeln ^{10}1980.

–: Grundkurs des Glaubens. Einführung in den Begriff des Christentums. Freiburg im Breisgau ^{10}2004.

–; Vorgrimler, Herbert: Kleines Konzilskompendium. Sämtliche Texte des Zweiten Vatikanums. Freiburg im Breisgau ^{25}1994.

Ratzinger, Joseph: Einführung in das Christentum. Vorlesungen über das Apostolische Glaubensbekenntnis. Mit einem neuen einleitenden Essay. München ^{4}2005.

Renz, Monika: Grenzerfahrung Gott. Spirituelle Erfahrungen in Leid und Krankheit. Freiburg im Breisgau 2003.

Reschika, Richard: Praxis christlicher Mystik. Einübungen – von den Wüsternvätern bis zur Gegenwart. Freiburg im Breisgau 2007.

Riedel, Ingrid; Uihlein, Maria: Bildbotschaften. Visuelle Grenzerfahrungen. Freiburg im Breisgau 2004.

–: Beseelte Orte. Plätze der Natur – Stätten der Kultur – Räume der Spiritualität. Stuttgart 2006.

Rilke, Rainer Maria: Briefe an einen jungen Dichter. Frankfurt am Main ^{40}1992.

–: Das Stundenbuch. Frankfurt am Main 1996.

–: Werke in drei Bänden. Band 1: Gedichtzyklen. Zürich 1966.

–: Band 2: Gedichte – Übertragungen. Zürich 1966.

–: Band 3: Prosa. Zürich 1966.

Rittelmeyer, Friedrich: Meditation. Zwölf Briefe über Selbsterziehung. Stuttgart ^{11}1997.

Röhlin, Ruth und Karl-Heinz: Dag Hammarskjöld. Mystiker und Politiker. Visionen für heute. München 2005.

Rohr, Richard; Ebert, Andreas: Das Enneagramm. Die 9 Gesichter der Seele. München ^{14}1992.

–: Endlich Mann werden. Die Wiederentdeckung der Initiation. München 2005.

Rosenzweig, Franz: Der Stern der Erlösung. Frankfurt am Main ^{3}1990.

Rosien, Peter: Mein Gott, mein Glück. Ansichten eines frommen Ketzers. Oberursel 2007.

Rotzetter, Anton: Klara und Franziskus. Bilder einer Freundschaft. Freiburg (Schweiz) 1993.

–: Wunderbar hat er euch geschaffen. Wie Franziskus den Tieren predigt. Freiburg im Breisgau 1988.

Ruh, Kurt: Geschichte der abendländischen Mystik. Band I: Die Grundlegung durch die Kirchenväter und die Mönchstheologie des 12. Jahrhunderts. München 1990.

–: Band II: Frauenmystik und Franziskanische Mystik der Frühzeit. München 1993.

–: Band III: Die Mystik des deutschen Predigerordens und

ihre Grundlegung durch die Hochscholastik. München 1996.
–: Band IV: Die niederländische Mystik des 14. bis 16. Jahrhunderts. München 1999.
–: Meister Eckhart. Theologe. Prediger. Mystiker. München 1985.
Rutishauser, Christian: Christsein im Angesicht des Judentums. Ignatianische Impulse. Würzburg 2008.
Ruysbeck, Erik van; Messing, Marcel: Das Thomasevangelium. Seine östliche Spiritualität. Düsseldorf ³2003.
Sachs, Nelly: Gedichte. Frankfurt am Main ⁷1992.
Saint-Exupéry, Antoine de: Der kleine Prinz. Zürich 1983.
Sanchez de Murillo, José: Dein Name ist Liebe. Das Hohelied der Liebe für das 3. Jahrtausend. Mit einem Vorwort von Luise Rinser. Bergisch Gladbach 1998.
Sauvage, Michel; Campos, Miguel: Jean-Baptiste de La Salle. Le Saint qui a démocratisé l'école. Paris 1977.
Schaupp, Klemens: Gott im Leben entdecken. Einführung in die geistliche Begleitung. Würzburg 1994.
Schellenbaum, Peter: Das Nein in der Liebe. Abgrenzung und Hingabe in der erotischen Beziehung. München ¹³1997.
–: Gottesbilder. Religion, Psychoanalyse, Tiefenpsychologie. München ⁴1997.
–: Ja aus Liebe. Hingabe, die Grenzen sprengt. Im Gespräch mit Ingeborg Szöllösi. München 2004.
Schellenberger, Bernardin: Auf den Wegen der Sehnsucht. Zum spirituellen Leben heute. Freiburg im Breisgau ²2004.
Scheurmann, Erich: Der Papalagi. Die Reden des Südseehäuptlings Tuiavii aus Tiavea. Zürich ¹⁸1985.
Schillebeeckx, Edward (Hrsg.): Mystik und Politik.Theologie im Ringen um Geschichte und Gesellschaft. Johann Baptist Metz zu Ehren. Mainz 1988.
Schimmel, Annemarie: Rumi. Meister der Spiritualität. Freiburg im Breisgau 2001.

–: Mystische Dimension des Islam. Die Geschichte des Sufismus. Frankfurt am Main ^{5}2005.
–: Wie universal ist die Mystik? Die Seelenreise in den großen Religionen der Welt. Freiburg im Breisgau 1996.
Schiwy, Günther: Birgitta von Schweden. Mystikerin und Visionärin des späten Mittelalters. Eine Biografie. München 2003.
–: Eine heimliche Liebe. Lucile Swan und Teilhard de Chardin. Freiburg im Breisgau 2005.
Schleinzer, Annette: Die Liebe ist unsere einzige Aufgabe. Das Lebenszeugnis von Madeleine Delbrêl. Ostfildern 1994.
Schmid, Georg: Die Mystik der Weltreligionen. Eine Einführung. Zürich 1990.
–: Im Dschungel der neuen Religiosität. Esoterik, östliche Mystik, Sekten, Islam, Fundamentalismus, Volkskirchen. Stuttgart 1992.
Schneider, Reinhold: Winter in Wien. Freiburg im Breisgau 2003.
Scholem, Gershom: Die jüdische Mystik in ihren Hauptströmungen. Frankfurt am Main ^{6}1996.
Schroer, Silvia; Staubli, Thomas: Die Körpersymbolik der Bibel. Darmstadt 1998.
Schubart, Walter: Religion und Eros. Herausgegeben von Friedrich Seifert. München 1989.
Schüssler Fiorenza, Elisabeth: WeisheitsWege. Eine Einführung in feministische Bibelinterpretation. Stuttgart 2005.
Schüssler, Werner: Paul Tillich. München 1997.
Seelhöfer, Dorothee: Begegnung der Konfessionen in spirituellen Lebensbildern. Mainz 2004.
Simonis, Walter: Über Gott und die Welt. Gottes- und Schöpfungslehre. Düsseldorf 2004.
Singer, Christiane: Derniers fragments d'un long voyage. Paris 2007.
Shelby Spong, John: Was sich im Christentum ändern muss. Ein Bischof nimmt Stellung. Düsseldorf 2004.

Sloterdijk, Peter (Hrsg.): Mystische Zeugnisse aller Zeiten und Völker, gesammelt von Martin Buber (Ekstatische Konfessionen). München 1993.
Sölle, Dorothee: Die Hinreise. Zur religiösen Erfahrung. Texte und Überlegungen. Stuttgart ^{5}1979.
–: Gewöhnen will ich mich nicht. Herausgegeben von Bärbel Wartenberg-Potter. Freiburg im Breisgau 2005.
–: Gott denken. Einführung in die Theologie. Stuttgart 1997.
–; Luise Schottroff: Jesus von Nazaret. München 2000.
–: Leiden. Stuttgart ^{3}1976.
–: lieben und arbeiten. Eine Theologie der Schöpfung. Stuttgart 1985.
–: Mystik des Todes. Ein Fragment. Stuttgart 2003.
–: Mystik und Widerstand. »Du stilles Geschrei«. Hamburg 1997.
–: Stellvertretung. Ein Kapitel Theologie nach dem »Tode Gottes«. Stuttgart 1982.
Stein, Adelheid: Sozialtherapeutisches Rollenspiel. Berlin ^{2}1993.
Stein, Edith: Im verschlossenen Garten der Seele. Ausgewählt und eingeleitet von Andrés E. Bejas. Freiburg im Breisgau 1987.
–: Kreuzeswissenschaft. Freiburg im Breisgau 1983.
Stier, Fridolin: Vielleicht ist irgendwo Tag. Aufzeichnungen. Freiburg und Heidelberg 1981.
–: An der Wurzel der Berge. Aufzeichnungen II. Freiburg im Breisgau 1984.
Steffensky, Fulbert: Das Haus, das die Träume verwaltet. Würzburg ^{5}1999.
–: Der alltägliche Charme des Glaubens. Würzburg 2002.
–: Feier des Lebens. Spiritualität im Alltag. Stuttgart 1984.
Stegmaier, Werner: Levinas. Meisterdenker. Freiburg im Breisgau 2002.
Steindl-Rast, David: Achtsamkeit des Herzens. Mit einem Vorwort von Anselm Grün. Freiburg im Breisgau 2005.

–: Fülle und Nichts. Von innen her zum Leben erwachen. Mit einem Vorwort von Willigis Jäger. Freiburg im Breisgau 2005.
Strahm, Doris: Aufbruch zu neuen Räumen. Eine Einführung in feministische Theologie. Freiburg (Schweiz) 1987.
–; Strobel, Regula (Hrsg.): Vom Verlangen nach Heilwerden. Christologie in feministisch-theologischer Sicht. Fribourg und Luzern 1991.
Stutz, Pierre: Alltagsrituale. Wege zur inneren Quelle. Mit einem Vorwort von P. Anselm Grün. München [7]2002.
–: Der Stimme des Herzens folgen. Jahreslesebuch. Freiburg im Breisgau [2]2005.
–: Du hast mir Raum geschaffen. Inspiriert von den Psalmen. Mit einem Nachwort von Prof. Dr. Erich Zenger. Freiburg im Breisgau 2003.
–: Engel des Trostes wünsche ich dir. Briefe an Trauernde. Freiburg im Breisgau [3]2005.
–: Licht in dunkelster Nacht. Vier Briefe an bekannte Mystiker. Münsterschwarzach [3]2004.
–: Verwundet bin ich und aufgehoben. Für eine Spiritualität der Unvollkommenheit. München [4]2005.
–; Schiestl, Peter: Die Kraft der Ohnmacht. Kreuzwegmeditationen. Luzern und Stuttgart 2006.
Sudbrack, Josef: Abwesenheit Gottes.Theologische Meditationen. Zürich 1971.
–: Gottes Geist ist konkret. Spiritualität im christlichen Kontext. Würzburg 1999.
–: Im Angesicht des Absoluten. Hinführung zur Mitte christlicher Spiritualität. Würzburg 2004.
–: Komm in den Garten meiner Seele. Einführung in die christliche Mystik. Gütersloh 1979.
–: Mystik. Selbsterfahrung – Kosmische Erfahrung – Gotteserfahrung. Mainz und Stuttgart 1988.
–: Mystik im Dialog. Christliche Tradition. Ostasiatische Tradition. Vergessene Traditionen. Würzburg 1992.

–: Zeugen christlicher Gotteserfahrung. Herausgegeben von Josef Sudbrack. Mainz 1981.
Tarkowskij, Andrej: Die versiegelte Zeit. Gedanken zur Kunst, zur Ästhetik und Poetik des Films, Berlin ³1988.
Tauler, Johannes: Predigten. Vollständige Ausgabe. Übertragen und herausgegeben von Dr. Georg Hofmann, Freiburg im Breisgau 1961.
–: Herausgegeben, eingeleitet und übersetzt von Louise Gnädinger. Olten 1983.
Teilhard de Chardin, Pierre: Briefe an Frauen. Herausgegeben und erläutert von Günther Schiwy. Freiburg im Breisgau 1988.
–: Das göttliche Milieu. Ein Entwurf des innern Lebens. Olten ⁸1979.
–: Der göttliche Bereich. Ein Entwurf des innern Lebens. Olten und Freiburg im Breisgau 1962.
–: Hymne an das Ewig Weibliche. Mit einem Kommentar von Henri de Luback. Einsiedeln 1968.
–: In Selbstzeugnissen und Bilddokumenten dargestellt von Johannes Hemleben. Reinbek bei Hamburg 1991.
Teresa von Avila: Das Buch meines Lebens. Vollständige Neuübertragung. Herausgegeben, übersetzt, eingeleitet von Ulrich Dobhan OCD und Elisabeth Peeters OCD. Freiburg im Breisgau 2001.
–: Das Vaterunser meditieren. In der Gebetsschule Jesu. Herausgegeben von Reinhard Körner. Leipzig ⁵2001.
–: Gedanken zum Hohenlied, Gedichte und kleinere Schriften. Vollständige Neuübertragung. Freiburg im Breisgau 2004.
–: »Ich bin ein Weib – und obendrein kein gutes«. Eine große Frau, eine faszinierende Mystikerin. Ausgewählt, übersetzt und eingeleitet von Erika Lorenz. Freiburg im Breisgau ³2000.
–: Weg der Vollkommenheit. Vollständige Neuübertragung. Freiburg im Breisgau 2003.

–: Wohnungen der inneren Burg. Vollständige Neuübertragung. Freiburg im Breisgau 2005.
Tersteegen, Gerhard: Geistliche Brosamen. Band 1. Bad Liebenzell und Stuttgart 1985.
–: Band 2. Bad Liebenzell und Stuttgart 1986.
Therese von Lisieux. Selbstbiografie. Einsiedeln [12]1991.
Thich Nhat Hanh: Das Herz von Buddhas Lehre. Leiden verwandeln – die Praxis des glücklichen Lebens. Freiburg im Breisgau 1999.
–: Lebendiger Buddha, lebendiger Christus. Verbindende Elemente der christlichen und buddhistischen Lehren. München 1995.
Thiele, Johannes: Die Erotik Gottes. Menschen werden wir nur als Liebende. Stuttgart 1988.
– (Hrsg.): Die andere Maria. Neue Zugänge. Freiburg im Breisgau 1987.
– (Hrsg.): Mein Herz schmilzt wie Eis am Feuer. Die religiöse Frauenbewegung des Mittelalters in Porträts. Stuttgart 1988.
Thoreau, Henry D.: Leben aus den Wurzeln. Zusammengestellt, übersetzt und eingeleitet von Susanne Schaup. Freiburg im Breisgau 1978.
Tooten, Ralf: Augen der Weisheit. Das spirituelle Gesicht der Religionen. Mit einem Essay von Michael von Brück. Freiburg im Breisgau 2002.
Trummer, Peter: »... dass alle eins sind!«. Neue Zugänge zu Eucharistie und Abendmahl. Düsseldorf [2]2003.
–: »Das ist mein Leib«. Neue Perspektiven zu Eucharistie und Abendmahl. Düsseldorf 2005.
Tschinag, Galsan: Der blaue Himmel. Frankfurt am Main [7]1997.
Unger, Helga: Die Beginen. Eine Geschichte von Aufbruch und Unterdrückung der Frauen. Freiburg im Breisgau 2005.
Venetz, Hermann-Josef: Er geht euch voraus nach Galiläa. Mit dem Markusevangelium auf dem Weg. Freiburg (Schweiz) 2005.

–: Von Klugen und Dummen, Waghalsigen und Feigen und von einem beispielhaften Gauner. Gleichnisse Jesu heute. Düsseldorf ²1992.
Verlag der Mönche von Münsterschwarzach: Sich dem Geheimnis öffnen. Texte zur Mystik und Kontemplation. Münsterschwarzach 2007.
Waaijman, Kees: Handbuch der Spiritualität. Band 1: Formen. Mainz 2004.
–: Band 2: Grundlagen. Mainz 2005.
Walser, Christoph; Wild, Peter: Men's Spirit. Spiritualität für Männer. Freiburg im Breisgau 2002.
Walter, Rudolf (Hrsg.): Mit einem weiten Herzen. Haltungen, die guttun. Freiburg im Breisgau 2005.
–; Pirmault, Rosemarie (Hrsg.): Die Augen meiner Augen sind geöffnet. Erfahrungen der Dankbarkeit. Eine Hommage an David Steindl-Rast. Freiburg im Breisgau 2006.
Walter, Silja: Die Beichte im Zeichen des Fisches. Ein geistliches Tagebuch. Kevelaer 2005.
Wartenberg-Potter, Bärbel (Hrsg.): Was tust du, fragt der Engel. Mystik im Alltag. Freiburg im Breisgau 2004.
Wehr, Gerhard: Der Stimme der Mystik lauschen. Weisheit für jeden Tag. München 2005.
–: Die Schrift aus der Mitte. Produktive Verwandlung einer Existenzkrise. Petersberg 1995.
–: Europäische Mystik. Eine Einführung. Wiesbaden 2003.
–: Luther, der Mystiker. München 1999.
–: Mystik im Protestantismus. Von Luther bis zur Gegenwart. München 2000.
Weil, Simone: Aufmerksamkeit für das Alltägliche. Ausgewählte Texte zu Fragen der Zeit. Herausgegeben und erläutert von Otto Betz. München ³1994.
–: In Selbstzeugnissen und Bilddokumenten dargestellt von Angelica Krogmann. Reinbek bei Hamburg ⁸1995.
–: Schwerkraft und Gnade. Mit einer Einführung von Gustave Thibon. München 1952.

Weinreb, Friedrich: Buchstaben des Lebens. Nach jüdischer Überlieferung. Freiburg im Breisgau 1979.

Wendel, Saskia: Christliche Mystik. Eine Einführung. Kevelaer 2004.

Wiesel, Elie: Die Nacht. Gütersloh 1980.

–: Geschichten gegen die Melancholie. Die Weisheit der chassidischen Meister. Freiburg im Breisgau 1984.

–: Macht Gebete aus meinen Geschichten. Essays eines Betroffenen. Freiburg im Breisgau ²1986.

Wilber, Ken: Eros, Kosmos. Logos. Eine Jahrtausend-Vision. Frankfurt am Main ⁴2001.

Wild, Peter: Die äußeren Meister und der innere Meister. Stuttgart 2001.

Wolf, Ingeborg: Mystik. Zen. Kontemplation. Yoga. Kabbala. Sufismus. Taoismus. Praxis und Orientierung im Spiegel von Religion, Psychologie, Naturwissenschaft und Gesellschaft. Mit einem Vorwort von Willigis Jäger. Frankfurt am Main 2000.

Zink, Jörg: Dornen können Rosen tragen. Mystik – die Zukunft des Christentums. Stuttgart ⁴1997.

Zulehner, Paul Michael: Denn du kommst unserem Tun mit deiner Gnade zuvor. Zur Theologie der Seelsorge heute. Paul M. Zulehner im Gespräch mit Karl Rahner. Düsseldorf 1984.

–: Wie Musik zur Trauer ist eine Rede zur falschen Zeit (Sir 22,6). Wider den kirchlichen Wort-Durchfall. Ostfildern 1988.

Namensregister